Iris Denneler
Ungesicherte Lektüren

Iris Denneler

Ungesicherte Lektüren

Abhandlungen zu Bachmann, Pavese, Nossack, Haushofer und Schiller, zur Stadt Paris und zum Lesen in der Schule

iudicium

Die Deutsche Bibliothek – CIP-Einheitsaufnahme

Denneler, Iris :
Ungesicherte Lektüren : Abhandlungen zu Bachmann, Pavese, Nossack, Haushofer und Schiller, zur Stadt Paris und zum Lesen in der Schule / Iris Denneler. – München : Iudicium, 2002
ISBN 3-89129-731-9

Umschlagvignette: Kanzlei Gutzmann
Druck- und Bindearbeiten: Difo Druck, Bamberg
Printed in Germany
Imprimé en Allemagne

Inhalt

Eloge der ungesicherten Lektüre

„In Fragen leben nicht in Antworten“ – das sagte Peter Bichsel einmal über Literatur und Kollegen wie Adolf Muschg („literarisches Schreiben ist die Frageform der Sprache“) oder Robert Musil („Zur Dichtung gehört wesentlich das, was man nicht weiß; die Ehrfurcht davor. Eine fertige Weltanschauung verträgt keine Dichtung“) haben ihn darin bestätigt. Jeder, der liest, weiß, daß die Lektüre die Welt nicht einfacher macht, aber daß sie Fragen stellt, die man unbewußt mit sich herumtrug, daß sie artikuliert, was an Ungewissem das eigene Denken und Empfinden umtreibt, daß sie in einen eigentümlichen Zustand versetzt, in dem der Leser die Welt vergißt und es ihm dennoch ernst ist, so ernst, daß er sich tage- und wochenlang durch ein Buch verstören lassen kann. Die größte Eloge auf das Lesen schrieb vielleicht Arthur Schnitzler in seinem Erzählfragment „Der Boxeraufstand“, in dem ein Delinquent in der Stunde vor seiner Hinrichtung nur *einen* Wunsch äußert: seine Lektüre beenden zu dürfen – und sich dadurch vom Tode rettet. Der letzte Satz, den der Erzähler – sein Retter – über den lesenden Chinesen zu sagen weiß, läßt die Irritation über das Faszinosum Buch erahnen: „von allen Menschen, denen ich je auf der Welt begegnet, war er derjenige, der mir am fremdesten war“. Der Leser, unser Nächster, ein Fremder.

Lesen als Zeitverlust und Zeitgewinn, als Abhandenkommen von Welt und Versuch, sich darin zu versichern, als Suche nach Heimat und Lust an Lektüren ‚ohne Gewähr‘, Lesen als das genuin Andere, Fremde und als ungeheures Identifikationspotential, als intellektuelle Anstrengung und sinnliche, befreiende Phantasie – das alles liegt vorauf, wenn wir zum Buch greifen, wenn wir nach Mitverschworenen suchen, ihren Empfehlungen und Obsessionen begierig lauschen, wenn wir auf Reisen in fremden Städten Buchhandlungen und Bibliotheken wie Heimstätten aufsuchen, mit Büchern bepackt nach Hause kehren und nicht zu sagen vermögen, wieso eines davon uns unrettbar fesselt und die restlichen schweigen. Wer im Schreiben und Lesen zuhause ist, hat dort ein Refugium; gemütlich wird es nie.

Dennoch ist dieses, der Lektüre Voraufliegendes, das eigentlich Verbindende aller individuellen Leseerfahrung. Daß Bücher zu den Grundnahrungsmitteln gehören können, ist eine Tatsache, die sich längst in Redewendungen zum ‚guten Geschmack' oder zum ‚Lesefutter' (von der leichten Kost bis zur dicken Schwarte) niedergeschlagen hat – und die Autoren versuchen, diesen Hunger mit ihren Werken als einer auf dem Schreibtisch wohlschmeckend angerichteten Speise (wie sie uns in unnachahmlicher Manier Henry Fielding im Vorwort seiner „Geschichte des Tom Jones" präsentierte) so gut es geht zu stillen. Und doch sind die Impulse und Antriebe, sich in Sprache zu verlieren und sich mit Sprache auseinanderzusetzen, höchst individuell. Dabei ist der Unterschied zwischen Autor und Publikum kein grundsätzlicher. Auch Schriftsteller sind Leser und Leser die Vollender ihrer Werke. „Das Schreiben, Übersetzen und Lesen", äußerte einmal stellvertretend für viele Autoren Peter Handke in einem Gespräch, „ich seh das schon als *eine* Handlung, am liebsten ... würd ich schon mich nicht ‚Schriftsteller' und auch nicht ‚Übersetzer' nennen, sondern ... ‚Leser'". Lektüre wie produktive Kreativität braucht passionierte Liebhaber, die die Zeit bewußt erfahren, denen Erinnerung und Gedächtnis eine Angelegenheit *par coeur* ist, denen Irritationen und Fremdheitserfahrungen keine Zustände sind, die es möglichst rasch zu beseitigen gilt. Sie kultivieren lieber die Fähigkeit des individuellen Sich-Angesprochenfühlens, der Empathie und spielerisch-subversiven Phantasie. Weil aber das alles nur mit und durch Sprache geschieht, nur gesagt werden kann, was durch kollektives Wissen getragen, wohl bisweilen auch schon abgetragen ist (vielleicht wird ja seit Urzeiten nur das immer schon Erzählte erzählt), erweist sich nicht nur das Schreiben von Romanen und Erzählungen, von Dramen und Gedichten, sondern auch das Schreiben von und über Literatur als das versteckte Spiel einer sich hinter Sprache und Stil verhüllenden Person. Wo immer der Versuch unternommen wird, nicht-entfremdet zu sprechen, ist Sprechen eine Maske, in der sich das Individuelle verbergen und doch zugleich als einzige Möglichkeit entbergen kann.

In einem Brief an Wolfgang Hildesheimer hat Ingeborg Bachmann einmal dieses Voraufliegende als das eigentliche Fundament des Lesens und Schreibens herausgestellt. Nur von hier aus könne sich, halbbewußt-bewußt und schmerzlich hinterfragt, die schriftstellerische Arbeit tragen und legitimieren – eine Forderung, die sie selber 1959 noch nicht zu erfüllen wisse und die sie quäle. Es sei die Frage nach einem „Warum, einem Woraufhin, einem Wozu", eben das, was *vor* dem Schreiben und jeder Errungenschaft liege. Dieses Woraufhin, der Impuls, die Legitimation, die das Schreiben braucht und auslöst, immer wieder neu für sich selbst zu hinterfragen, wird spätestens dann dringlich, wenn die Überlegungen an die Öffentlichkeit gelangen sollen. Was also hier und jetzt? Hat Ingeborg Bachmann mit ihrer Vermutung recht, dann ist dieses Voraufliegende nicht ein für allemal verschlossen, aber unausgesprochen, und der Leser wäre aufgerufen, selbst das Verbindende zwischen den Essays aufzuspüren. Opportun dennoch, ein paar Fährten und Verbindungen anzudeuten:

Immer wieder, aus verschiedenen Blickwinkeln und Perspektiven, werden die Mitleser dieses Bandes ermutigt, das Befremdliche der Literatur nachzuvollziehen, als ‚Ausländer des Gefühls' nämlich (so Wolfgang Koeppen), die – entsprechend der aporetischen Struktur von Erfahrung – von der Literatur ähnliches erwarten. Aporie meint in der klassischen Philosophie ja mehr als nur Verunsicherung, Ratlosigkeit; es bezeichnet ursprünglich *den* Punkt, wo der nichtwissend-Unwissende zu einem wissend-Unwissenden wird, indem er das vermeintliche Wissen als Vorurteil erkennt. Aporie ist die Grundstruktur des Suchens überhaupt; und man faßte dies von Anfang an ins Bild dessen, der sich auf eine Reise ins Ungewisse begibt. Ungesichertes Gelände zu betreten, Aporien zu provozieren oder auf sie zu stoßen, wird somit zu einem grundlegend menschlichen Verhalten, eben das der Erfahrung, des Irrtums, mithin des Lesens, Lebens, Schreibens. Nur eine Lektüre ‚ohne Gewähr' garantiert das Staunen, das vor allem, ja vielleicht sogar nur den Fremden, Heimatlosen trifft. Daß es Anstrengung kostet aufzubrechen, ergibt sich notwendig daraus, daß Kritik nur im Zustand der Distanz, vielleicht sogar der Einsamkeit zu erreichen ist. Wolfgang Koeppen sprach einmal vom „archimedischen Punkt außerhalb der Menschheit", den der Schriftsteller brauche, um zu schreiben. Freilich war gerade er ein unvergleichlich weltzugewandter Liebhaber sprachlicher und leiblicher Genüsse. Jedenfalls ist nicht nur unsere Fahrt ins Ungewisse der

Literatur als ein Modell für Welterfahrung zu verstehen. Man schreibt eben nur – wie es der Titel von Ernst Jandls Sprechoper sagt – „Aus der Fremde".

Deshalb werden die Leser ungesicherter Lektüren eingeladen, sich an sechs Beispielen (plus einem Aperçu) auf das Abenteuer des Außenstandpunkts einzulassen, nachzuvollziehen, was geschieht, wenn bequeme, durch routinierten Gebrauch ausgedünnte Analysekategorien und Blickweisen aufgegeben werden. Denn – nicht nur den Weg begehen wir als Fremde, befremdlich ist das Gelände selbst.

Abgesehen von der Wiederentdeckung ‚klasssischer' Autoren wie Schiller oder Kleist, Tieck, E.T.A. Hoffmann oder Eichendorff, Bachmann oder Pavese im Zeichen einer widersetzlichen Lektüre, die die bekannten Interpretationspfade schon deshalb in Frage stellen will, weil sie die Normalität gängiger Lesarten irritiert, dürften die Mitleser auch jene Grundkonstanten einer Geistesbeschäftigung entdecken, die im unsicheren ‚Dazwischen' ihren Ort findet: entweder als Reflexion auf den hermeneutischen Standpunkt des Interpreten oder im Nachspüren des Erschwiegenen der Literatur, dem, was Max Frisch einmal das ‚Weiße zwischen den Wörtern' nannte. In allen Aufsätzen, sei es dem über Schillers widersprüchliches Konzept einer idealen ästhetischen Erziehung, in Ingeborg Bachmanns ungesicherter poetischer Korrespondenz, in Hans Erich Nossacks Suche nach einem individuell legitimierbaren Standpunkt (der sich als typisch erweisen wird), in den Erkundungen der verunsichernden Großstadt Paris, in Paveses tragisch-selbstrechtfertigendem Werk oder im Plädoyer für einen unzuverlässigen, essayistischen Literaturunterricht – stets werden dabei Fragen umkreist, die ohne Antworten bleiben, befremdlich, hypothetisch. Denn – was verunsichert, ist philosophischer und epistemologischer (nicht nur philologischer) Natur. Es sind die Schwierigkeiten des Ich-Sagens in der Literatur (und anderswo), die Frage nach den Gedächtnisqualitäten der Schrift, die Suche nach den Widersetzlichkeiten und Verstörungen durch Sprache, das Sich-Verhüllen und Enthüllen der *persona*, nicht zuletzt die Bedeutung des *mestiere di scrivere* für das *mestiere di vivere* und die Kunst und Technik der Interpretation, die den Versuch unternimmt, *bene et recte dicere* in Einklang zu bringen.

Dabei sind die einzelnen Aufsätze durchaus getrennt zu lesen. Dennoch wird derjenige, der sie als Gesamtheit wahrnimmt, Korrespondenzen und Schlaglichter, Seitenpfade und Passagen erkennen, die bei der Beschränkung auf *einen* Text vielleicht verlorengehen. So hängt die eher textanalytisch und philologisch versuchte Antwort eines möglichen Dialogs in Bachmanns Paris-Gedicht „Hôtel de la Paix" nicht nur mit der literaturgeschichtlichen und produktionsästhetischen Frage nach dem gerade in der Nachkriegszeit so virulenten Problem authentischen Schreibens zusammen, wie ein Vergleich Nossack–Bachmann–Marlen Haushofer zeigen kann (Nossack, der wiederum, was den Autor und seine Weltanschauung betrifft, starke Affinitäten zu Paveses Privatmythologie aufweist), sondern ebenso selbstverständlich mit den Erfahrungen all derjenigen Paris-Reisenden, die sich in der Metropole aufhielten und dort Exil und Heimat suchten, gleichzeitig jedoch mit ihren Enttäuschungen, verlorenen Träumen und Ängsten zu kämpfen hatten. Paris-Bild und Paris-Wirklichkeiten, so wird erkennbar, manifestieren sich vor allem als literarische Erfahrungen, was die fiktiven wie echten Korrespondenzen eines Tieck oder Kleist, die Erzählungen eines E.T.A. Hoffmann oder Eichendorff nicht weniger belegen als die Reiseberichte des Zeitgenossen Wolfgang Koeppen oder die postmodernen Reflexe der Großstadt in Klaus Voswinckels Roman „Sonntag, Paris". Wenn all die Autorinnen und Autoren weit mehr noch als auf die Wirklichkeit auf den *Mythos* der französischen Metropole mit ganz persönlichen Urteilen und Sichtweisen reagierten, so steckt dahinter doch die gleiche Hoffnung nach Selbstbestimmung und Selbsterkenntnis, die als aufklärerischen Impuls gerade der Fremde erwartet, sei es durch die Konfrontation mit dem Befremdlichen der unbekannten, neu zu entdeckenden Wirklichkeit, sei es durch Kunst und Literatur. Aufklärung also, wie sie einer ihrer herausragendsten Exponenten, Schiller, in seinen Aufsätzen zur ästhetischen Erziehung einklagte. Daß am Ende eine ziemlich verunsicherte Vernunft und deformierte Subjekte übrigblieben – und der Grund liegt wohl darin, daß der Autor sich gezwungen sah, den Anspruch einer kritischen, bildenden, ins Leben zurückwirkenden Funktion der Kunst zugunsten ihres Autonomieanspruches aufzugegeben, das Konzept einer ästhetischen Versöhnung also scheiterte – enthebt uns nicht der

Überlegung, ob die Schillerschen Essays nicht immer noch Nachdenkenswertes enthalten. Deshalb bilden sie im letzten der hier versammelten Aufsätze zu Gefahren und Chancen einer ungesicherten Lektüre in der Schule den nötigen, durchaus provokativ gemeinten Kontrapunkt, um eine kritische Debatte, nicht nur über die heutige Unterrichtspraxis, sondern auch über die gesellschaftlichen und ideologischen Prämissen derzeitiger Erziehungsziele anzustrengen. Schließlich wollen wir in Fragen leben, nicht in Antworten. Und *die* sollen ein Wagnis bleiben – wie das kleine Aperçu am Schluß, das auf einen erst kürzlich der Öffentlichkeit wieder zugänglich gemachten Text Robert Walsers einmal anders, das heißt, nicht-wissenschaftlich, reagieren will. So verweisen die subtextuellen Verbindungslinien zwischen den Aufsätzen zugleich auf die Frage nach den Grenzen der Interpretation, nach ihren dunklen, ungesicherten Zonen, den Sinnlichkeiten und Lastern des Lesens und der verzweifelten Resignation, mit immer neuen Worten dem Faszinosum Sprache beikommen zu wollen.

Bei allem aber ist es die Überzeugung, daß nur Genauigkeit, der detailverliebte Blick auf Stil, Duktus und Rhetorik, eine Lektüre zu einer spannenden und spannungsreichen macht; Genauigkeit, die stets im Rätselhaften enden wird, da sich die Fragen in dem Maße vermehren, wie man sie stellt und auf sie stößt. Dennoch sind es diese Widersprüche, die vielleicht die tiefste, wirkungsmächtigste und nie versiegende Lust am Text provozieren, die uns zu lebenslangen Lektüren und heißhungriger Rückkehr einmal aufgesuchter Gaststätten treibt. Einübungen ins Lesen also, ungesicherte Lektüren, getragen von der Erfahrung, daß diejenigen Texte am haltbarsten sind, die ihre Widersprüchlichkeit und ihr Scheitern (für den Autor, für den Interpreten) in sich tragen. Sechs solcher Beispiele, von denen die Literaturgeschichte noch unzählig andere anbietet, wurden im folgenden ausgewählt. Sie alle sollen anregen, das Irritierende aufzusuchen, Einspruch zu erheben, Fragen zu provozieren und Ungereimtes zu entdecken. Nicht zuletzt sollen sie von den Freuden und Mühen künden, die der Versuch bedeutet, mittels Lesen und Schreiben die Fähigkeit zu behaupten, sich wundern zu können. Was Kunst und ihre Verehrer dabei auszeichnet, davon hat Alexander Kluge in „Die Macht der Gefühle“ ein überzeugendes Beispiel gegeben:

Frau Pichota: Herr Kammersänger, Sie sind berühmt für den leidenschaftlichen Ausdruck im ersten Akt. Man hat geschrieben, daß ein Funke der Hoffnung in Ihrem Gesicht stünde. Wie bringen Sie es fertig, wenn Sie als vernünftiger Mensch den gräßlichen Ausgang im fünften Akt doch kennen?
Kammersänger: Das weiß ich im ersten Akt noch nicht.
Frau Pichota: Vom letztenmal her, Sie spielen das Stück zum 84.mal?
Kammersänger: Ja, es ist ein sehr erfolgreiches Stück.
Frau Pichota: Da müßten Sie den schrecklichen Ausgang doch allmählich kennen!
Kammersänger: Kenne ich auch. Aber nicht im ersten Akt.
Frau Pichota: Aber Sie sind doch nicht dumm.
Kammersänger: Die Bezeichnung würde ich mir auch verbitten.

Die Reise ins Ungesicherte kann beginnen. Entdecken wir das Befremdliche der Literatur.

Mit herzlichem Dank an Petra Meurer, Matthias Scholl und Daniela Heseding, die das Manuskript um einiges sicherer machten.

Botschaften ohne Rückversicherung. Ingeborg Bachmanns Gedicht „Hôtel de la Paix“ und die Dialoge ins Schweigen[1]

I.

Ingeborg Bachmanns Werk hat von Anfang an eine eigenartige Rezeption erfahren: einerseits wurde sie gerühmt als große dichterische Begabung, die der Kunst der Moderne wieder ihre Feierlichkeit, ihre Autonomie und Sprachunmittelbarkeit zurückgegeben habe, gleichzeitig war – unter Berufung auf ihre Selbststilisierung ebenso wie auf die zahlreichen, gewollten und ungewollten Anspielungen in ihrem Werk – die Person der Autorin nicht weniger Brennpunkt der Aufmerksamkeit als ihre so sprachgewaltigen Texte. Gerade die feministische Interpretation hat die Verwerfungen, die Themen und Figuren mit der Biographie verknüpft und daraus ihre Deutungen, bisweilen ihr Ressentiment gezogen.[2] In der Tat fällt auf, wie sehr das Schreiben Bachmanns auf Authentifikation und Dialog aus war: Die Autorin reagierte unmittelbar auf Kritik, nahm durch Vorlesungen, Gruppenauftritte und Interviews am öffentlichen literarischen Leben teil, sie engagierte sich in Briefen und Pamphleten für Freunde und Zeitgenossen, schätzte und unterhielt ei-

[1] Der Aufsatz geht zurück auf einen Vortrag vom 8.1.1996 an der Universität Dortmund mit dem Titel: „Licht ins Dunkel? – Ingeborg Bachmanns ‚Hôtel de la Paix‘ oder Warum braucht eine intertextuelle und historische Literatur- und Kulturwissenschaft die Philologie?“ Die später erschienenen Untersuchungen von Corina Caduff („Erinnerung an Frankreich“ – „Paris“ – „Hôtel de la Paix“: Die Paris-Gedichte „im Geheimnis der Begegnung“. In: Bernhard Böschenstein/Sigrid Weigel (Hrsg.): Ingeborg Bachmann und Paul Celan. Poetische Korrespondenzen. Frankfurt a.M. ^{2}1997, S. 151–166), Sigrid Weigel (Ingeborg Bachmann. Hinterlassenschaften unter Wahrung des Briefgeheimnisses. Wien 1999) sowie der Briefwechsel Paul Celan/Gisèle Celan-Lestrange (hrsg. v. Bertrand Badiou. Frankfurt a.M. 2001) waren zum größten Teil eine wichtige Bestätigung meiner eigenen Thesen. Sofern es Widersprüche und Einwände anzumelden gibt, sei auf die Anmerkungen verwiesen.

nen intensiven künstlerischen Austausch (mit Hans Weigel, Celan oder Henze, mit Lektoren wie Walser oder Baumgart, durch Besuche bei Adorno, Nelly Sachs, Anna Achmatova...), sie bezog Stellung für Kollegen[3] und warf ihre poetischen Netze aus, durch Widmungen, Zitate, Namen, Selbstauskünfte. Daß diese komplexen Beziehungen nicht nur in den ‚Geschäftsberichten' und biographischen Dokumenten ihren Niederschlag fanden, sondern auch Spuren in der Dichtung hinterließen, hat die Forschung seit langem (und unvermindert engagiert) herausgearbeitet. Trotz der Tatsache, daß bis ins Jahr 2025 sämtliche Briefe und ein Gutteil des Nachlasses verschlossen bleiben und man auf Spekulationen angewiesen ist, bleibt das Faszinosum eines Zusammenhangs von Biographie und Poesie eines der stärksten Antriebskräfte auch der wissenschaftlichen Lektüre. Gerade deshalb scheint es geboten, den Grenzen und Unwägbarkeiten einer solchen Lesart nachzugehen. Im folgenden soll dies exemplarisch an einem Fall geschehen: den intertextuellen und kontextuellen Bezügen in dem Gedicht „Hôtel de la Paix"[4].

Hôtel de la Paix

Die Rosenlast stürzt lautlos von den Wänden,
und durch den Teppich scheinen Grund und Boden.
Das Lichtherz bricht der Lampe.
Dunkel. Schritte.
Der Riegel hat sich vor den Tod geschoben.

---

[2] Allerdings zeigt das Ansinnen, immer neue ‚Problemkonstanten' herauszufiltern, auch häufig eine Selbstbestätigungstendenz: das Werk wird in seinen Unwägbarkeiten geglättet, der Leser zum Gefangenen seiner eigenen Lesarten (vgl. dazu Inge von Weidenbaum: Seien wir geizig mit Leichtgläubigkeit. Zu Werk und Leben von Ingeborg Bachmann. In: Josef Strutz/Endre Kiss (Hrsg.): Genauigkeit und Seele. Zur österreichischen Literatur seit dem Fin de siècle. München 1990, S. 211–219).

[3] Besonders gut dokumentiert: Celans Angriffe durch Claire Goll – eine Affaire, bei der Ingeborg Bachmann als eine der wenigen dem Autor beistand (s. Barbara Wiedemann (Hrsg.): Paul Celan – Die Goll-Affaire. Frankfurt a.M. 2000).

[4] Alle folgenden Zitate nach: Ingeborg Bachmann: Werke, hrsg. v. Christine Koschel, Inge von Weidenbaum und Clemens Münster. München ^{2}1982; hier Bd. I, S. 152.

Dieser wahrscheinlich Ende 1956 entstandene Text bewegt sich schon durch seinen schmalen Umfang in einem unsicheren Grenzbereich: fünf Verse, eine winzige Epiphanie Lyrik am Rande des Schweigens. Und doch wird das Gedicht bei genauerer Betrachtung zu einem gewichtigen Stück Literatur- und Lebensgeschichte. Der Versuch, die literarischen und biographischen Bezüge zu rekonstruieren, bedeutet nicht nur nachzuzeichnen, wo Kommentare nützlich sind und wo sie ungesichert bleiben müssen, sondern auch zu fragen, ob überhaupt und in welchem theoretischen Kontext sie dies tun.

Erstmals zu lesen war „Hôtel de la Paix“ 1957 im 19. Heft der italienischen Literaturzeitschrift „Botteghe Oscure“, nachdem es bereits am 1. Februar über den Norddeutschen Rundfunk ausgestrahlt worden war. 1964 findet es sich in der Gedichtausgabe des Piper-Verlages unter der Rubrik „Gedichte 1957–61“. Entstanden also nach den umfangreichen Sammlungen „Die gestundete Zeit“ (1953) und „Anrufung des großen Bären“ (1956), ist das Gedicht dennoch eng mit ihnen verbunden, etwa mit „Paris“ (1952) oder mit „Im Gewitter der Rosen“ (1953). Mit den etwa gleichzeitig entstandenen Gedichten „Aria I“ und „Schatten Rosen Schatten“ (1956) teilt „Hôtel de la Paix“ nicht nur Motive, sondern auch die Kürze und Herausgehobenheit der lyrischen Sprachmanifestation. Zeitlich gehören diese Texte in jene Phase von etwa 1951 bis 1961, in der Ingeborg Bachmann das Schreiben, genauer, das Schön(es)-Schreiben, zunehmend suspekt zu werden begann: „Nichts mehr gefällt mir// Soll ich/ eine Metapher ausstaffieren/ mit einer Mandelblüte?/ die Syntax kreuzigen/ auf einen Lichteffekt?/ Wer wird sich den Schädel zerbrechen/ über so überflüssige Dinge – [...] Soll ich/ einen Gedanken gefangennehmen,/ abführen in eine erleuchtete Satzzelle?/ Aug und Ohr verköstigen/ mit Worthappen erster Güte? [...] (Soll doch. Sollen die andern.)“, hieß es programmatisch in „Keine Delikatessen“[5]. Es folgten nach „Hôtel de la Paix“ fünf Jahre, in denen die Autorin sich verbot, „ein Gebilde zu machen, das man Gedicht nennt“[6]. Dann meldete

[5] Werke I, a.a.O., S. 172f.

[6] In: Wir müssen wahre Sätze finden. Gespräche und Interviews, hrsg. von

sie sich mit „Ihr Worte“ (1961) und dem eben zitierten „Keine Delikatessen“ (1963) noch einmal zurück, um dann mit „Wahrlich“ (1965) endgültig als Lyrikerin zu verstummen. Geschrieben anläßlich einer Begegnung mit Anna Achmatova 1964 in Italien, ist in diesem letzten Gedicht die ganze Ambivalenz von Redenwollen und Schweigenmüssen eingefangen: „Wem es ein Wort nie verschlagen hat,/ und ich sage es euch,/ wer bloß sich zu helfen weiß/ und mit den Worten –// dem ist nicht zu helfen“.[7]

II.

„Hôtel de la Paix“ ist bei aller Kürze ein kompliziertes, ja enigmatisches Gedicht. Schon deshalb wird man den Verstehenshorizont durch Ko-texte und Kontexte auszuleuchten suchen. Doch zwingt diese Entgrenzung des Textes auch dazu, das interpretative Verfahren selbst mitzureflektieren und zu rechtfertigen. Nicht zuletzt sind es neben solchen hermeneutischen Überlegungen die Überlieferungsvarianten und die Entstehungsgeschichte des Gedichts, die die Lektüre stützen und in das Verständnis seines historischen und intellektuellen Ortes miteinbezogen werden müssen. Am Ende unseres Versuchs einer Sinnerschließung werden fast alle Fragen offen sein – keine Katastrophe, vielmehr der sicherste Wirkungsgarant ungesicherter Lektüren überhaupt.

Läßt man für einen Moment den Titel außer acht und beginnt die Lektüre mit den ersten beiden Zeilen, so ruft das Wort „Rosenlast“ dabei wohl die größten Irritationen hervor. „Rosen“ und „Last“ verstehen wir ohne weiteres – das Kompositum jedoch befremdet uns. Eine Periphrase? Von was? Und die Wände, wo befinden sich die? Wechselt vielleicht die Blickrichtung zwischen Vers 1 und 2, das heißt, befinden wir uns zunächst in einem Außenraum, dann in einem Innenraum? In diesem Fall

---

Christine Koschel und Inge von Weidenbaum. Neuausgabe München 1991; hier S. 25.

[7] Werke I, a.a.O, S. 166. Das Gedicht „Ihr Worte“ (für „Nelly Sachs, die Freundin, die Dichterin, in Verehrung“) endet entsprechend ambivalent mit den Zeilen: „Kein Sterbenswort,/ Ihr Worte!“ (ebd. S. 163).

wäre „Rosenlast“ irgend etwas Vegetabiles, Wucherndes, das Zimmer drinnen, mit seinem zerschlissenen Teppich eine Art Dornröschenschloß. Oder – andere Variante – beide Male befindet sich das Ich, das freilich nie explizit spricht, innen;[8] dann wird „Rosenlast“ rhetorisch zur Synekdoche, eine Umschreibung für Tapete. Das Raum-Dilemma bleibt bis zur letzten Zeile ungeklärt und wiederholt sich noch einmal in der letzten Zeile „Der Riegel hat sich vor den Tod geschoben“. Wodurch, ist man gedrängt zu fragen; durch eine Person *im* Zimmer (das lyrische Ich oder jemand anderes?) oder von draußen, dort wo das „Dunkel“, die „Schritte“ zu orten sind?

Die zwei Paraphrasen von „Rosenlast“ – Tapete *versus* Boskett – haben nun aber einen Nachteil: sie sind inkompatibel. Dies gilt bezüglich der Raumkonstitution ebenso wie hinsichtlich der semantischen Merkmale von ‚Rosen‘. Einmal impliziert das Wort das Sem [+lebendig], im zweiten Falle nicht. Da der Text – vorerst jedenfalls – keinen Hinweis darauf gibt, welche der beiden Deutungsrichtungen wir einschlagen sollen, müssen wir *nolens volens* beide verfolgen. Zumal die Opposition zwischen [+belebt] und [-belebt] noch einmal in „Teppich“ bedeutsam wird – warum sollen wir ihn nicht als Rasenteppich lesen? – und ebenso in der Formel „Grund und Boden“ aufzuspüren ist.

„Grund und Boden“, so das Grimmsche Wörterbuch, meint Eigentum, Besitz, Gut. Gleichzeitig machen Grimm auf eine ganze Anzahl zusätzlicher Bedeutungsschichten aufmerksam.[9]

---

[8] Zumindest spricht es nicht explizit im veröffentlichten Text. Die Vorstufe des Gedichts (s. Transkription am Ende des Aufsatzes) endet jedoch mit dem Wort „Meine“; ein verworfener Ansatz, in dem das lyrische Subjekt noch explizit zu erkennen war

[9] Jakob und Wilhelm Grimm: Deutsches Wörterbuch, Bd. 4, bearbeitet von Arthur Hübner und Hans Neumann. Leipzig 1935, S. 667ff. Das ursprünglich zweigeschlechtliche Wort ‚Grund‘ entwickelte lange Zeit auch zwei Bedeutungsstränge, feminin: Grund, Boden, Erde, Flächenhaftes, maskulin: Tiefe, Grund, Räumliches (S. 667). Unter den intransitiven Wendungen dominiert ZU GRUND mit der ursprüngl. Bedeutung von ‚im Wasser untersinken’; daneben STERBEN im Sinn von ‚kläglich‘ zu Grunde richten (S. 671); auf den Grund kommen = zu den Anfängen einer Sache vordringen; IM GRUNDE DES HERZENS/im Grunde der Seele (S. 677f); GRUND = Hintergrund der Bühne, Goldgrund(ierung) der Malerei (S. 684). Aus femininer Wurzel: Erde/Boden/Akker/Grundbesitz (sog. ‚gründe‘, S. 690); eine BIS AUF DEN GRUND (zerstörte Stadt). GRUND UND BODEN = lat. *fundum*,

Rhetorisch handelt es sich um ein Hendiadyoin, also eine, wie es Peter Rühmkorff salopp ausdrückte, Doppelmoppel-Floskel, die üblicherweise als poesie-untauglich diskriminiert wird. Doch das stilistisch so problematische Prinzip verliert in Bachmanns Text seine Abgegriffenheit und wird auf vielfältige Weise semantisch renoviert. Man ist versucht, die Formel ‚Grund und Boden' (s. lat. *fundum*, regional noch ‚Grundboden') ähnlich wie ‚Rosen-Last' auseinanderzudividieren. Bleiben übrig: „Boden", also Erdreich und/aber auch „Grund" – ein Homonym, dessen metaphorischer Sinn auf den ‚Satz vom Grund' (man denke an Schopenhauers „Über die vierfache Wurzel des Satzes vom zureichenden Grunde" oder Heideggers „Vom Wesen des Grundes", dessen Schrift Ingeborg Bachmann in einem Widmungsexemplar Paul Celans besaß), also auf ‚be-gründen' verweist. Bachmanns Verhältnis zur Sprache und zur Sprachphilosophie wird noch zu untersuchen sein. Zunächst jedoch zurück zum Gedicht und den eigenartigen Auflösungstendenzen seiner Syntax.

Daß Einzelwörter und Wortgruppen aus ihrem Verband gelöst werden und *quasi* monadische Eigenständigkeit erlangen, ist ein Vorgang, der um die Jahrhundertwende mit der modernen Lyrik einsetzte. Mallarmé oder Georg Trakl, dessen Einfluß auf die frühe Bachmann beachtlich war (s. „Abends frag ich meine Mutter", „Betrunkener Abend"; s.a. „Unter Mördern und Irren"), haben auf diesem Gebiet experimentiert. Die gleiche Tendenz zur Auflösung syntaktischer und morphologischer Strukturen finden wir nicht nur in der Formel „Grund und Boden" und in „Rosenlast", sondern auch in dem Kompositum „Lichtherz". Dabei handelt es sich nun, anders als bei „Rosenlast", unzweifelhaft um einen Neologismus, obwohl man auch hier wiederum mit „Licht" und „Herz" für sich genommen keine Verständnisschwierigkeiten hat. Allerdings zeigt sich der merkwürdige Effekt, daß gerade eine Aufspaltung dieses Kompositums

---

ein Begriff, der ursprünglich aus der Rechtssprache kommt, zur Umschreibung des gesamten Grundbesitzes (S. 685). ‚Grund' kann auch rein geographisch als das Tieferliegende genommen werden (S. 686); reine Formel für ‚Basis', ‚Grundlage'. Grundregel, Grundgesetz, Wesenheit, Wahrheit (in Wahrheit/Wirklichkeit), Kern, von Anfang an, be-gründendes (Handeln etc.), ursprünglich, mit Beweiskraft (S. 697).

dem Leser zusätzliche semantische Integrationsmöglichkeiten verschafft und sich so, nach der Strukturauflösung, neue Sinnkohärenzen, aber auch neue semantische Diffusionen ergeben.

„Herz" ist einerseits in ein negatives Paradigma Tod (‚Verlöschen', ‚Brechen') und Abschied (‚Herzenbrechen') integrierbar; andererseits weckt gerade der Titel – zumal im Französischen – ganz andere Assoziationen, nämlich Liebe. Zu dieser Lesart gehören die Rosen, die gebrochenen Herzen, das Hotelzimmer. Das legt nahe, „Lichtherz" gerade auf dem Schnittpunkt beider semantischer Achsen, denen von Eros und Thanatos[10] zu verorten, und mit ihm nicht nur diesen Neologismus, sondern auch die herausgehobenste Zeile des Gedichts überhaupt, den Titel. ‚Eigentlich' und unmetaphorisch betrachtet, integriert sich das Wortfeld um „scheinen", „Lampe", „Dunkel" relativ unproblematisch in das „Licht"-Paradigma. Doch was meint „Licht" überhaupt? Der optische Eindruck jedenfalls kann nicht das einzige sein, was die Lektüre aktiviert (obwohl diese Ebene der sinnlichen Wahrnehmung durch den akustischen Bereich „lautlos" und Stille, eventuell auch durch „Schritte" unterstützt wird). „Licht-" verweist vielmehr symbolisch auf *ratio*/Grund. Deutlicher noch als im deutschen Wort ‚Aufklärung' ist dieser Bezug – und August Langen hat in seiner Untersuchung zum „Wortschatz des deutschen Pietismus"[11] die Zusammenhänge belegt – in *enlightenment*, *illuminismo*, *iluminación*, *siècle des lumières* lebendig. Doch „Lichtherz"? – trägt das Wort als Kompositum nicht förmlich den Widerspruch zwischen Herz und Verstand in sich? Soll es uns, umgekehrt, auf Pascals Weisheit aufmerksam machen, daß wir mit dem Herzen denken und mit dem Verstand fühlen?[12] Der Text entzieht sich einer Antwort, und so müßten wir als Lesende mit dem Verständnis von „Lichtherz" noch einmal von vorn, das heißt, bei seiner Lexik beginnen – ein semantischer Normalisierungseffekt, den moderne, experimen-

10 1952 heißt es im Gedicht „Dunkles zu sagen": „[...] spiel ich/ auf den Saiten des Lebens den Tod" (Werke I, S. 32).

11 Tübingen ^{2}1968.

12 Vgl. die Zeilen aus „Ihr Worte": „Worte, mir nach/ daß nicht endgültig wird/ – nicht diese Wortbegier/ und Spruch auf Widerspruch!// Laßt eine Weile jetzt/ keins der Gefühle sprechen,/ den Muskel Herz/ sich anders üben" (Werke I, a.a.O., S. 162).

telle Dichtung häufig provoziert und der in seiner sprachkonservativen Wirkung noch viel zu wenig beachtet wird.

Man kann jedoch auch versuchen, das Wortfeld Licht/scheinen/Lampe zu begreifen, indem man es in verschiedene intertextuelle Kontexte integriert: Lyrik-Liebhaber haben nicht unbedingt ein gutes, aber sie haben ein affektives Gedächtnis, das ihnen bei gewissen Wendungen und Worten unweigerlich bestimmte Spuren weist. Bei ‚Lampe' dürfte es Mörikes Gedicht „Auf eine Lampe" sein, über dessen letzte Zeile Emil Staiger und Martin Heidegger ein anregendes Gespräch führten, ob das Scheinen – „Was aber schön ist, selig scheint es in ihm selbst" – als *videtur* oder *lucet* zu verstehen sei. Genauso wie am Ende keiner der Interpreten die eine oder andere Lesart für sich verbuchen konnte, so gilt auch für den Bachmannschen Vers „Und durch den Teppich scheinen Grund und Boden", daß „scheinen" nicht nur ‚man sieht den Grund leuchten' meint, sondern auch ‚es hat den Anschein, daß...', und beide Alternativen erlauben die Anbindung an *ratio* (‚es scheint einen Grund zu geben für...').

„Grund" ist überhaupt eines der aufschlußreich-unsicheren Wörter im Werk der Autorin: verglichen mit dem Gedicht „Böhmen liegt am Meer" („Zugrund – das heißt zum Meer, dort find ich Böhmen wieder./ Zugrund gerichtet, wach ich ruhig auf./ Von Grund auf weiß ich jetzt, und ich bin unverloren"[13]), lassen sich, wie Sigrid Weigel nachweisen konnte, im Roman „Malina" deutlich andere Nuancen feststellen.[14] Ausgelöst hatte diese Bedeutungsverschiebung eine Relektüre Martin Heideggers, dessen 1929 gehaltene Vorlesung „Vom Wesen des Grundes" schon zwei Jahre später zum Geheimtip der Pariser Intelligenz gehörte. Ingeborg Bachmann, die 1950 über den Philosophen bei Viktor Kraft promovierte („Die kritische Aufnahme der Existentialphilosophie Martin Heideggers"), blieb, vor allem durch die danach einsetzende Beschäftigung mit Ludwig Wittgenstein, der Philosophie und den Werken der sprachphilosophischen Denker verbunden. Wichtig erscheint jedoch nicht so sehr der spezielle Bezug, der sich schon deshalb verbietet, weil

---

13 Werke I, a.a.O., S. 167.
14 Vgl. Sigrid Weigel, a.a.O., S. 426.

die Autorin nach eigenen Aussagen „gegen Heidegger dissertiert[e]“[15], sondern die beachtliche Ahnengalerie der Philosophen überhaupt: Schopenhauer, Heidegger und eben jener 1951 verstorbene Ludwig Wittgenstein, dessen Option für das Schweigen (wenn auch unter umgekehrten Vorzeichen[16]) Ingeborg Bachmann teilte. Philosophie und der im Denken erreichbare letzte, haltbare Grund sind es, so jedenfalls sagt es dieses Gedicht, die ein Fundament versprechen. Doch für was? – eine Frage, die vorerst unbeantwortet bleiben muß.

Im Gegensatz zu diesem mit philosophischen und poetischen Texten geführten ‚Dialog‘ gab es jedoch eine andere, lebendige und virulente Gemeinschaft, die auf ein wirkliches Gespäch *via* Gedicht angelegt gewesen sein könnte: es ist die Beziehung zu Paul Celan.

Bis heute wird zwischen ihm und der Paris-Reise Ingeborg Bachmanns Ende 1956 eine Verbindung gesucht, obwohl *de facto* kein Treffen mit Celan (im Gegensatz zur Begegnung im Oktober 1950 und Juni 1958 in Paris) nachgewiesen werden konnte.[17] Es scheint, gerade nach der Veröffentlichung des jüngst erschienenen Briefwechsels zwischen Paul Celan und seiner Frau Gisèle Celan-Lestrange eher so, daß die seit sechs

[15] In: Wir müssen wahre Sätze finden, a.a.O., S. 137.

[16] s. Sigrid Weigel, a.a.O., S. 96.

[17] Vor allem Corina Caduff (op.cit.) ist auf die Paris-Gedichte Bachmanns eingegangen (nur am Rande allerdings auf „Hôtel de la Paix“). Da für „Hôtel de la Paix“ eine ausführliche Textanalyse fehlt, bleibt manches in ihrer Argumentation nicht nachvollziehbar. Etwa die Beziehung zwischen Celans „Erinnerung an Frankreich“ und Bachmanns Gedicht „Paris“. Hierbei stützt sich Caduff auf die Zeilen „Wir kauften Herzen bei den Blumenmädchen“ und „Wir haben die Arme voll Blumen“. Soll „Blumen“ als Zitat (d.h. als eine auf Wiedererkennen angelegte Allusion) verstanden werden, so müßte man davon absehen, daß das *tertium comparationis* ‚Blume‘ in „Blumenmädchen“ eine verblaßte Metapher ist (vergleichbar etwa ‚Schwarz‘ in „Schwarzmarkt“) und „Blumenmädchen“ Verführerin, Kokotte bedeutet (in Celans Gedicht werden ja auch nicht Blumen gekauft, sondern Herzen). Im übrigen hat Stéphane Mosès im gleichen Sammelband (Bernhard Böschenstein/Sigrid Weigel (Hrsg.), a.a.O., S. 189–210) Bachmanns Gedicht „Paris“ mit einem ganz anderen Celan-Text, nämlich „Das Gastmahl“ in Beziehung gesetzt. Ein Beleg dafür, wie ungesichert ‚Botschaften‘ sind und wie hypothetisch Korrespondenzen bleiben müssen.

Jahren ruhende Beziehung zwischen Ingeborg Bachmann und Celan erst im Oktober 1957 auf einer Wuppertaler Tagung wiederaufgenommen wurde und sich bis Juni 1958 hinzog.[18] Dabei müssen wir, um Korrespondenzen zu finden, gar nicht auf die Biographien beider Autoren ausweichen. Klingt nicht die Wortverbindung „Lichtherz" selbst schon eigenartig Bachmann-fremd, erinnert sie uns nicht eher an das Werk jenes durch die junge österreichische Lyrikerin erst entdeckte Werk Paul Antschels, mit dem Ingeborg Bachmann seit seiner Flucht aus Rumänien 1947 befreundet war? Obwohl Celan bereits 1948 Wien wieder verließ und nach Paris zog, blieb die einmal geknüpfte Verbindung über viele gemeinsame Aktivitäten, Rückzugs- und Schweigephasen hinweg bestehen, nicht zuletzt aufgrund gemeinsamer Lesungen.[19] Bei allen biographischen Korrespondenzen, die sich mittlerweile dank kriminalistischer Kleinarbeit herausfinden ließen – das Verfahren an sich bildet, so Sigrid Weigel zurecht, eine Sackgasse, weil es „die Lektüre verschließt und vom literarischen Text absieht"[20].

[18] Celan traf Ingeborg Bachmann meist auf seinen Auslandsreisen, Mitte 1958 auch in Paris. Celans Frau wußte seit Januar 1958 von diesem wiederaufgenommenen Verhältnis, was eine schwere Belastung der Ehe war. Im März 1958 widmete Ingeborg Bachmann Gisèle die Gedichtbände „Anrufung des großen Bären" und „Die gestundete Zeit" und sandte ihr, zusammen mit Blättern und Blütenblättern einer roten Rose, eine Karte: „Ich danke Ihnen von ganzem Herzen – liebe Gisèle" (s. Bertrand Badiou (Hrsg.): Paul Celan – Gisèle Celan-Lestrange. Briefwechsel, a.a.O., Kommentar S. 99–101; vgl. v.a. die Briefe Nr. 14, 87, 92–94, 111, 125, 157 und 267 samt Kommentar).

[19] Celan wurde unter anderem auf Ingeborg Bachmanns Initiative hin von Hans Werner Richter nach Niendorf zur Gruppe 47 eingeladen. 1952 las Celan dort die „Todesfuge", doch nur die junge Debütantin hatte nachhaltigen Erfolg (dazu Sigrid Weigel, a.a.O., v.a. S. 410ff) – ein Umstand, der das Verhältnis beider belastete, auch wenn Ingeborg Bachmann selbst nur eine Außenseiterposition in der Gruppe für sich beanspruchte (vgl. zur Ablehnung Celans innerhalb der Gruppe 47 Klaus Briegleb: Ingeborg Bachmann, Paul Celan. Ihr Nicht-Ort in der Gruppe 47, 1952–1964/65. In: Bernhard Böschenstein/Sigrid Weigel (Hrsg.), a.a.O., S. 29–84). Eine letzte Begegnung der beiden Autoren fand am 25. Mai 1960 in München zusammen mit Nelly Sachs und Max Frisch statt.

[20] Ebd. S. 413.

Wir haben uns auf die Texte zu stützen, die im Falle der Konstellation Bachmann-Celan das Dialogische von vornherein in ihrem Dichtungs- und Selbstverständnis implizieren. Immer wieder haben beide auf ihre Texte Bezug genommen, sie zitiert – Ingeborg Bachmann Celan wiederholt in ihren Frankfurter Poetikvorlesungen[21] – und als ungesicherte Botschaften in das eigene Werk integriert. So weiß man mittlerweile, daß Wendungen aus „Mohn und Gedächtnis", die Celan in dem für Ingeborg Bachmann bestimmten Exemplar mit „u.f.D." (= und für Dich) kennzeichnete, später in „Malina" wiederkehrten.[22] Darüberhinaus schenkte Celan Ingeborg Bachmann ein Widmungsexemplar von Heideggers „Satz vom Grund", so daß sich auch dieses Stichwort als Signal für eine ‚Botschaft', zumindest für einen Appell verstehen ließe. Doch – es sind ungesicherte Botschaften ‚ohne Gewähr' geblieben, die sich in immer neuen Möglichkeiten verlieren; merkwürdigerweise umso mehr, als man den Beziehungen auf die Spur zu kommen glaubte. Gesichert ist nur, daß in Celans lyrischem Schaffen Wörter wie „Lichtgewinn", „Lichtzwang" (so der Titel des Gedichtbandes von 1970), „umlichtet", „Lichtverzicht" (in dem Band „Eingedunkelt" von 1968) eine herausragende Rolle spielen.[23] Das Wortfeld macht

[21] Ingeborg Bachmann: Probleme zeitgenössischer Dichtung. Frankfurter Vorlesungen. In: Werke IV, a.a.O., S. 181–271.

[22] Eine Liste der Gedichte findet sich in Bernhard Böschenstein/Sigrid Weigel (Hrsg.), a.a.O., S. 22. Im übrigen haben Inge von Weidenbaum im gleichen Sammelband und Elke Brüns schon etliche Jahre zuvor vor kurzschlüssigen Vergleichen gewarnt. So widersprach Brüns mit guten Gründen der 1994 fast schon sakrosankten Lesart, das Legendenkapitel in „Malina" auf Celan zu beziehen. Sie stellte im Hinblick auf eine biographische Lesart den Bezug zu Hans Weigel und dessen Roman „Unvollendete Symphonie" her, der möglicherweise ‚Antworten' auf das Liebesverhältnis mit Ingeborg Bachmann enthält (Apokryphe Erinnerung. Zu den intertextuellen Bezügen von Ingeborg Bachmanns „Malina" und Hans Weigels „Unvollendete Symphonie". In: Ztschr.f.dt.Philol. 113(1994), S. 277–292).

[23] In der Ingeborg Bachmann gewidmeten Literaturzeitschrift DU (Heft 9(1994), S. 77) sind – mittlerweile schon wieder stark angezweifelte – Bezüge zwischen Bachmanns Gedicht „Große Landschaft bei Wien" und Celans „Bahndämme, Wegränder, Ödplätze, Schutt" aufgezeigt (fußend auf Werner Wögerbauers Untersuchung: Begegnung, west-östlich. In: Celan-Jb. 4(1991), S. 55–68). Einflüsse sind aber auch denkbar im Hinblick auf Günter Eichs Naturlyrik und seine Mystifizierung des dichterischen Wor-

einen Bezug wahrscheinlich, es beweist nichts. Doch inwieweit war ein solcher Bezug geplant? Wollte die Autorin auch für uns eine Spur zu ihrem als Autor verehrten Freund und einstigen Geliebten legen? Handelt es sich bei „Licht" um ein Zitat (wie etwa in den späteren „Legenden"-Passagen in „Malina" oder wie im expliziten Hinweis auf Celan in den Frankfurter Poetikvorlesungen[24]), fand vielleicht doch eine Begegnung statt, und zwar gerade in jenem Pariser Hôtel de La Paix, in dem Ingeborg Bachmann Quartier bezogen hatte?

Antworten darauf geben uns die Bachmann-Forschungen bis heute nicht, und es ist fraglich, ob man überhaupt von ‚Defiziten' reden sollte.[25] Verweisen sie doch vielmehr darauf, daß die Prioritäten in den sprachlichen Manifestationen intertextueller und werkimmanenter Bezüge liegen, wie sie in den Gedichten „Paris" von 1952 und „Aria I" von 1957 besonders deutlich sind:

„Auf den Wagen des Lichts gehoben,/ wachend auch, sind wir verloren,/ auf den Straßen der Genien oben,/ doch wo wir nicht sind, ist Nacht", heißt es in „Paris"[26], und in „Aria I": „Wohin wir uns wenden im Gewitter der Rosen,/ ist die Nacht von Dornen erhellt, und der Donner/ des Laubs, das so leise war in den Büschen,/ folgt uns jetzt auf dem Fuß.// Wo immer gelöscht

---

tes. Auf beide, Celan *und* Eich aber berief sich Ingeborg Bachmann ausdrücklich 1965 in einem Interview mit Joachim von Bernstorff (in: Wir müssen wahre Sätze finden, a.a.O., S. 17). Auch in den Frankfurter Vorlesungen exemplifiziert sie ihre Auffassung vom Gedicht und dem Gedichteschreiben nicht nur an Celan, sondern zunächst an Eich.

[24] Ingeborg Bachmann zitierte in der Vorlesung „Über Gedichte" aus dem Gedächtnis, was sich aus Abweichungen gegenüber dem Text der Celanschen Gedichte erschließen läßt.

[25] s. Sigrid Weigel (op.cit.) und Corina Caduff (op.cit.). Schon 1985 verwahrte sich Marlies Janz gegen ‚Enthüllungen' aus dem Werk Bachmanns und Celans. „In schamloser Kumpanei" würden Celan und Bachmann vereinnahmt „zur Bestätigung von Ideologien und Phantasien, die nicht die ihren waren" (Haltlosigkeiten – Paul Celan und Ingeborg Bachmann. In: Jochen Hörisch/Hubert Winkels (Hrsg.): Das schnelle Altern der neuesten Literatur. Düsseldorf 1985, S. 31–39; hier S. 32, sowie ebenso dezidiert, und mit Korrekturen gegenüber Sigrid Weigel, Wolfgang Emmerich und Jürgen Kutz in: Andrei Corbea-Hoisie (Hrsg.): Paul Celan. Biographie und Interpretation. Konstanz 2000, S. 65–68).

[26] Werke I, a.a.O., S. 33.

wird, was die Rosen entzünden,/ schwemmt Regen uns in den Fluß. O fernere Nacht!/ Doch ein Blatt, das uns traf, treibt auf den Wellen/ bis zur Mündung uns nach"[27]. Der Wortbestand („Licht", „Nacht", „Rosen") ist hier, im Vergleich zu „Hôtel de la Paix", frappierend ähnlich, und auch die poetologische bzw. philosophische ‚Unterfütterung' läßt sich gerade bei „Aria I" durch die Metaphorik von „Blatt" und „Mündung" beobachten.[28] Viel greifbarer als in „Hôtel de la Paix" ist in beiden Gedichten von einem ‚wir' die Rede. In „Schatten Rosen Schatten" von 1956 – dies ein Hinweis zu Paris als Ort – ist gleich drei Mal von ‚Fremde' die Rede („Himmel", „Erde", „Wasser"). Da es sich um thematisch eng verwandte Texte handelt, legt dies die Vermutung nahe, daß auch in „Hôtel de la Paix" von Fremdheitserfahrungen die Rede ist: es sind – biographisch *und* metaphorisch zu lesen – das Unvereinbare zwischen den Geschlechtern, die Grenze zwischen Leben und Tod, der Antagonismus zwischen (weiblichem) Herz und (männlichem) Licht der Erkenntnis.

III.

Haben unsere Überlegungen die Lektüre mittlerweile sicherer gemacht? Was die Aussage angeht, kaum. Beträchtlich erweitert dagegen haben sich die Sinnhorizonte und Deutungspotentiale selbst. Wir mußten uns mit dem Umstand anfreunden, daß weder eine biographische, noch eine intertextuelle Lesart befriedigen, und selbst der Versuch, unter diskurstheoretischen Prämissen – verstanden als gleichzeitige Konkretisation differenter Lektüren – die Interpretation abzusichern, scheiterte am

[27] Ebd. S. 160.

[28] Wir erkennen in „Aria I" die Verbindungen von Nacht („Dunkel"), Rosen („Rosenlast"), Auslöschung („Tod"), Liebe („Wellen", „Herz") und den Selbst- und Fremdbezug zum Schreiben/Anderen (welcher nicht unbedingt Celan sein muß). Ein Angelpunkt des Gedichts ist das Wort „Blatt", ein Homonym, das wie „Rosen" in „Hôtel de la Paix" das unbelebte Papier der Tapete *und* die Pflanze konnotieren kann. Es spielt auch in „Nach der Sintflut" eine entscheidende Rolle, dessen letzte Strophe lautet: „Ich ginge ja unter in diesem Meer!/ flög' sie [die Taube] nicht aus,/ brächte sie nicht/ in letzter Stunde das Blatt" (S. 154).

offenen, oft kontradiktorischen Charakter der Analyseparadigmen. Sollte man sich deshalb nicht gleich auf etwas anderes als abzusichernde Lesarten konzentrieren, nämlich auf die Art und Weise, *wie* die Entscheidungsfindung für bestimmte semantische Bedeutungszentren vonstatten geht, die Frage nach den ‚Botschaften' ersetzen durch die Rekonstruktion bzw. Reflexion des hermeneutisch-philologischen Verfahrens selbst?

Was wäre dadurch gewonnen?

Erstens wäre man vom lästigen Entscheidungszwang auf der Ebene des Signifikats (gar der Referenz) dispensiert und könnte auf der Ebene der Signifikanten und des *textus*, das heißt, innerhalb eines sprachlichen Bedeutungsnetzes argumentieren. Zweitens entginge eine solche methodische und theoretische Reflexion gleichzeitig einer poststrukturalen Beliebigkeit: Interpretationsanstrengungen sind nur dann nicht unverbindliche Spielereien, wenn das hermeneutische Verfahren den (potentiell) unendlichen Signifikationsprozeß bewußt an bestimmten, auszuweisenden Stellen anhält. Um solche Prioritäten zu schaffen (beispielsweise hinsichtlich einer Entscheidung zwischen „Rosenlast" = Tapete und „Rosenlast" = Boskett), können Ko- und Kontexte wie die bereits angedeuteten hilfreich sein. Es gehören dazu jedoch auch jene Informationen der klassischen philologischen Kommentierung, die – außer der Berücksichtigung biographischer Dokumente – bislang noch überhaupt nicht in den Blick kamen: die Handschriften samt Entstehungsvarianten und historischen Vorstufen der Texte:

Die Editionsphilologie diskutiert bis heute heftig darüber, in welchem Maße „die Autorisation einer Textgestalt durch den Autor (also zum Beispiel der Textstatus vor und nach der Publikation) noch als Kriterium für textkritische Entscheidungen angesehen werden kann"[29]; ebenso fraglich ist, wie exakt der Editor überhaupt zwischen Befund und Deutung unterscheiden kann,[30] da sich schon in unserem Fall und mit Blick auf das Bachmann-Gedicht sehen läßt, daß sich dem ‚Befund' aufgrund

[29] Klaus Kanzog: Einführung in die Editionsphilologie der neueren deutschen Literatur. Berlin 1991 (= Grundlagen der Germanistik 31), S. 16.

[30] s. Gunter Martens und Hans Zeller: Texte und Varianten. München 1971.

von unleserlichen Stellen unüberwindliche Schwierigkeiten in den Weg stellen. Dritter problematischer Punkt: obwohl mittlerweile die Annahme vieler Editionsphilologen, die verschiedenen Textstufen stellten einen linearen Reifeprozeß dar, mit einem großen Fragezeichen versehen wird,[31] ist umgekehrt schwer nachzuvollziehen, daß Korrekturen nicht als Verbesserungen vom Autor intendiert waren. Klaus Kanzog möchte deshalb „die Niederschrift eines Textes [...] deutlich von der Freigabe dieses Textes zur Publikation“[32] unterschieden wissen. Dennoch sind damit Entwürfe und Varianten nicht als ‚bloße‘ Vorstufen von der Interpretation ausgeschlossen. Von einer Gleichrangigkeit der Textstufen, wie sie 1928 Tomaśevskij erwog[33] und später noch einmal die französische Linguistik[34], kann jedoch schon aufgrund des besonderen Status des Veröffentlichungsaktes schwerlich ausgegangen werden. Speziell im Falle der Lyrik Bachmanns wissen wir, wie definitiv die Autorin die letzte Fassung empfand: „Ich weiß dann, daß ich nichts mehr daran tun kann“[35], äußerte sie in einem Interview mit Rainer Höynck anläßlich der Verleihung des Preises des deutschen Kritikerverbandes 1961.[36]

Hier nun zunächst das Faksimile des handschriftlichen Entwurfs[37]; zwei Versuche einer Transkription finden sich am Ende des Aufsatzes:

---

[31] Diese Auffassung spielte besonders bei der älteren Editionsphilosophie des 19. Jahrhunderts und ihrer Rede vom „Keimwort“ bzw. vom (organischen) Wachstum eines Textes eine bedeutende Rolle.

[32] Klaus Kanzog, a.a.O., S. 19.

[33] Ebd. S. 124.

[34] Vgl. Kanzogs Auseinandersetzung mit Julia Kristevas „Le texte n’existe pas“, ebd. S. 123.

[35] In: Wir müssen wahre Sätze finden, a.a.O., S. 29.

[36] Varianten wie in „Erklär mir Liebe“ zwischen Text und vorgelesenem Text, wovon die Herausgeberinnen der vierbändigen Werkausgabe etliche mehr verzeichnen, sind dagegen eher als Lesefehler anzusehen und deshalb für eine Interpretation zu vernachlässigen. Vgl. auch die Schallplatteneinspielung: Ingeborg Bachmann liest Ingeborg Bachmann. Deutsche Grammophon 1983.

[37] In: Andreas Hapkemeyer (Hrsg.): Ingeborg Bachmann. Bilder aus ihrem Leben. Neuausgabe München 1987, S. 74.

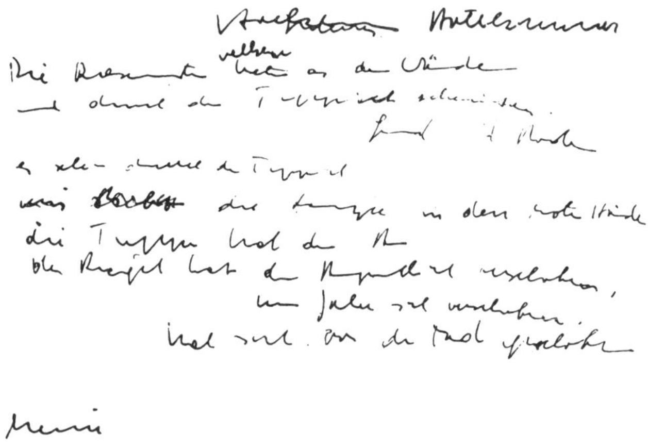

Zu erkennen ist an der Handschrift des Entwurfs zunächst der stellenweise flüchtige, an anderer Stelle dagegen sehr ausgefeilte Duktus der Notation (man vergleiche etwa den Autographen von „Ausfahrt“, beginnend mit den Zeilen „Vom Lande steigt Rauch auf./ Die kleine Fischerhütte behalt im Aug“…,)[38]. Zwei (sich widersprechende) Vermutungen schließen sich daran an: zum einen könnte die Niederschrift von „Hôtel de la Paix“ zu einem Zeitpunkt erfolgt sein, in dem für die Autorin der Text schon weitgehend feststand, wenn nicht auf dem Papier, so zumindest im Kopf; auf der anderen Seite könnten die Zeilen aber auch besonders schnell notiert worden sein, um den Einfall nicht zu vergessen.[39] Man kann erkennen, wie die Handschrift die Buchstaben oft nur andeutet, nicht ausmalt. Ist vielleicht ein Verlust des Wortmaterials doch eher zu befürchten als die Unleserlichkeit des Notats (s. vor allem die Zeile „es schein [sic!] durch den Teppich“/“es sehen durch den Teppich“)? Je-

[38] Ingeborg Bachmann: Sämtliche Gedichte. München ^{2}1987, S. 197.

[39] Vgl. die Äußerung Ingeborg Bachmanns gegenüber Hans F. Nöhbauer 1962: „Ein Gedicht zu schreiben ist kein Warten auf den Anruf […]. Ein Gedicht zu schreiben ist vielmehr ein komplexes Tun, es reicht ‚vom Sätzeerproben bis zum Warten auf den Einfall‘.“ In: Wir müssen wahre Sätze finden, a.a.O., S. 33.

denfalls muß die Autorin nicht mehr auf Keimworte – oder, wie Günter Dammann in Bezug auf Stefan Heym teleologie-neutraler formulierte – auf ‚Stichworte' zurückgreifen, um die Idee zu skizzieren; ebensowenig hat sie es nötig, affektbesetzte Wörter als Schreibimpulse aufs Papier zu bringen, um den kreativen Prozeß in Gang zu halten. Vielmehr sind ganze Verse ohne Korrektur niedergeschrieben, also bereits eine beachtliche Sinn- und Formstabilität vorhanden. Gleichwohl zeigt das Gedicht einen Status, der noch erheblich – und in verschiedenen Zeilen unterschiedlich weit – vom endgültigen Text entfernt ist. Nur der Vers „durch den Teppich scheinen Grund und Boden", steht definitiv fest und weist keine Varianten auf, weder als Sofort- noch als Spätkorrektur.

Was bringt uns die Kenntnis des Entwurfs für die Deutung des endgültigen Textes? Zunächst: er erhärtet die Option *pro* Innenraum, weist ihn sogar konkret als Hotelzimmer (wie es der Titelentwurf sagt) aus. Immer unwahrscheinlicher wird deshalb ein Wechsel der Blickrichtung. Daß es sich deshalb von Anfang an bei „Rosenlast" um eine Synekdoche für Tapete handelte – die Annahme von Boskett also eine interpretatorische Sackgasse war, scheinen die Vorstufen zu belegen: dort heißt es statt „Rosenlast" „Rosenmuster". Gleichwohl – und das ist das Verunsichernde – kann, ja muß dieses semantische Potential durch die Aufspaltung des Kompositums in zwei Wortbestandteile, „Rosen" und „Last", semantisch re-aktiviert werden. Und nicht nur das. Der Umstand, daß die Autorin „Rosenmuster" durch „Rosenlast" ersetzte, könnte ja gerade besagen, daß sie von der eindeutigen Zuweisung ‚Tapete' wegkommen wollte.[40] Egal wie insistent ein Interpret auf „Rosenlast" = Tapete pocht, das semantische Merkmal [+belebt] verliert sich allein schon kraft der Sprachkonventionen nicht. Während wir also bezüglich der Anfangszeilen des Gedichts Sinnzentren gewinnen, eröffnen die Varianten im Mittelteil des Gedichts neue Bedeutungs-

[40] Aufgrund des handschriftlichen Entwurfs und seiner Ambiguitäten kann ich mich der Interpretation von Corina Caduff („‚Rosenlast' und ‚Lichtherz' gehen, als Repräsentanten der Lyrik von einst, zugrunde: Die Rosenlast – die Last des Schönen – stürzt, das Lichtherz – das Herz der Hoffnung im Schönen – bricht", a.a.O., S. 163) nicht anschließen.

horizonte, konstituieren zusätzliche Lesarten und damit semantische Indifferenz. Hinzu kommt die unsichere Lesung des Befundes „es sehen" *versus* „es scheinen" und das Überschreiben zweier (dadurch unleserlich gewordenen) Worte durch „mir stirbt".

Unproblematischer, was die Lesbarkeit angeht, und vielleicht gerade deshalb nicht weniger verunsichernd, was die Deutung betrifft, scheinen dagegen die Schlußzeilen, die geradezu ‚editionsphilologisch vorbildlich' an die sogenannten Beißnerschen Treppchen der Stuttgarter Hölderlin-Ausgabe erinnern:

Der Riegel hat den Augenblick verschoben,
um Jahre sich verschoben.
hat sich vor den Tod geschoben

Problematisch ist in diesem zweiten Teil des Gedichts allenfalls das zunächst aktive Verb, das in den folgenden Textstufen durch das reflexive „hat sich" ersetzt wird. Am deutlichsten befindet sich jedoch der Leser in der Mittelachse, im Zentrum des Gedichts, in einem akuten Entscheidungsdefizit. Sprachlos und stumm wie der Tod erscheint die vom weißen Raum des Papiers schon druckbildlich isolierte Parallelkonstruktion „Dunkel. Schritte", die in dem handschriftlichen Entwurf noch nicht auftaucht. Hart im Ton durch die ungewöhnlichen Trochäen (im Gegensatz zu den durchgehenden Jamben) sagt der Text „Dunkel" und mehr nicht. Er sagt nicht ‚Dunkles' und schon gar nicht ‚Dunkles sagen', wie die Zeile von Sigrid Weigel durch einen Verweis auf Celans Lyrik ergänzt wurde.[41] Ganz unmetaphorisch stehen im Zentrum des Gedichts zwei Wahrnehmungen, Sinneseindrücke inmitten von Schweigen.

---

41 Sigrid Weigel, a.a.O., S. 424. In Weigels Synopse möglicher Celan-Bezüge (ebd. S. 424) realisiert der Vergleich mit Celans „denn die Rose, die Rose" nur *einen* Bedeutungsaspekt, nämlich Rose = Pflanze. Eine ähnliche Einengung des Deutungsspektrums geschieht durch den Hinweis auf die Celan-Zeilen „wir *sagen* uns Dunkles" (ebd., Hervorh. I.D.), da Weigel hier die sinnlich-optische Qualität von „Dunkel" (in Opposition zu „Licht") zugunsten der metaphorisch-symbolischen Bedeutungsschicht ausklammert. Beide Fälle sind Beispiel dafür, daß intertextuelle Bezüge das Interpretationsspektrum nicht nur erweitern, sondern auch einengen können.

Vielleicht endet das Gedicht deshalb so merkwürdig hoffnungsvoll mit der Zeile „Der Riegel hat sich vor den Tod geschoben". Eine augenblickliche Wende? Ein trotziges Bekenntnis zum Leben, zum Du? Die schroffen Entgegensetzungen werden gemildert, erinnert man sich, daß das Gedicht von Anfang an eigenartig unbestimmt zwischen ‚Ende des Lebens' und ‚*petite mort*' oszillierte. „Paix" selbst bedeutet ja nur für sich genommen und übersetzt Friede, Stille, Ruhe. Doch wer zwingt uns, den Titel ins Deutsche zu übertragen? Verstehen wir ihn nicht ohne weiteres auch so, weil „Hôtel de la Paix" keine Kennzeichnung, sondern ein Name ist?[42] Gerade durch die Deutung des Titels als (bloßer) Name ist ja die Banalität des Ortes – und damit der Ereignisse – erst zu verstehen. Tod, Liebe, Abschiede sind keine ungewöhnlichen Erfahrungen, sie passieren täglich und stündlich, wie auch Tod und Liebe anonym und unspektakulär eintreten können, genauso anonym wie die Schritte draußen vor dem Zimmer, die Schritte des erwarteten Liebhabers oder des unbekannten, fremden Freundes Hein.[43]

Für *eine* Person jedoch fallen beide *definit descriptions*, Kennzeichnung und Name zusammen – für das schreibende Ich oder, hier dürfen wir es sagen, für die Autorin, die bei ihrem Besuch in Paris 1956 im gleichnamigen Hotel in der Rue Blainville wohnte. Für sie zumindest referenzierte der Name auf einen wirklichen Ort. Gleichwohl ist dieses Referenzierungswissen nur bedingt für uns, die Interpreten, relevant: das Signifikat ‚Hotel' tritt hinter den Signifikanten zurück – ein gänzlich unspektakulärer Vorgang, was das Wesen von Dichtung betrifft, das primär Sprachereignis und erst sekundär Mitteilung ist.

Martin Heidegger hat in seiner Deutung von George und dessen Dichtung, mit der er zugleich seine Wende zum Primat der Sprache begründete, auf die Verse verwiesen, „kein ding sei, wo das wort gebricht". Ähnlich äußerte sich Ingeborg Bach-

---

[42] Vgl. zur Philosophie des Namens sowie zu der Namensproblematik, vor allem in „Malina", Iris Denneler: Von Namen und Dingen. Würzburg 2001.

[43] Wobei, so sagt es der Mythos, Bacchus und Todesgott zum Verwechseln ähnlich sind (vgl. unter anderem Hofmannsthals/Strauß' Oper „Ariadne auf Naxos"). Caduff dagegen realisiert nur den Bedeutungsaspekt ‚menschliches Subjekt' in „Schritte" (a.a.O., S. 163).

mann in ihren Frankfurter Vorlesungen 1959: statt um Landschaftslyrik gehe es ihr um die Herstellung von Sprachlandschaften, nichts liege ihr ferner als eine „Gräserbewisperin" (so Gottfried Benn) zu sein. Obwohl die Autorin sich zu diesem Zeitpunkt schon von Heidegger distanziert hatte und, gemeinsam mit Celan, im gleichen Jahr die Bitte um einen Beitrag zu dessen siebzigsten Geburtstag abschlug, teilte sie dennoch dessen Auffassung vom ‚Haus der Sprache' als ‚Haus des Seins' (eine Wendung, die im Gedicht „Exil" wiederkehrt[44]). Auch für sie war die Sprache, die wir alltäglich sprechen, eine Sprache aus Phrasen („Gaunersprache", wie es in „Das dreißigste Jahr" heißt), vor der es das eigene Sagen zu schützen gelte.[45] Vielleicht ist es deshalb das Wort selbst, die Beschwörungsqualität eines wieder-errungenen Spruches, was den Riegel vor den Tod zu schieben vermag. Auf dem unsicheren Grenzgebiet zwischen Sprachskepsis und Sprachmagie, zwischen Herz und Verstand, zwischen Liebe und Tod, Schönheit und Vergänglichkeit, Sprechen und Schweigen bewegt sich dieser Text – immer unter Berufung und im unversicherbaren Dialog mit anverwandten Dichtern und Mit-Denkern.

Obwohl das „Vertrauensverhältnis zwischen Ich, Sprache und Ding"[46] zum Zeitpunkt der Abfassung von „Hôtel de la Paix" schon vielfach erschüttert war, bekannte Ingeborg Bachmann dennoch am Ende ihrer Vorlesungen an der Frankfurter Universität: „Es gilt weiterzuschreiben"[47], und an anderer Stelle: „Wir befassen uns mit Sprache, haben erfahren, was Sprachlosigkeit und Stummheit sind – unsere [...] reinsten Zustände! – [...]

---

44 „Ich mit der deutschen Sprache/ dieser Wolke um mich/ die ich halte als Haus/ treibe durch alle Sprachen" (Werke I, a.a.O., S. 153).

45 Vgl. „Wir müssen wahre Sätze finden", a.a.O., S. 84. In „Wahrlich" spricht Ingeborg Bachmann von ihrer Aufgabe „Einen einzigen Satz haltbar zu machen,/ auszuhalten in dem Bimbam der Worte". Die Kürze von „Hôtel de la Paix" ist unter anderem als Versprechen der Stille gegen die Geschwätzigkeit des Man lesbar. Heidegger schrieb in „Der Weg zur Sprache" (in: Unterwegs zur Sprache. Stuttgart 1993, S. 239–268; hier S. 251): „Das Gesprochene entstammt auf mannigfache Art dem Ungesprochenen", und weiter: „Die Sage des Denkens ist ein Erschweigen" (ebd. S. 262).

46 Ingeborg Bachmann: Frankfurter Vorlesungen, a.a.O., S. 188.

47 Ebd. S. 271.

die wir fortsetzen werden, solange Leben unsre Fortsetzung ist“[48].

Transkription: von Weidenbaum[49]

(Unleserlich) Hotelzimmer

Die Rosen... haben/welken an den Wänden
und durch den Teppich scheinen
Grund und Boden
es scheinen durch den Teppich
mir stirbt die Lampe in den roten Händen
die Treppen hat der ...
der Riegel hat den Augenblick verschoben,
um Jahre sich verschoben.
hat sich vor den Tod geschoben

Meine

[48] Ingeborg Bachmann: Musik und Dichtung. In: Werke IV, a.a.O., S. 60. Nicht zuletzt der von Christine Koschel, Inge von Weidenbaum und Clemens Münster herausgegebene Band „Wir müssen wahre Sätze finden“ unterstreicht durch die Aussagen von Zeit- und Weggenossen, wie sehr die Dichterin aus der Ambivalenz zwischen Sprachskepsis und Sprachhoffnung ihre Schreibimpulse schöpfte.

[49] An dieser Stelle meinen herzlichsten Dank an Inge von Weidenbaum für die 1995 erstellte Transkription, ohne deren Hilfe mir etliche, durchaus einleuchtende Stellen verschlossen geblieben wären. Dennoch einige Gegenvorschläge – sie sind vor allem als Anregung für die Leser gedacht, sich am Entziffern des Befundes zu beteiligen. Die Transkriptionen sollen nur eine Lesehilfe bieten und erheben darstellungsmäßig keine editionsphilologischen Ansprüche.

Transkription: Denneler

(Unleserlich [Hotelzimmer]) Hotelzimmer

Die Rosenmuster treten/welken aus den Wänden
und durch den Teppich scheinen
                                        Grund und Boden
es sehen durch den Teppich
mir stirbt die Lampe in den roten/toten Händen
die Treppen/der Teppich hat den Au/H
der Riegel hat den Augenblick verschoben,
                    um Jahre sich verschoben.
            hat sich vor den Tod geschoben

Meine

Schreiben auf unsicherem Grund: Leben und Literatur Cesare Paveses

I.

Moderne italienische Literatur – das sind Namen wie Alberto Moravia, Leone und Natalia Ginzburg, Elsa Morante, Carlo Emilio Gadda, Italo Svevo, Primo Levi, Giuseppe Ungaretti, Italo Calvino, Tomasso di Ciaula, Giorgio Manganelli oder Pier Paolo Pasolini. Cesare Pavese gehört sicherlich als einer der bedeutendsten Autoren mit in diesen Kreis, und dennoch tut man sich schwer, ihn als einen typischen Vertreter auszuweisen, seine Zeitgenossenschaft zu würdigen. Pavese führte das Leben eines Einzelgängers, abseits der aktuellen kulturellen und politischen Landschaft. Das mag verwundern, haben doch politische Ereignisse immer wieder heftig in sein Leben eingegriffen. Eng verquickt sind private und gesellschaftliche Schicksalsbegebenheiten: 1935/36 saß er wegen antifaschistischer Betätigung für ein Jahr in kalabrischer Verbannung in Brancaleone, er pflegte Freundschaften zur Turiner Widerstandsbewegung, zu Roberto Bobbio, zu Giulio Enaudi, vor allem zu Leone Ginzburg, der schließlich von den Deutschen in Regina Coeli zu Tode gefoltert wurde. Als Jugendlicher erlebte Pavese, wie im Dezember 1922 die Faschisten elf Turiner Bürger niedermetzelten (er wird die Namen dieser ersten Opfer der *Resistenza* viele Jahre später für seinen Freund und Biographen Davide Lajolo neben das Gedicht „Eine Generation" notieren). Und doch zeigen die biographischen Zeugnisse, die Briefe und Tagebücher Pavese als eigenartig unengagierten, politisch desinteressierten, ja vom Politischen angeekelten Menschen.

Dabei war es nicht die politische Zeitgenossenschaft allein, die Pavese zum Außenseiter machte. Auch seine Position als Intellektueller verlief eher untypisch: Pavese blieb, obwohl er in Turin aufs Gymnasium ging, dort studierte und größtenteils lebte, ein Kind vom Lande; seine wirkliche Heimat war das Dorf seiner Kindheit, San Stefano Belbo in der Langhe, mit seiner winterlichen Einsamkeit, der Schwüle des Sommers und seiner von Traurigkeit und Schweigen geprägten bäuerlichen Bevölkerung. Merkwürdig unberührt vom Tagesgeschehen beschwören seine Werke archaische Landschaften, subjektive Befindlichkeiten, Mythen und mystische Zeiterfahrungen (das, was er den „*instante*" nannte). Pavese veränderte im Laufe seines Schreibens wohl Themen und Konstruktionsweisen, die Grundhaltung variierte dennoch wenig; er schuf sich eine, vor allem durch *rapporti fantastici*[1] und Symbole[2] getragene homogene Welt, die bei aller unmittelbaren Sinnlichkeit der geschilderten Eindrücke, bei allem Verismus der endlosen Gespräche seiner Figuren, eigenartig zeitfern, zeitentrückt blieb.

Pavese begegnet uns bereits hier als ambivalente Persönlichkeit: eigenbrödlerisch, fast monomanisch in den Tagebüchern und Briefen, meist in gedrückter Stimmung, erschöpft, angeekelt und leer, und doch von dem heißen Wunsch nach Zuwendung und Liebe erfüllt, nach Freundschaften und Vertrauensbeweisen. Seine intimen Aufzeichnungen, ursprünglich nicht zur Veröffentlichung bestimmt, waren zumindest in ihrer Existenz Freunden bekannt und sollten nach Wunsch des Autors irgendwann gedruckt werden.[3] Doch die Motive für dieses zwiespältige Verhalten bleiben unsicher. Versteckte Rache? Der Widerruf seiner monologischen Existenz? Wohl von allem etwas: „Ich verbrachte den Abend vor dem Spiegel sitzend, um mir Gesellschaft zu leisten"[4], lautet einer der zahlreichen trostlosen Sätze aus den Notaten der Einsamkeit. Pa-

---

[1] Vgl. Johannes Hösle: Cesare Pavese. Berlin 1961, v.a. S. 55ff sowie (mit Bezug zu Baudelaire) Dietrich Schlumbohm: Die Welt als Konstruktion. München 1978 (= Münchener Romanistische Arbeiten 49), v.a. S. 32ff.

[2] Vgl. die Aussage in: Über Mythos, Symbol und anderes (in: Cesare Pavese: Schriften zur Literatur. Düsseldorf 1977, S. 329–336) sowie in: Der Stand der Gnade (ebd. S. 336–341). Nach Pavese sind Symbole die Indikatoren für Erinnerung, die „Antworten unseres Instinkts auf die Impulse der Kultur" (S. 339).

[3] s. Walter Hilsbecher: Das Handwerk des Lebens. Cesare Pavese in seinen Tagebüchern. In: text & kritik 17(1967) Cesare Pavese, S. 11–17; hier S. 11.

[4] s. Eintrag vom 6.11.1938. Alle Zitate aus dem Tagebuch nach der von Charlotte Birnbaum übersetzten Ausgabe: Das Handwerk des Lebens. Tagebuch 1935–1950. Frankfurt a.M. 1974.

vese schrieb und lebte in unüberbrückbaren Gegensätzen, er fühlte sich als Genie und als Sklave, Frauen gegenüber als Macho und als unreifes Kind, er erlebte die Einsamkeit als wilde Freude am Alleinsein und als drohenden Wirklichkeitsverlust, und immer erhoffte er sich Erlösung durch einen stoisch gegen alle Lebensunzulänglichkeiten gerichteten Willen. Bei der Auszeichnung mit dem angesehenen *Premio Strega* – er erhielt ihn kurz vor seinem Tod 1950 für die Romantrilogie „La bella estate" („Der schöne Sommer")[5], „Il diavolo sulle colline" („Der Teufel auf den Hügeln") und „Tra donne sole" („Einsame Frauen") – spielte er die Rolle eines Dandy, und doch nahm er seinen Ruhm und die Bekanntheit wie etwas ihm Fremdes hin.[6]

Sein Lebenswerk, die Gedichte, die Erzählungen und Romane sprechen alle von ihm selbst, und zwar in einem weit stärkeren Sinn, als was wir gewöhnlich unter Dichtung im Zeichen einer großen Passion verstehen. Pavese redete von sich, selbst wenn er, wie in seinem Roman „Tra donne sole", seine Person hinter der weiblichen Hauptfigur Clelia versteckte und sich ein weibliches Alter Ego konstruierte.[7] Italo Calvino schrieb ihm, was kein Geheimnis war: er habe von Anfang an gemerkt,

[5] Zur textkritischen Situation dieses Romans, der bereits 1940 entstand und wahrscheinlich einschneidende Umarbeitungen erfuhr, vgl. Johannes Hösle, a.a.O., S. 62f.

[6] Zum Dandytum notierte Pavese bereits am 1. Juni 1940 in seinem Tagebuch, es komme dabei weniger auf die gewählte Stilisierung an, als darauf, überhaupt aus einer Haltung, einem Stil, Kraft, Zucht und Überlegenheit zu schöpfen.

[7] Zum Wechsel der Geschlechterperspektive vgl. auch „Der Schriftsteller als Einzelfall? Zum nicht-versicherbaren Anspruch auf literarische Authentizität am Beispiel von Hans Erich Nossack, Marlen Haushofer und Ingeborg Bachmann" im vorliegenden Band. Außer die zeitliche Nähe (Pavese nimmt gegenüber Hans Erich Nossack, Marlen Haushofer und Ingeborg Bachmann generationsmäßig eine Zwischenstellung ein) verblüffen vor allem die motivlichen und formalen Ähnlichkeiten der Werke: Bevorzugung von Ich-Perspektive, Rollenprosa, Symbolik und Mythos, Geschlechterproblematik u.v.m. Die Forschung hat bislang – mit Ausnahme der ausgezeichneten Arbeit von Dietrich Schlumbohm (op.cit.) – keinen Vergleich zu diesen Autoren gezogen (und auch Schlumbohm nur am Rande, als Fußnote zur resignativen, aporetischen Grundhaltung Nossacks, nicht zu den formalen Ähnlichkeiten im Werk).

daß er es sei, mit Perücke und falschem Busen.[8] Meist wählte Pavese die Ich-Perspektive – und nur professionelle Leser werden darauf bestehen, daß gerade das ‚echte' Aussagesubjekt sich tarnen muß.[9] Doch im Gegensatz zum Gros seiner Schriftstellerkollegen wollte Pavese das Werk nicht in seinem Reflex auf biographische Ereignisse kaschieren.[10] Natürlich erklärt Biographie Literatur nicht (sie ist „Ein Spiel"[11]), aber sie läßt doch die Obsessivität erahnen, mit der bestimmte Motive, Konflikte und Konstellationen wiederkehren; Konflikte, die übrigens die Tagebücher häufig parallel und weitaus thesenartiger als die Romane und Erzählungen austragen.

Das Leben Cesare Paveses, das tragisch endete, begann als Idyll. Pavese wurde am 9. September 1908 in dem schon erwähnten Nest San Stefano Belbo geboren, in der Heimat seines Vaters, der Langhe, einer Weinbaulandschaft an der Nordabdachung des ligurischen Apennins mit dem Zentrum Alba, südlich von Turin. Dort verbrachte er seine frühe Kindheit und besuchte bis 1913 die Volksschule. 1914 starb Paveses Vater. Das Kind begann zu kränkeln, litt an Asthma und Ohnmachts-

---

[8] Vielleicht ist aus diesem Grund Pavese der Rollenwechsel und Geschlechtertausch weniger gut geglückt als Nossack, Bachmann oder Haushofer. Die Figur Clelias bleibt eine ‚männliche', ist weder Individuum noch Weiblichkeitsimago, jedoch stets, wie Calvino schrieb, ein Sprachrohr – bedauerlicherweise nur für die Ansichten des Autors und nicht für das erzählende Ich.

[9] s. Max Frischs Ausführungen „Vom Schreiben in Ich-Form" (in: Tagebücher 1966–1971. Frankfurt a.M. 1972, S. 308). Recht verstanden sei die Ich-Form, so Frisch, die weitaus „strengere Kontrolle". Sie verhindere eher als das auktoriale Er, als Beicht-Literatur rezipiert zu werden. Frisch empfahl deshalb sogar, zuerst in Ich-Form zu schreiben und dann das Geschriebene in Er-Form zu übertragen.

[10] Das Verhalten Paveses zu seiner Rolle in der Öffentlichkeit blieb bis zu seinem Tod widersprüchlich. In seinem letzten Brief an Freund Davide Lajolo äußerte er die Bitte: „Da ich erlebt habe, daß man von meinen Liebeshändeln von den Alpen bis Capo Passero spricht, will ich Dir sagen, daß ich, wie Cortez, die Schiffe hinter mir verbrannt habe [...]. Je weniger Du von dieser Geschichte [= die Liebe zu Constance] mit ‚Leuten' sprichst, um so dankbarer werde ich Dir dafür sein" (s. Davide Lajolo: Die Kadenz des Leidens. Leben und Werk Cesare Paveses. Hamburg 1964, S. 351).

[11] So der Titel eines Stücks von Max Frisch, einem Virtuosen der Tarnung im Spiel zwischen Biographie und Fiktion.

anfällen, die später mitunter bewußt herbeigeführt wurden[12]; ein Gefühl körperlicher Schwäche verließ ihn nie wieder. Auf dem Gymnasium in Turin lernte Pavese in dem Literaten Augusto Monti nicht nur einen ausgezeichneten Italienisch- und Lateinlehrer, sondern auch einen engagierten ‚Tyrannenhasser' kennen. Neben ihm gehörte zu den prägendsten Eindrücken der Jugend die Freundschaft zu seinem Mitschüler Baraldi. Dieser beging, knapp 18jährig, Selbstmord. Pavese wollte, so bekannte er später, es ihm nachtun, schlich des Nachts zum selben Baum, wo sich Baraldi erschossen hatte, drückte den Revolver ab – und schoß gegen den Stamm. Ein erstes, alles entscheidende ‚Versagen', das er nie mehr bewältigen sollte.[13] Es fällt schwer zu entscheiden, was Depression, was Exzentrik, wohl auch Koketterie dabei war; die Selbsttötung jedenfalls blieb für Pavese in Literatur und Leben die wichtigste treibende Kraft, bei der sich Haltung, Bewußtseinsstruktur und poetologische Konstruktion gegenseitig bedingten.[14]

1926 machte Pavese das Abitur und begann auf eigene Faust, Englisch zu lernen – ein Studium, das für sein Schaffen, neben der frühen D'Annunzio-Lektüre, entscheidend wurde. Er begeisterte sich für Walt Whitman und schrieb die ersten eigenen Gedichte; eine Sammlung, die allerdings zunächst in der Schublade verschwand.[15] Kurz nach dem Abitur lernte Pavese, über die Freunde Monti und Bobbio, Leone Ginzburg und Vittorio Foá kennen, jene Schriftsteller und Verleger, die sich zugleich im Widerstand engagierten und die für sein späteres Leben eine so wichtige Rolle spielen sollten. Ein Jahr später, nun eingeschrieben an der Universität Turin für die Fächer Philoso-

---

[12] Vgl. Verena Lenzen: Fallstudie über Cesare Pavese. In: dies.: Selbsttötung. Neustadt/Wied 1987, S. 33–62; hier v.a. S. 51ff.

[13] Bei Paveses Bericht fühlt man sich an Max Frischs „Stiller" erinnert, worin der Protagonist vom ‚Versagen' des Gewehrs Stillers während seines Spanienaufenthalts (einer der vielen von ihm fingierten biographischen Episoden) erzählt, was zu einer lebenslangen Impotenzangst führt. Daß es sich einmal um ein Geschehen, das andere Mal um Literatur handelt, unterstreicht einmal mehr die Theatralik von Paveses Tun, das übrigens nicht nur in der Prosa, sondern auch in den „Verse[n] vom Revolver" wiederzuerkennen ist.

[14] Vgl. Verena Lenzen, a.a.O., S. 44.

[15] Vgl. die posthume Edition: Poesie edite e inedite, hrsg. v. Italo Calvino. Turin 1962.

phie und Anglistik, machte er sich an die erste Übersetzung aus dem Englischen, Sinclair Lewis' „Our Mr. Wrenn" („Il nostro signor Wren"); kurz darauf folgten die ersten Essays zur amerikanischen Literatur.

Pavese wurde rasch und anerkanntermaßen zu einem der wichtigsten und frühesten Vermittler der amerikanischen Schriftsteller für Italien. Zugleich wurden diese Autoren für sein eigenes Schreiben und seine künstlerische Selbstfindung überaus wichtig. Die Essays, die er über Melville, Sherwood Anderson, Dos Passos, Sinclair Lewis, Joyce, Gertrude Stein und viele andere später für die Zeitschrift „La Cultura" schrieb, waren immer auch Standortbestimmungen für die eigene Poesie. So lobte er in dem Aufsatz „Mittelwesten und Piemont" Sinclair Lewis' herrliche Provinztypen, die sich dann ebenfalls in der frühen Prosa, den „Paesi tuoi" („Unter Bauern"), finden lassen. Vor allem jedoch erhoffte er sich eine sprachliche Erneuerung der Literatur Italiens, etwa durch die Entdeckung des Dialekts als einer neuen, unverbrauchten Ausdrucksform bei Marc Twain oder Sherwood Anderson, bei dem sich Pavese nicht nur an die eigene Auffassung von Kindheit erinnert fühlte, sondern auch an die eigene, scharfe Zeichnung der Gegensätze von Stadt und Land – alles Dinge, die der Autor später ausführlich theoretisch und poetologisch in seiner Konzeption des Mythos ausbaute. Gedichte jedoch, die Pavese zwischen 1931 und 1935 in loser Folge in der Zeitschrift „Solaria" veröffentlichen konnte, blieben die eigentliche Hauptbeschäftigung, wurden allerdings erst 1936 gesammelt unter dem Titel „Lavorare stanca" („Arbeiten macht müde") ediert.

Nachdem Pavese 1932 über seinen Lieblingsautor Walt Whitman promoviert hatte, begann er eine zweite, noch extensivere Übersetzertätigkeit, zuletzt für die renommierten Verlage Bompiani und Mondadori. Pavese übertrug „Dark Laughter" von Sherwood Anderson, „Dedalus" von Joyce, „The 42nd Parallel" von Dos Passos, aber auch ältere Literatur wie Melvilles „Mobby Dick", Defoes „Moll Flanders", Dickens, Faulkner und Morley, und betrieb damit eine Vermittlertätigkeit, die ihm trotz aller Befremdlichkeit seines Wesens, trotz Brüskierungen und Abweisungen, die Freunde und Bekannte zu dulden hatten, ungeteiltes Lob und Anerkennung einbrachte. Dennoch war die Einbindung in diesen literarischen Kreis eher lose, zumal dieser sich auch politisch betätigte, während Pavese versuchte, sich von den antifaschistischen Aktivitäten seiner Verlagsfreunde so gut es ging fern zu halten. Ohne Erfolg. Zunächst noch entging der Politikverweigerer 1934 mit knapper Not der Politik, als die Gruppe „Giustizia e Libertà" aufflog, unter ihnen Leone Ginzburg. Vorsichtig geworden lehnte Pavese es ab, für Ginzburg „La Cultura" weiterzuführen. Doch 1935 verhaftete man bei seinem Verleger Giulio Enaudi Freunde von Pavese, fand bei ihm selbst den Brief eines der Festgenommenen und verurteilte ihn wegen Kollaboration zu drei Jahren Verbannung nach Brancaleone in Kalabrien. Aufgrund eines Gnadengesuchs kam Pavese bereits 1936 frei, erfuhr allerdings bei seiner Rückkunft nach Turin, daß seine Liebe, die ‚Frau mit der rauhen Stimme', wie er sie nannte, mittlerweile verheiratet war. Ein Schock, den er, wie so oft, unmittelbar in Literatur umsetzte: unter dem Eindruck der Ereignisse begann er den Roman „Il carcere" („Die Verbannung").[16] Spuren sind darüberhinaus in der posthum erschienenen Geschichte „Terra d'esilio" („Land der Verbannung") zu finden.

In dieser Erzählung sind die biographischen Grundkonstellationen, die für Paveses Prosa so zentral wurden, bereits deutlich zu erkennen: es gibt einen biographie-nahen Ich-Erzähler (den es in diesem Fall durch ‚sonderbare Umstände' nach Unteritalien verschlug und der als Ingenieur am Straßenbau im Mezzogiorno arbeitet) und einen Freund – wie so oft Spiegel- und Gegenfigur des eigenen Selbst. Noch während der Protagonist Pläne schmiedet, wie er seine Frau, die ihn zuhause betrügt (das ist, wie könnte es anders sein, Turin), umbringen könnte, erfährt er, daß den Mord schon ein anderer übernommen hat. Der *plot* ist gefährlich nahe der Kolportage. Doch es spricht für den Autor, daß es ihm bereits mit den ersten Sätzen dieser Erzählung gelingt, dem melodramatischen Kriminalfall eine tiefere, symbolische Dimension zu verleihen; schon der Titel „Terra d'esilio" läßt ja vielfältige Deutungen zu:

> Sonderbare Umstände meiner Tätigkeit hatten mich ausgerechnet tief nach Unteritalien verschlagen; ich fühlte

---

[16] Zu Paveses flehentlichen Briefen („Ich bitte Sie um nichts als um eine Karte mit Unterschrift") und seinem Zusammenbruch am Bahnhof s. Hans Jürgen Baden: Literatur und Selbstmord. Stuttgart 1965, S. 69.

> mich dort sehr einsam und sah dieses schmutzige kleine Dorf als eine Art Strafe an, wie sie jeden von uns mindestens einmal im Leben erwartet –, oder auch als ganz abgelegenen Ort, wo ich mich sammeln und merkwürdige Erfahrungen machen konnte. Und eine Strafe waren sie, alle drei Monate, die ich dort verbrachte, während mich der Ort, was fremdartige Erfahrungen anlangt, nicht wenig enttäuschte. („Land der Verbannung")[17]

Und in der Tat entwickelt sich dann auch zwischen dem Ich-Erzähler und seinem Gegenüber ein Gespräch in fast kafkaeskem Ton:

> „Sind Sie auch verbannt?" rief der junge Mann mir zu.
> „Ein bißchen sind wir das hier alle", sagte ich laut. [...]
> „Aber was tun Sie in diesem Dorf?"
> „Ich arbeite an der Provinzstraße. Ich bin Ingenieur"[18]

Als Italien am 5. Juni 1940 in den Zweiten Weltkrieg eintrat, schrieb Pavese gerade an zwei kürzeren Romanen „Il diavolo sulle colline" und „Tra donne sole", die erst 1949 zusammen mit „La bella estate" erscheinen konnten. Ostentativ betonte Pavese, der zu diesem Zeitpunkt immer noch unter Polizeiaufsicht stand, sein politisches Desinteresse. Doch auch das Tagebuch dokumentiert Anfang 1940 (8./9. Januar) die Distanz zu den Idealen der *Resistenza*:

> Der Beweis deines Mangels an Interesse für die Politik ist der, daß, da du an den Liberalismus glaubst (= die Möglichkeit, das politische Leben nicht zu beachten), du ihn tyrannisch anwenden möchtest. Du empfindest also das politische Leben nur in Zeiten totalitärer Krise, und dann entflammst du dich und widersprichst eben deinem Liberalismus, nur um die liberalen Bedingungen rasch zu verwirklichen, in denen du wirst leben können, ohne die Politik zu beachten.

[17] Alle deutschen Zitate der Erzählungen nach: Cesare Pavese: Sämtliche Erzählungen, deutsch von Charlotte Birnbaum. Hamburg 1966; hier S. 7.
[18] Ebd. S. 9f.

In der Erzählung „Il capitano“ („Der Hauptmann“) aus „Feria d'agosto“ findet sich die Pavese damals wohl am meisten bewegende Frage: „Perché vuoi occuparti di politica che non è il tuoi mestiere?“[19] Die zunehmende Skepsis gegenüber den Einflußmöglichkeiten des Schreibenden wird Pavese jedoch nicht davon abhalten, nach Kriegsende in die KPI einzutreten – ein eher therapeutischer als politischer Versuch, der Einsamkeit und Isolation durch Integration in das ‚Volk‘ zu entkommen.[20] Paveses Ansichten zur Relativität geschichtlicher Ereignisse waren von Selbsthaß nicht frei und verstiegen sich mitunter zu dem Vergleich der faschistischen mit der kommunistischen Partei. Einmal erklärte er gar die Arbeit von Ginzburg für unpolitisch und von selbstsüchtigen Motiven getrieben, es sei bloße ‚Kameradschaft und Getöse‘.[21] Doch wie immer, wenn Pavese sich wortreich von unangenehmen Erfahrungen zu distanzieren suchte, hört man die Selbstrechtfertigung heraus. Interessant ist die Erzählung „Il capitano“ vor allem deshalb, weil hier das politische Thema der Konspiration mit dem Privaten einer enttäuschten Liebe verbunden wurde: „Frauen und Politik passen nicht zusammen“ heißt es, und weiter: „‚Frauen mit Gewissen‘, brummte ich. ‚Daß ich nicht lache!‘“[22]

Das Tagebuch von 1940 offenbart unter dem Eintrag vom 13. Juni gleichwohl, was Frauen und (Geschlechter-)Politik in den Augen des Autors miteinander zu tun haben:

---

[19] „Und warum willst du dich mit Politik beschäftigen? Das ist nicht dein Beruf“ (Erzählungen, a.a.O., S. 294).

[20] Noch im Jahr seines Todes überdachte Pavese sein Engagement: „Die Glückseligkeit des Jahres 48–49 ist ganz abbezahlt. Hinter jener olympischen Befriedigtheit war dies – die Impotenz [...] ich spüre sie in den Knochen, und ich habe mich verpflichtet an eine politische Verantwortlichkeit, die mich erdrückt. Die Antwort ist nur die eine: Selbstmord.“ (Tagebuch vom 27. Mai 1950).

[21] Zum zwiespältigen Bild Paveses im Verhältnis zu seinen Freunden (die nicht selten die spätere Rezeption seiner Werke mitbestimmten) vgl. die eher reservierten Aufzeichnungen Natalia Ginzburgs: Mein Familienlexikon. Frankfurt a.M. 1983, sowie die pietätvollen Äußerungen von Alessandro Pellegrini: Mythos und Dichtung im Werk Cesare Paveses. Hamburg 1958.

[22] Erzählungen, a.a.O., S. 299.

Eine Kriegserklärung ist so etwas wie eine Liebeserklärung. Man wird dem Feind ganz gleich und erhebt sich oder sinkt mit ihm. Dem Feinde werden dieselben verächtlichen Abscheulichkeiten vorgeworfen, die – wenn wir einmal verliebt sind – auch wir nur allzugern begehen würden, und sie werden ihm vorgeworfen aus demselben Grunde verletzter Menschlichkeit.

1941 erschienen die „Paesi tuoi“. Die Prosa schildert einen Geschwistermord im rohen, bäuerlichen Milieu, und die Reaktionen des Publikums waren angesichts der drastischen Szenen heftig. Ob Fehlrezeption oder fehlgeschlagenes ästhetisches Experiment – Pavese jedenfalls wandte sich vom *Neorealismo* rasch wieder ab. Im übrigen hat der Autor sich nur in seinen mißlungenen Texten als Naturalisten bezeichnet, und Aufzeichnungen aus dem Jahr 1940 lassen ahnen, wie sehr kritische Lektüre anderer Autoren und eigenes poetisches Konzept einander bedingten, wie weit jedoch auch der Weg von der poetologischen Selbstfindung zur Umsetzung war:

Die abstrakt beschreibende Natur der „Riesen“ von Doeblin enthüllt, daß „Berlin-Alexanderplatz“ auch dort, wo es angefüllt schien mit menschlicher Erfahrung und Besinnung, nur erfüllt war mit dem Stoff einer häßlichen, banalen täglichen Wahrheit, *beschrieben*, nicht dramatisch entwickelt; ein Fehler, der sich vielfach bei der gegenwärtigen Erzählkunst – und auch bei deiner – findet.

Doeblin, Dos Passos, du: wenn ihr dem oberflächlichen Verismus entfliehen wollt, fallt ihr in die abstrakte expressionistische Konstruktion. Euch fehlt vor allem der Sinn für das Drama.

Man muß lernen nicht nur, viele verschiedene Personen sein (Dos Passos gelingt das), sondern auch, diese Personen schaffen, *indem man sie auswählt* und indem man ihre Züge auswählt (die Charakterzeichnungen von Dos Passos aber können von einer Person auf die andere übertragen werden). (16. Juni 1940)

Die folgende Prosa „La spiaggia“, von der er sich im übrigen 1946 aus politischen Gründen distanzierte, war eine Veröffentlichung, die Pavese zunächst in Fortsetzungsgeschichten herausbrachte. 1941 erschien der Text als Buch; Vorarbeiten dazu lassen sich in verschiedenen kleineren Erzählungen nachweisen, unter anderem im „Haus am Meer" („Casa al mare"). Nur eine kurze Unterbrechung seiner literarischen Aktivitäten bedeutete es, daß Pavese 1943 vom Militär eingezogen wurde. Er kam nach Rom, wurde jedoch bereits nach einem halben Jahr wegen seines Asthmaleidens entlassen. Obwohl er öfters in das von den Deutschen besetzte Turin fuhr, traf er dort kaum noch Freunde, die sich zum Großteil dem Partisanenkampf angeschlossen hatten. Mehr denn je fühlte Pavese sich isoliert, auch wenn er immer mehr Zeit *dort* verbringen konnte, wo er sich heimisch fühlte, bei der Schwester und ihrer Familie in Serralunga. Nach Kriegsende verblieb Pavese in der Hauptstadt, zog dann aber 1947 endgültig nach Turin. Es begann jene letzte Phase dichterischer Produktivität, ja Euphorie, die getragen war von seiner Liebe zu der amerikanischen Schauspielerin Constance Dowling. Die ihr gewidmeten philosophisch-mythischen „Dialoghi con Leucó" entstanden; parallel dazu arbeitete Pavese an den Romanen „La casa in collina" und „La luna e i falò" („Junger Mond"). Als er 1950 den begehrten *Premio Strega* erhielt, wartete er vor allem auf ihre Zusage zur Heirat, doch sie gab ihm telefonisch aus Amerika ihr Nein. Mitte desselben Jahres beschloß Pavese, nicht mehr zu schreiben, das *mestiere di scrivere* aufzugeben – und damit zugleich das *mestiere di vivere.* Ein paar fruchtlose Versuche, noch einmal zur Lyrik zurückzukehren, folgten. Mitte August bricht das Tagebuch ab.

Wenige Tage darauf fand man Pavese mit einer tödlichen Dosis Tabletten vergiftet in einem Turiner Hotel.

II.

Paveses dichterisches Schaffen gehört zu jenen faszinierenden, geschlossenen Welten, die durch Figuren, Symbole, Topographie und Motive den Leser in einen sehr persönlichen, durch Einbindung in einen Mythos jedoch zugleich überindividuellen Kosmos entführen. Zumindest gilt dies für Paveses Romane und Erzählungen, in denen sich einzelne Geschichten wie *tema con variazioni* ausnehmen. Über die Lyrik, mit der sein Schreiben begann, notierte er am 16. Mai 1938 in sein Tagebuch: „*Lavorare stanca* durchgeblättert [...] lohnte es, dafür sechs Jahre herzugeben [...]? Ich an deiner Stelle würde mich schämen". Bereits zwei Jahre zuvor, am 20. April 1936, lesen wir die niederschmetternde Selbsteinschätzung, die Gedichte seien nichts als „Schmutzbrühe von neapolitanischer Naivität", zu viel „wollüstige Hingabe ans Absolute" und zuwenig tragische Kälte, auf die man eigentlich hinarbeiten müsse.

1946, vier Jahre vor seinem Tod, erschien „Feria d'agosto", jene Erzählsammlung, die Pavese vor allem berühmt machte und die hauptsächlich mit seinem Namen verbunden ist. Die Geschichten, an denen der Autor zwischen 1936 und 1944 arbeitete, markieren so etwas wie eine Wende, eine endgültige, dichterische Selbstfindung Paveses. In dieser Sammlung zeigt sich vor allem, was er als individuellen geistigen Horizont, seinen eigenen Mythos konstruierte (obwohl sich schon in „Lavorare stanca" das für den *mito* so zentrale manichäische Denken erkennen läßt, etwa im Verhältnis von *dio-caprone* oder *maternità/paternità*). Spätestens mit „Feria d'agosto" ist das durch aporetische Gegensätze geprägte Weltbild zum Kennzeichen Pavesescher Geschichts- und Zeitauffassung geworden. Stadt und Land, Junge und reifer Mann, Zeit und Zeitlosigkeit, Mythos und Logos, *natura* und *arte*, *selvaggio* und *civilisatione*, *infanzia* und *maturità*, *mestiere di scrivere* und *mestiere di vivere* werden zu antagonistischen Prinzipien entwickelt, die für den Autor emotional und, ebenso stark, mit Werten besetzt waren. So verwandelte sich selbst die Landschaft, die unübersehbar seine Heimat, die Langhe, nachzeichnete, in eine zeitlose, symbolische Seelenlandschaft, in der sich unversöhnlich Gutes und Böses scheiden. Sofern die Geschichten in Städten spielen – eines der drei Bücher der Sammlung ist ja „La città" überschrieben – finden sich kaum sozialkritische Reflexe auf die urbane Gesellschaft. Es geht, und schon die Titel legen dies nahe, um Allgemeines: „Die Häuser", „Die Feste", „Die Zeit", „Die Wiese der Toten", „Ein Ruf"... 1941 notierte sein Tagebuch unter dem Datum des 12. April:

> Die Freude am Erzählen und Zuhören bedeutet: sehen, wie sich Geschehnisse [...] ordnen [...]. Was tut man anderes, wenn man [an] die eigene Vergangenheit zurück-

> denkt und sich freut, in ihr die Zeichen des Gegenwärtigen oder des Folgenden zu erkennen? Dieser Aufbau gibt im Wesentlichen der *Zeit* eine Bedeutung. Und das Erzählen ist, kurz gesagt, nur ein die Zeit Mythologisieren, ein ihr Entfliehen.

In der literarischen Öffentlichkeit stieß diese offensichtliche Archaik nicht weniger als Paveses Vorliebe für das literarische Amerika auf Befremden und brachte ihm den Ruf eines Dekadents ein.[23] Doch Anlage und Figuren der Erzählungen waren weniger dekadent als resignativ, die Reaktion eines einsamen Mannes, der, gerade einmal vierzigjährig, sich uralt und ausgebrannt fühlte, von Niederlagen und Phasen schöpferischer Unfähigkeit gebeutelt, und dem die Kindheit zum nie mehr einholbaren Traum eines glücklichen Lebens geworden war.[24]

Doch bei aller Nähe zum Biographischen, bei aller Notwendigkeit, mit Literatur auf die ‚*mania di solitudine*' zu reagieren, war Pavese ein *poeta doctus*, dessen Werk einen hohen Konstruktionsgrad aufweist. Vor allem die Erzählsammlung „Feria d'agosto" folgt strengen Bauprinzipien: sie gliedert sich in drei größere Komplexe, überschrieben mit „Il mare", „La città", „La vigna", wobei die Titel zugleich die Überschriften einzelner Erzählungen abgeben. Die meist kurzen Erzählungen (kaum eine der Geschichten ist länger als acht Seiten) sind, auch wenn man die Nähe des Autors zur amerikanischen Literatur vermutet, nur bedingt *short stories*, die – zumindest nach den Gattungsüberlegungen von Manfred Durzak[25] – neben der personalen Erzählperspektive, der Ausschnitthaftigkeit der Handlung und der Publikumsbezogenheit eben auch des politisch-kritischen Impetus und der Realitätsbezogenheit bedürfen. In Paveses Erzählungen aber werden Zeit und Raum absolut, die Konzentration liegt ganz in der Darstellung der Gefühle der

[23] So fragte Alberto Moravia am 22. Dez. 1954 im „Corriere della Sera" öffentlich: „Pavese decadente?"

[24] s. Michael Gäbler: Paveses Roman „Die einsamen Frauen". In: text & kritik, a.a.O., S. 24–27: „Paveses Schicksalsbegriff ist von vollständiger Resignation geprägt: Was geschieht, geschieht immer. Wir sind nicht in der Welt, um das Schicksal in Freiheit zu verwandeln" (S. 25).

[25] s. Manfred Durzak: Die deutsche Kurzgeschichte. Stuttgart 1980; hier v.a. die Einleitung, S. 9–18.

Protagonisten. Umso strenger die Architektur und die thematischen Bezüge von „Feria d'agosto": „Il mare" enthält fast ausschließlich Kindheitserlebnisse; die Erzählungen aus „La città" beschreiben Fremdheitserfahrungen in einer anscheinend normalen Alltagswelt, etwa das Alleinsein zwischen Freunden, Passanten, in Cafés oder tagträumend auf einer Wiese; „La vigna" schließlich konzentriert die programmatischen, poetologischen Texte des Autors. Sie variieren das Thema des *instante*, des erfüllten Augenblicks und der Erinnerung. Fast schon als Essays zu bezeichnen sind „Del mito, del simbolo e d'altro" („Über Mythos, Symbol und anderes"), „Stato di grazia" („Stand der Gnade") und „Mal di mestiere" („Berufskrankheit"). Sucht man in der deutschen Ausgabe der „Gesammelten Erzählungen" nach diesen Texten, so muß man feststellen, daß sie fehlen. Die Ausklammerung des Poetologen Pavese gegenüber dem Poeten kann nur bedauert werden, nicht nur, weil Kenner seines Werks wie Alberto Moravia meinten, Pavese sei überhaupt weniger Poet als vielmehr Kritiker und Literat gewesen, sondern vor allem, weil ästhetische Positionen auch ganz bewußt in den poetischen Texten ausgebreitet werden. Theoretische Überlegungen zur Dichtung und Poesie bildeten eine untrennbare Einheit.

Eine der Schlüsselerzählungen, „La Vigna", mag dies verdeutlichen. Dort wird – neben der Handlung – einer der zentralen Vorstellungskomplexe Paveses, der der Erinnerung, entwikkelt. In „Der Weinberg" passiert so etwas wie die Proustsche Erinnerungsepiphanie, nur sind es keine Madeleines, die den Erzähler auf die Kindheit zurückführen, sondern das Betrachten des Landgutes. Dort gerät der Erzähler in eine Art visionären Zustand, Gegenwart und Vergangenheit verschmelzen zu jenem Augenblick, wo *ragazzo* und *uomo* sich treffen.

> [Im Weinberg] herrschen der Tag und die Nacht. Manchmal ist es kühl und der Himmel bedeckt – da ist der Regen –, nichts in dem Raum ändert sich, und die Zeit vergeht nicht. Auch bei den Reben vergeht die Zeit nicht; ihre Jahreszeit ist der September, der kehrt immer wieder, er scheint ewig zu währen. Nur ein Knabe kennt den Weinberg wirklich; Jahre sind vergangen, aber vor ihm findet der erwachsene Mann, wenn er ihn betrachtet, den Knaben wieder. Die dumpfe Ahnung dessen, was

> geschehen muß oder mußte, sorgt dafür, daß der Weinberg der gleiche bleibt, und weckt die Kindheitserinnerungen wieder auf.[26]

Von ganz ähnlichen Erfahrungen berichtet der Autor in einem Brief an Fernanda Pivano vom 27. Juni 1942:

> Immer, doch diesmal mehr denn je, berührt es mich in der Tiefe, wenn ich mich wieder vor und mitten in meinen Hügeln finde. Sie müssen daran denken, daß uranfängliche Bilder, etwa der Baum, das Haus, der Weinstock, der Pfad, der Abend, das Brot, die Früchte und so weiter sich mir an diesen Orten erschlossen haben, vielmehr an diesem Ort, an einer bestimmten Wegkreuzung, wo ein großes Haus steht, mit einem roten Gitter, das kreischt, mit einer Terrasse, auf die Kupfervitriol fiel, womit man die Weinlaube bespritzte, so daß ich davon immer schmutzige Knie hatte; darum gibt mir das Wiedersehen dieser Bäume, Häuser, Weinstöcke, Pfade und so weiter die Empfindung einer außerordentlichen Stärke der Phantasie, als entstände in mir jetzt das absolute Bild dieser Dinge, als wäre ich noch der kleine Junge, aber ein Junge, der in dieser seiner Entdeckung einen Reichtum von Echos trägt, von Zuständen, Worten, häufiger Rückkehr, kurz einer Phantasie, die wirklich grenzenlos ist. Ich habe nicht umsonst weitere zwanzig Jahre gelebt.[27]

In solchem Erinnern im *instante* sah der Autor keine Reproduktion konkreter Erfahrung, sondern das, was in der griechischen Philosophie mit *anagnorisis*, Wiedererinnerung, bezeichnet wurde: das Heraufbeschwören archetypischer Vorstellungsbilder, bei dem das kulturelle Gedächtnis das individuelle überschreibt (und Pavese glaubte dies in C.G. Jungs Psychologie, den er exzessiv las, wiederzufinden). Paveses Beschäftigung mit dem Mythos bietet aber nicht nur eine Erklärung für die heraufbeschworenen Bilder, sondern auch für die so auffällige Stereotypie seines Weltbildes. Vieles spricht dafür, daß gerade eine Prosa wie die Paveses, die sich dem Erinnern verschrie-

[26] Erzählungen, a.a.O., S. 509.
[27] Zitiert nach Verena Lenzen, a.a.O., S. 43.

ben hat, schematisch bleiben muß, da sie von Vorgefertigtem, seien es Zitate, Schemata, Formeln oder Bilder, die die *memoria* garantieren, genuin abhängig ist.[28] Aussage und formelhaft rhetorisch-stilistische Mittel bedingen sich gegenseitig.[29] Die Auseinandersetzung mit der *memoria* in den 90er Jahren, die Untersuchungen von Jan Assmann zum kulturellen Gedächtnis oder von Frances A. Yates zur Rhetorik belegen, daß wir Erinnerung nur aufgrund subjektfremder Schemata besitzen (und hier berührt sie sich mit unserer Identität, die wir ebenfalls nur mit Hilfe von Fremdbildern entwickeln und prozeßhaft begreifen können). Ob sich Pavese allerdings bewußt war, daß jegliche Erinnerung eine Erfindung, Verfälschung der Wirklichkeit darstellt,[30] da Vergangenheit ja nicht „naturwüchsig"[31] ansteht, sondern eine kulturelle Schöpfung ist, bleibt zu bezweifeln. Doch unter den Voraussetzungen der Phantasie *qua* Erinne-

---

[28] Manfred Frank hat in „Die Unhintergehbarkeit der Individualität" (Frankfurt a.M. 1986) dargelegt, wie Identität vom Erinnern-Können abhängig ist. In der Erinnerung erfahre ich mein Bewußtsein *als* Bewußtsein von etwas (ebd. S. 54). Diese Als-Struktur ermöglicht es, mein vormaliges Selbst mit dem heutigen in Beziehung zu setzen: ich erinnere mich eines Gewußten. Freilich ist diese Bewußtseinskontinuität von einer simplen Einheit sehr verschieden (vgl. ebd. S. 51). Zur gleichen Problematik S.J. Schmidt: Gedächtnis – Erzählen – Identität. In: Aleida Assmann/Dietrich Harth (Hrsg.): Mnemosyne, München 1991, S. 378–397.

[29] Begriffe müssen, so lehrt es die rhetorische Tradition, in Bildern, Klischees, Schemata versinnlicht werden (sog. *effigies*), um abrufbar zu sein (vgl. Karl-Heinz Göttert: Einführung in die Rhetorik. München ^{2}1994, S. 70ff). Aus diesem Grund gibt es innerhalb der rhetorischen Topik die festen Suchformeln, die *imago*-Lehre. Das auf diese Weise hergestellte künstliche Gedächtnis, die *memoria*, wird so zur Schnittstelle von Logos und Mythos, sie ist zugleich rational *und* natürlich. Vgl. hierzu Jan Assmann: Das kulturelle Gedächtnis. München 1997, S. 38; sowie die entsprechenden Aufsätze aus dem Sammelband: Memoria. Erinnern und Vergessen, hrsg. v. Anselm Haverkamp und Renate Lachmann. München 1993 (= Poetik und Hermeneutik XV).

[30] Vgl. Iris Denneler: „Das Andenken ist ja im Grunde nichts anderes als ein Zitat" – Zu Formel und Gedächtnis am Beispiel von W.G. Sebalds „Die Ausgewanderten". In: dies. (Hrsg.): Die Formel und das Unverwechselbare. Interdisziplinäre Beiträge zu Topik, Rhetorik und Individualität. Frankfurt a.M. 1999, S. 160–176.

[31] Wie es Jan Assmann in seiner Untersuchung zum kulturellen Gedächtnis betont (a.a.O.; u.a. S. 48).

rung ist alles autobiographische Schreiben (sei es echt oder fiktiv), das ein erzählendes Ich konstituiert (ein ‚wahres Aussagesubjekt' nach Käte Hamburger), auf Vorlagen und Topoi angewiesen. Manfred Jurgensen sah in seiner Studie zum Tagebuch deshalb das diarische Ich generell „als reflektiv-erfundene Gestalt, als fiktional-literarisches Gegenüber des sich selbst lesenden Ich-Autors"[32]. Bisweilen, nicht immer, ist es Pavese gelungen, diesen ‚archimedischen Punkt' außerhalb zu erreichen, sich als erzähltes und erzählendes Ich zu objektivieren.

In einem solchermaßen *quasi*-Selbstporträt und in der Dritten Person analysierte der Autor in einem Brief an Fernanda Pisano 1940 sein Verhältnis zu Frauen:

> Und P. hat tatsächlich die Gabe, Mädchen, die daran nicht im Traum dachten, in einen vamp zu verwandeln, sich selbst gegenüber. Zuerst verwandelt er sie in einen vamp und läßt sie alles in sich zerstören, was nur zu zerstören ist; dann, wenn die Trümmer daliegen und er sich allein findet, passiert es ihm, daß der vamp Gewissensbisse verspürt und ihn wieder sucht, mit einer melancholischen, mütterlichen Geste. Dann schämt sich P. und wird wütend und kehrt in seine Einsamkeit zurück. Eine ganz natürliche Tragödie: jede Art Liebe erlangt P. von den Frauen, oder kann sie erlangen außer der einen, nach der er sich – wie alle ratés – aus tiefem Herzen sehnt: die Liebe einer Ehefrau.[33]

„Er schaute auch über sein Leben hinaus in unsere zukünftigen Tage und stellte sich vor, wie die Menschen sich gegenüber seinen Büchern und seinem Andenken verhalten würden", berichtet Natalia Ginzburg in ihren Aufzeichnungen „Mein Familienlexikon" über den Autor.[34] Diese gesuchte wie auch als Entfremdung empfundene Distanz zum eigenen Ich und die monologische Rückbezüglichkeit des Schreibens auf die existentielle Grundhaltung waren Paveses große Themen,

---

[32] Das fiktionale Ich. Bern 1979, S. 7. Rhetorisch schlägt sich dies in der häufigen Entscheidung Paveses für das distanzierende Du bzw. für das Kürzel P. in seinen Tagebuchaufzeichnungen nieder.
[33] 5. November 1940, zitiert nach Verena Lenzen, a.a.O., S. 56f.
[34] Natalia Ginzburg, a.a.O., S. 236.

es war aber auch der ostinate Ton, der sich durch das gesamte Tagebuch zieht.

III.

Der Mythos, dessen Paradigmen und Funktionen Pavese in seiner letzten Lebensphase entwickelte, hatte für den Autor schließlich „den Charakter einer unerhörten Offenbarung“[35] angenommen; er war etwas Einmaliges und doch von existentieller Verbindlichkeit. Der Mythos erlaubte es, die eigene Person als Allgemeinfall zu begreifen. Als solche ist sie gerechtfertigt – eine Entlastung von Schuld, wie sie der streng calvinistisch erzogene Autor sonst nirgends finden konnte. Manifest wird der Mythos in der Kindheit, weshalb für Pavese jeder seine eigene Mythologie besitzt. Kindheit, das bedeutet in Paveses abstrakt-archaisierendem Weltbild jener Zustand des Heils, in dem die ontogenetischen Anfänge mit den phylogenetischen der Menschheit (dem Ewig-Menschlichen) identisch sind. Weil Mythos und Kindheit außerhalb der Zeit stehen, konnten sie zugleich zum Allgemeinen werden und die, so Pavese, ‚oberste Formel für die Wirklichkeit‘ abgeben. Das Kind lebt in einer Welt ohne Fragen, kennt weder Zeit noch Tod, weder die Lüge der Konventionen noch die Erfahrung der Unfähigkeit und des Versagens. Die Aufgabe des Schriftstellers bestand nach Pavese nun darin, Klarheit in diese einstmals gelebte Welt zu bringen, ihr zum sprachlichen Ausdruck zu verhelfen – was sie zugleich negiert. Denn wie jedes Sprechen über mystische Erfahrung bedeutet auch das Reden über den ‚Stand der Gnade‘ gleichzeitig den Abfall von ihr. Schauende, schweigende Erkenntnis, die wie die Inspiration ihre Wurzeln in der frühesten Kindheit, sprich, den Anfängen der Menschheit hat, gerät in Konflikt mit den Ansprüchen des Schreibens. ‚Erfahrung‘, die sich solchermaßen aus dem Erinnerten speist und an ihm mißt, weist wenig Entwicklung, wenig Möglichkeiten der Neueinschätzung oder Veränderung auf. So ist ein konservativer Zug im Weltverständ-

---

[35] Cesare Pavese: Über Mythos, Symbol und anderes. In: Schriften zur Literatur, a.a.O., S. 334.

nis Paveses unübersehbar, seine Entlastungsfunktion ebenfalls: Gegenüber dem, was sich nicht ändern läßt, glaubte Pavese mit stoischem Gleichmut reagieren zu können. Wirklichkeit wurde zur inneren, subjektiven Wirklichkeit, zu archetypischen Momentaufnahmen, deren Formeln trotz ihrer behaupteten Allgemeingültigkeit ihr autobiographisches Substrat nicht verleugnen konnten.

In seinen Diarien dachte Pavese die mythischen Bilder weiter und verdichtete sie zu jenen programmatischen Notizen, die diese Aufzeichnungen für seine späteren Leser so faszinierend, aber in ihrer Apodiktik auch so befremdlich machen. In „Voccazione" („Ein Ruf") fragte Freund Masino den Ich-Erzähler „Bist du nie wirklich wach geworden?"[36]. In den Tagebüchern findet sich der Hinweis, weshalb dieser Augenblick, in dem der *ragazzo* dem *uomo* begegnet, so überaus attraktiv für Pavese gewesen sein muß: nur in solchen Erinnerungsekstasen gelingt es dem Ich, die individuelle Freiheit des Erwachsenen zu leugnen und die Kindheit zur Apologie für ein nicht-entfremdetes, eigentliches Leben zu hypostasieren.

> Ich möchte immer – wie ich es heute früh bin – sicher sein, daß, da doch der Wille des Erwachsenen bedingt ist von den hunderttausend Entschlüssen, die er nach und nach von Kind auf gefaßt hat *im Stande der Nicht-Verantwortlichkeit,* es lächerlich ist, vom freien Willen auch beim Erwachsenen zu sprechen.
>
> (16. Januar 1938)

IV.

Die Räume, die Pavese in „Feria d'agosto" entfaltete, sind deshalb immer auch archetypische und existentielle Räume, mythische Landschaften, in denen Geschehnisse und Handlung fast impressionistisch gestaltet werden, weit davon entfernt, realistische Momentaufnahmen zu sein. Das Zusammenfallen von dargestellten Kindheitserlebnissen und Zeitlosem war Paveses

[36] Erzählungen, a.a.O., S. 291.

ganz spezifischer *realismo simbolico*.[37] Auch in „La luna e i falò" wird der Erzähler vollständig mit dem Erzählten und Gesehenen eins („ero io stesso il mio paese"). Marcel Proust, dessen subtile Erforschung der Erinnerung Pavese kannte und schätzte, hatte sich in ähnlicher Weise, wenn auch mit anderen formalen Mitteln, an diese Erschreibung des Lebens im Zuge der Erinnerung gemacht. Doch während Proust, sein Lager schließlich nicht mehr verlassend und nur noch von Bier und Kaffee, später ausschließlich von Milchkaffee lebend, immer konsequenter sein imaginäres Leben in Literatur zu verwandeln vermochte, blieb das Unternehmen bei Pavese fragmentarisch. Trotz der Intention und den Anstrengungen, im Mythos eine Gegenwelt zu errichten und diese in den Texten durch den Erzähler zu authentifizieren, standen Lebens- und Schreibprojekt Paveses auf unsicherem Grund; nicht nur, was die theoretische Konsistenz seines Konstrukts anging, sondern auch, was die existentielle Einlösung betraf. Schlug die Theorie fehl, weil trotz aller Anstrengungen sein Mythos kein tragfähiges Weltbild ergab – es fehlt die Legitimation, die es erlaubt, die Kindheit mit dem Mythos schlechthin zu identifizieren, das Konglomerat aus Geschichte, Sexus und Symbolen zusammenzuhalten[38] –, so scheitert der Entwurf auch in dem, was die Entlastungsfunktion für Paveses Leben betraf. Paveses Auseinandersetzung mit dem Mythos leistete jedoch auf ganz anderem Gebiet Bemerkenswertes, nämlich in Bezug auf die Erzähltechnik, der Struktur seiner Texte, dem *mestiere*. Was Paveses Meisterschaft ausmachte, war die Reaktivierung des mythischen Ausdruckspotentials. In „Erwachsenwerden" („L'Adolescenza") wird entwickelt, was Schreiben vor diesem Hintergrund heißt:

> An dem Tag, da uns aufgeht, daß wir den Erkenntnissen und Erlebnissen, die uns die Literatur verschafft, schon

[37] Auch Hans Erich Nossack, bei dessen Weltbild sich in vielem ein Vergleich zu Pavese aufdrängt, schrieb, so seine Interpreten, einen „magischen Realismus".

[38] Vgl. den bereits zitierten Tagebucheintrag vom 12. April 1941: „Die Erzählkunst befriedigt eben diese tiefverwurzelte Neigung [...]: sehen, wie sich Geschehnisse nach diesem graphischen Plan ordnen [...] Gründe wiederzufinden, Schlüssel, kausale Bewegungen".

> einmal in frühester Kindheit begegnet sind, werden wir erwachsen, tun wir einen kurzen Blick in unser Innerstes. Wir erfahren, daß ein Schatz in uns ruhte, von dem wir nichts wußten, ein Arsenal träger Gewohnheiten, die plötzlich für uns ein neues überraschendes Gesicht gewinnen, aus dem der ganze Zauber und das ganze Geheimnis der Welt der Phantasie spricht. Nichts hat sich an den Dingen und Menschen unseres kleinen Lebenskreises geändert, wir sind es, die sich geändert haben. Unser Erstaunen darüber, daß die gleichen Dinge, die wir im Leben gesehen und gehört haben, auch die Phantasiewelt der Bücher bewegen und anregen, läßt uns verstehen, was bewundern heißt, nämlich eine Welt, unsere Welt, entdeckt und erobert zu haben.[39]

Erfahrung als Erinnerung – dasselbe gilt auch für den Traum, mit dem sich Pavese nicht weniger intensiv auseinandersetzte. In der Erzählung „Ein Ruf" finden sich ausgedehnte Passagen über die nächtlichen Bilder und ihre Deutung, beginnend mit dem Zweifel des Protagonisten, ob er sich im Zustand der Realität oder des Traumes befinde. Erzählerisch raffiniert gelingt es Pavese, diese Frage auf der Ebene der Handlung unentschieden zu lassen – ein Beispiel für die Technik des *rapporto fantasico.*

> Ich erinnere mich, wie viele Mohnblumen man vom Fenster aus auf dem Lande sah, und die hatte ich sicher nicht geträumt. So lebhafte Farben träumt man nicht, und dann habe ich immer beobachtet, daß man von einem Traum nur die unnützen Einzelheiten im Gedächtnis behält. Aber diese Mohnblumen, die wuchsen auf der höher gelegenen Wiese bis ans Fenster, als wären es wirkliche Blumen. Ich erinnere mich sogar, daß ich dachte: ‚Wäre alles das ein Traum, so würde jemand in den Mohnblumen auftauchen, es würde etwas geschehen, denn in den Träumen hat alles eine Bedeutung.' Statt dessen begriff ich, wenn es mir ab und zu gelang, aus dem Fenster zu spähen, daß nichts geschehen konnte, und ich fand gerade in dem Gras und in den Din-

[39] In: Schriften zur Literatur, a.a.O., S. 341.

gen ein unerschütterliches Gefühl von Vertrauen. Das vor allem war es, worüber ich lächeln mußte.[40]

Die in die Erzählungen verwobenen, eher theoretischen Überlegungen zur Art des Traumgeschehens erinnern aus heutiger Sicht stark an die Lacansche Definition des Traumes als einer signifikanten Schrift. Pavese notierte: „ein Traum wickelt sich ab nicht wie eine Tat, die geschieht, sondern wie eine Tat, die erzählt wird“[41], oder auch: „ich begleite einen Traum mit beständiger Sorge darum, herauszufinden, wie er gemacht ist“[42]. Der Traum war für Pavese nicht nur eine Quelle der Erkenntnis, er war auch, wie der Mythos und die Kindheit, ein authentisches Sprachgebilde. Zwangsläufig muß deshalb die Literatur, der es gleichfalls um Wahrheit geht, in die Kindheit zurückgehen, sich von der Kindheit herschreiben, das heißt, unverbrauchte, ‚reine‘ Bilder entwickeln. Sie finden sich nach Ansicht Paveses nicht mit Blick auf Gegenwart und Literaturgeschichte, die nur Angelesenes, Epigonales produziert, sondern in verborgenen Strukturen. Der synthetisierende *und* begründende Aspekt des Mythos[43] hatte für Pavese eine entscheidende Funktion für sein Leben eingenommen: der *poeta doctus*, der Pavese doch war, verschleierte und nobilitierte zugleich sein Schreiben zu dem eines *poeta vates*.

Die Kindheit war für Pavese nicht zuletzt deshalb ein so überaus nostalgischer Zustand, weil dort die Frau noch nicht Geliebte, sondern ein desexualisiertes Wesen war. Man kann fast wahllos das Tagebuch aufschlagen, um dort nicht Ressentiments gegen die Frau als Sexualobjekt zu finden, die – unabhängig von konkreten, schmerzlichen Erfahrungen – mit den bekannten, misogynen Klischees der lüsternen, hinterhältigen und raffinierten *femme fatale* belegt wird.[44] Etwas von den Ver-

---

[40] Erzählungen, a.a.O., S. 284.
[41] Ebd. S. 286.
[42] Ebd. S. 287.
[43] Nach André Jolles (Einfache Formen. Tübingen 1982 [E: 1930]) besteht die Geistesbeschäftigung mit dem Mythos in seiner Erkenntnisfunktion, in der Frage und Antwort sich selbst erschaffen (vgl. ebd. S. 104). Zugleich liefert der Mythos, wie der Traum, ein stabiles Bildrepertoire, auf das Pavese zurückgreifen konnte.
[44] Vgl. mein Nachwort zu: „Wenn Du mich liebst, bist Du erledigt“. Erzählungen zur femme fatale. Berlin 1991.

letzungen Paveses aber auch von den nicht nur in Italien gängigen Selbstverständlichkeiten seines *machismo* vermittelt der Eintrag ins Tagebuch vom 30. Mai 1938:

> Es gelten in den Problemen des Zusammenlebens dieselben Gesetze, die den Markt regulieren. So gleichgültig sein, daß man mit jemandem markten kann.
>
> Aufrichtig mit sich selbst, falsch mit den anderen.
>
> Die einzige Art, eine Frau festzuhalten – falls dir daran liegt – ist die, sie in eine Lage zu bringen, daß die Welt, die menschliche Achtung, das Interesse usw. sie daran hindern, davonzugehen. Wer versucht, sie festzuhalten rein durch die Macht der Hingabe und Aufrichtigkeit, ist naiv. Selber bestimmen, was rechtmäßig ist: das ist die Art, wie Revolutionen gesichert und Frauen gehalten werden. Sich befreien von jeder edlen Neigung, und es annehmen, *a righteous citizen* zu sein, ein satter Bürger. Sieh hin, wie deine Bekannten fürstlich zurechtzukommen gewußt haben. Gut vögeln und noch besser essen; das gefällt allen.
>
> Und das sind Leute, die aufs höchste erstaunt wären, wenn du bezweifeln wolltest, daß sie sich für die Ideale opfern. Das praktische Leben ist Schlauheit, weiter nichts.

Immerhin sah er, daß im Haß alles enthalten ist, auch Liebe, auch Neid[45]; und in der Tat waren Paveses Sottisen gegen die Frauen nur der verzweifelte Versuch, mit den lebenslangen, vor allem sexuellen Enttäuschungen fertig zu werden. Für jemand wie Pavese, der, wie er selbst bekannte, immer *ragazzo* blieb, ja – entsprechend seiner Poetologie – als Dichter Knabe bleiben mußte, war die Frau das Angstobjekt *par excellence*, und – sie war Stellvertreterin für die Versagensängste gegenüber dem Schreiben: will die Frau als Geliebte keinen kleinen Jungen, sondern einen Mann, so will das Publikum keine unreife *ragazzo*-Poesie, sondern Helden – so ungefähr nahmen sich die Ansprüche aus, mit denen sich Pavese konfrontierte. Einmal notierte Pavese (und wir lesen im negativen Urteil das Ver-

[45] s. Tagebucheintrag vom 29. September 1938.

schwiegene, Abgewehrte heraus[46]): „Erste Liebe: ‚wenn wir groß sind, werden wir diese Reden mit den Frauen führen können'". Und gleich darauf, einen Tag später am 18. Dezember 1937 die Zurücknahme: „Es gibt etwas Traurigeres als das Zusammenbrechen der eigenen Ideale: daß wir sie erreicht haben". Was bei diesem Ideal der ‚Paarung', diesem „Gemetzel"[47] Pavese in Wirklichkeit bedrückte, notierte das Tagebuch unter dem Datum vom 27. September 1937 mit geradezu selbstquälerischer Offenheit:

> Die Ursache, warum die Frauen immer ‚bitter wie der Tod' gewesen sind, Schlupfwinkel von Lastern, treulos, Wesen wie Dalila usw., ist im Grunde nur diese: der Mann ejakuliert immer – wenn er kein Eunuch ist – mit jeder beliebigen Frau, während Frauen selten zur befreienden Lust gelangen und nicht mit allen und oft nicht mit dem Angebeteten – eben weil er angebetet wird –; und wenn sie einmal dahin gelangen, träumen sie von nichts anderem mehr. Für die – rechtmäßige – Raserei dieser Lust sind sie bereit, jede beliebige Bosheit zu begehen. *Sie sind gezwungen*, sie zu begehen. Das ist das grundlegend Tragische des Lebens; und wenn ein Mann zu rasch ejakuliert, so wäre es besser, er wäre nie geboren. Es ist ein Gebrechen, um dessentwillen sich umzubringen der Mühe wert ist.

Wenig später, am 26. November 1937, findet sich in seinen intimen Aufzeichnungen ein ähnlicher Eintrag, der durch den ‚männlichen' Beginn („keiner") deutlich die Verdrängungsleistung bezeichnet, die das Diarium – neben der Selbsterkenntnis – auch bewerkstelligt:

> Keiner wird sich dir je hingeben, wenn er nicht dabei auf seine Rechnung kommt.
>
> Und du? Ich glaube, daß ich mich ein Mal uneigennützig hingegeben habe. Also darf ich nicht klagen, wenn ich das Objekt jener Hingabe verloren habe. Ich wäre in diesem Falle nicht mehr uneigennützig gewesen.

---

[46] s. Sigmund Freud: Die Verneinung. In: Ges. Werke aus den Jahren 1925–1931. London 1948, S. 11–15.

[47] s. Tagebuch vom 26. März 1938.

„Die Liebe", schreibt Verena Lenzen, „die Pavese ehrlich und entschlossen sucht, ist lediglich Liebe als ‚Erfahrung der Offenbarung des eigenen Ich'. Damit wird die Liebe – wie die Kunst – zu einem Medium des Selbstausdrucks"[48], die Eroberung einer Frau zu einem nicht weniger zum Scheitern verurteilten Akt wie die Schaffung eines vollendeten Romans oder Gedichts.

Frauen kommen bei Pavese, entsprechend seinem antagonistischen Weltbild, ähnlich wie bei Otto Weininger, nur in zwei Kategorien vor, als Huren oder Heilige. Ist die Frau als Geliebte das Böse schlechthin, so ist ihr Gegenbild die Mutter, das zeugende und beschützende Prinzip, bei Pavese allerdings ebenfalls kaum zu finden und allenfalls in einer (denaturierten) Natur greifbar. Erfüllung und Ruhe schienen ihm allein verkörpert in der Schwester und dem schwesterlichen Gefühl. Die Erzählung „Il nudismo" enthält dafür Schlüsselsätze:

> Jetzt haben Wasser und Sonne mich schon gedrechselt und mit einer Hülle versehen, und auch daraus meine ich zu begreifen, daß die Natur das menschliche Nackte nicht duldet und sich mit all ihren Mitteln – wie sie es mit den Kadavern tut – bemüht, es sich anzugleichen. Aber dazu braucht sie Zeit, und ich müßte Tag und Nacht von ihr umgeben sein. Jeden Tag jedoch erscheine ich wieder, ziehe mich aus und bin wieder nackt. So behaupte ich mich ihr gegenüber und überlasse mich zugleich ihren Bildern mit so viel Genuß, wie ich aufbringen kann.[49]

Das Sich-Entkleiden wird zu einer Provokation der Natur, die Nacktheit – und wir dürfen dafür wohl sagen, Sexualität – nicht erträgt. Pavese wußte, daß er als Mann physisch und emotional nie erwachsen geworden war (einer seiner Protagonisten fragt sich: „Il ragazzo, ero io?"), doch sein eklektizistischer Mythos, der sich in der ersten Hälfte des letzten Jahrhunderts immer noch und gerade in Italien auf eine patriarchalische Gesellschaft stützen konnte, war nicht geeignet, sich von den Ansprüchen eines ‚starken Mannes' zu distanzieren und als historisches, kulturelles Konstrukt zu relativieren. Seine Lektüren der entsprechenden wissenschaftlichen Literatur – Pavese be-

---

48 Verena Lenzen, a.a.O., S. 54.
49 Erzählungen, a.a.O., S. 518.

schäftigte sich neben C.G. Jung mit Frazer und Lévy-Bruhl, Kerény und Vico[50] – entsprangen kaum einem selbstaufklärenden, viel weniger einem wissenschaftlichen Interesse an Psychologie oder Mythologie; sie blieben *selfsufficient*, fanden ihren Anstoß in den schmerzlichen persönlichen Erfahrungen, die der Autor auf diese Weise zu verarbeiten, wohl auch nachträglich zu rechtfertigen suchte.

Daß die Frage, ja die Sorge, ‚Bist du nie wirklich wach geworden' Pavese quälte, war die eine Seite seiner spannungsvollen Persönlichkeit. Doch man sollte sich hüten, seine Texte ausschließlich als literarisierte autobiographische Zeugnisse zu lesen. In Paveses Schaffen zeigt sich wie so oft das Phänomen, daß gerade die Fiktion es erlaubt, ja fordert, vielfältige Identitäten durchzuspielen, Konventionen und Rücksichten fallen zu lassen (das war ja auch Anlaß zu den oben zitierten kritischen Äußerungen gegenüber Döblin und Dos Passos), sich dem Text und seinen Figuren anzuvertrauen. So pochte auch Pavese auf sein Recht, *persona* zu sein. Gegenüber Davide Lajolo bekannte er: „Ich bin kein Mensch für eine Biographie. Das einzige, was ich einmal hinterlasse, sind ein paar Bücher, worin alles oder fast alles von mir gesagt ist"[51]. Die Funktion des Mythos, Teil eines gewaltigen Rechtfertigungsapparates zu sein, ist deshalb vor allem in den bereits erwähnten poetologischen Konsequenzen interessant. Und natürlich war es das Tagebuch, in dem diese konzeptuellen Skizzen notiert werden:

> Begriffen beim Lesen von Landolfi, daß dein Motiv des Ziegenbocks das Motiv war *des Zusammenhangs zwischen dem Menschen und dem Natürlich-Tierischen.* Daher dein Geschmack an der Frühgeschichte: der Zeit, in der man eine Vermischung des Menschen mit der Wilden-Tier-Natur erahnt. Daher deine Suche nach dem Ursprung des Bildes in jenen Zeiten: die Vermischung eines ersten (gewöhnlich menschlichen) Begriffes mit ei-

---

[50] Vgl. den Tagebucheintrag vom 19. November 1939.

[51] Davide Lajolo, a.a.O., S. 9 (im Original lautet die Äußerung: „non sono uomo da biografia. L'unica cosa che lascerò sono pocchi libri, nei quali c'è detto tutto o quasi tutto di me"). Die ‚Enthüllung' des Selbst brauchte und provozierte auch bei Pavese die Maske. „Sicher das Beste", schrieb er.

nem zweiten (gewöhnlich naturhaften), der etwas mehr wäre als ein einfach in der Phantasie vorhandener: ein Zeugnis für einen lebendigen Zusammenhang. Alles war schon erfaßt (15. September 36, II), als du Lévy-Bruhl besprochen hast, indem du bemerktest wie das Bild, gerade bei der primitiven Mentalität, nicht ausdrucksvolles Spiel war, sondern *positive Beschreibung*. (Siehe auch: ‚Was *Lavorare stanca* betrifft' November 34 – die erste unmittelbare Erkenntnis *des Bildes als Motiv der Erzählung*, ersonnen, um dich vom Naturalismus zu befreien.)

(19. November 1939)

Bereits Ende 1937, Pavese war 28 Jahre alt, hielt sein Tagebuch nicht nur fest, daß er von der Liebe gründlich ‚die Nase voll' hatte, sondern auch, „zweierlei interessiert dich: die Technik der Liebe und die Technik der Kunst"[52]. Elf Jahre später, als er über den „Dialoghi con Leucó" saß und in vier ungleich großen Dialogreihen die Genese der Menschheit, inspiriert von der Archetypenlehre Kerénys und C.G. Jungs ausbreitete, stand endgültig der Mythos und dessen Ausdrucksrepertoire im Mittelpunkt, wobei das *mestiere di scrivere* das *mestiere di vivere* stützte und es zugleich bedrohte. Da er von der Kunst das Gleiche erwartete wie von der Frau – „Du bist dafür geboren unter den Flügeln eines anderen zu leben, gestützt und gerechtfertigt von einem andern"[53] –, mußten, wollte er mit seinen Versagensphantasien und -prognosen recht behalten, Frauen wie die Schrift zum Anderen, Abgestoßenen, zum Erhofften und Bedrohten, zum (in masochistischer Selbsteinschätzung) Gescheiterten und Ersehnten werden. Der Absolutheitsanspruch gegenüber dem anderen – „Wie kann man Vertrauen haben zu einer Person, die *nicht* wagt, dir ihr *ganzes* Leben anzuvertrauen, Tag und Nacht?"[54] –, den er vor allem in der Liebe erwartete, übertrug sich auf die Kunst. Sie, die Frauen und die Kunst, waren es, die das Unmögliche zu leisten hatten, die eigene Existenz zu rechtfertigen und die Gnade des Gelingens zu verkörpern. Pavese hätschelte seine gescheiterten Hoffnungen

[52] Tagebuch vom 31. Dezember 1937.
[53] Tagebuch vom 12. April 1947.
[54] Tagebuch vom 28. November 1945.

in einem kindlichen Paradies, in dem es keine Enttäuschung, vor allem keine sexuelle Ohnmacht gab. Weder er selbst als Autor noch die wechselnden Liebesversuche konnten diesem idealen Anspruch genügen, in dem die Frau zugleich vergöttert und als ‚Werkzeug' mißbraucht wurde.

Pavese wollte und mußte im Gerüst seines Schreibens, das er bis wenige Stunden vor seinem Tod fortsetzte, leben, weil psychisch und physisch das *mestiere di vivere* ohne das *mestiere di scrivere* nicht zu bewältigen war. In der Erzählung „Die Selbstmörder" entfaltet die Geschichte das Bild eines enttäuschten Mannes, der sich aus barer Verachtung mit Frauen einläßt: er braucht sie, um sein Selbstwertgefühl zu steigern, doch sobald sie sich hingegeben haben oder den Protagonisten gar zu lieben beginnen, werden sie lästig, helfen jedoch, indem er sie zurückstößt, die eigenen Qualen des Nichtgeliebtwerdens zu kompensieren: „Daß Carlotta an der Liebe zu mir litt, linderte meine vergangenen Qualen [...] Carlotta war, so dachte ich oft von ihr, der Schwamm, der mich säuberte"[55]. Die „Sucht" der Protagonistin, „sich zu demütigen", treibt den Ich-Erzähler eines Abends sogar so weit, die Jugendgeschichte seines mißlungenen Selbstmords zu erzählen – es ist Paveses eigene, wie er sie als Schüler inszenierte.[56] Am Ende der Erzählung, deren verwickelte Psychologie sich *en détail* nachzuzeichnen lohnte, finden wir dennoch eine Leiche.[57] Wiederum ist es das Tagebuch, das belegt, wie nah Dichtung und Wirklichkeit waren. Pavese schrieb am 26. März 1938:

> Der Kampf geht jetzt nicht mehr darum, ob ich weiterleben oder mich zum Sprung entschließen soll. Er geht darum, ob ich mich zum Sprung entschließen soll ganz allein, wie ich immer gelebt habe, oder ob ich ein Opfer mit mir nehmen soll – damit es der Welt im Gedächtnis bleibe.

---

55 Erzählungen, a.a.O., S. 223.

56 Ebd. S. 225.

57 Vgl. die zwei Schlüsse in Leo Tolstois Erzählung „Der Teufel": einmal bringt der eifersüchtige Liebhaber seine Geliebte um, das andere Mal sich selbst.

V.

Es hätte also nicht erst des Shakespeare-Zitats „Reifsein ist alles“ (King Lear V,2) bedurft, das Pavese als Motto für seinen letzten Roman wählte, um für seine Nachwelt unmißverständlich darauf hinzuweisen, daß Mord- und Selbstmordphantasien zu den lebenslangen Obsessionen, zum *basso continuo* fast aller Erzählungen, Romane und Tagebuchnotizen gehörten. Der Gedanke an den Freitod war für Pavese bereits in frühen Jahren zu einer Art Rettungsanker, einem Gegengewicht zum deprimierenden Leben geworden, das ihn – wie den Harfner in „Wilhelm Meisters Lehrjahre“, der stets ein Giftfläschchen bei sich trug – paradoxerweise lange Zeit im Leben hielt.[58] Er führte ein ‚Selbstmörder-Leben‘, dessen imaginäre Allgegenwart das Werk hervorbrachte und rechtfertigte. Paveses Schriften kennen keine spielerische Leichtigkeit, keine Ironie, auch keine experimentelle Form, die für ihn nur ein „weites Feld intellektuellen Spiels“[59] war. In seinen privaten Aufzeichnungen finden sich, häufig am Ende eines Jahres, niederschmetternde Bilanzierungen: Lust und Ekel gegenüber dem Werk vermischen sich mit Lust und Ekel in der Liebe. Die vorprogrammierte Enttäuschung schlug um in Zynismus und Aggressionen, wobei dieses destruktive Potential sich schließlich in der Selbsttötung gegen den eigenen Körper richtete.

Am Ende dieses Lebens voller Zerstörungsphantasien und gleichzeitiger vitaler Kreativität (die sich gegenseitig bedingten) zeigt sich Paveses literarische Existenz als ein höchst verunsichernder Kosmos: ein Intellektueller, der in die Idylle archaischer Landschaften floh, ein Denker, den die Irrationalität eines d'Annunzio und Nietzsche faszinierte, ein nach Glauben und Geborgenheit Suchender, der nur den Stoizismus und den Kommunismus (als Religionsersatz) gelten lassen wollte, einer, der in der politischen Verbannung war und von Widerstand nicht viel hielt. Paveses Werk hat seine Geburt dem Autobiographi-

[58] „Leute wie wir, verliebt ins Leben, ins Unvorhergesehene, in die Lust ‚es zu erzählen‘, können höchstens aus Unbedachtsamkeit zum Selbstmord kommen“, notiert das Tagebuch am 24. April 1936.

[59] s. Tagebuch vom 26. Februar 1942.

schen zu verdanken, einer Autobiographie – ähnlich der Nossacks – aus dem Geiste der Rechtfertigung und der Revanche. Ihre Form ist die eines Prozesses, vor den anderen, vor allem vor sich selbst. Die Konsequenz hieß schließlich – und unwillkürlich muß man an Kleist oder Kafka denken – Liquidation. Der Selbstmord war der letzte Versuch eines symbolischen Zeichens um den Preis des Todes. Doch selbst diese narzißtische Befriedigung in einer autonomen Handlung scheitert an den Schuldgefühlen des Agierenden.

> Der sich selbst Zerstörende kann die Einsamkeit nicht ertragen.
>
> Aber er lebt in einer ständigen Gefahr: daß ihn eine Manie überrasche, etwas aufzubauen, zu ordnen, ein moralischer Imperativ. Dann leidet er unrettbar und könnte sich auch töten. [...]
>
> Eines muß man genau ins Auge fassen: in unserer Zeit ist der Selbstmord eine Art, zu verschwinden; die Menschen begehen ihn furchtsam, schweigend, gedrückt. Er ist kein Handeln mehr, er ist ein Erleiden.
>
> Ob wohl der optimistische Selbstmord noch einmal in die Welt wiederkehren wird? (24. April 1936)

Paveses letzter Eintrag am 18. August 1950 in das Tagebuch lautete wie stets zwischen Proklamation und Konfession: „All das macht Ekel./ Nicht Worte. Eine Geste. Ich werde nicht mehr schreiben.“

Neun Tage später, am 27. August 1950, hatte sich Cesare Pavese umgebracht.

Der Schriftsteller als Einzelfall? Zum nicht-versicherbaren Anspruch auf literarische Authentizität am Beispiel von Hans Erich Nossack, Marlen Haushofer und Ingeborg Bachmann

I.

Wer dem Befremdlichen der Literatur auf der Spur ist, stößt auf Hans Erich Nossack – in vielerlei Hinsicht. Auch meine Beschäftigung mit dem Autor begann mit einer Verstörung, und sie hält bis heute an. So sehr Nossack seit Mitte der fünfziger Jahre die Leserschaft in den Bann zu ziehen versteht, man wird das Gefühl nicht los, es mit einem *déjà-vu* zu tun zu haben. In meinem Fall hieß das konkret: die Lektüre seines Romans „Spätestens im November" rief ein schon länger zurückliegendes Projekt wieder ins Gedächtnis, welches Marlen Haushofer und Ingeborg Bachmann gegolten hatte. Damals interessierten mich die auffälligen Parallelen motivlicher, stofflicher, erzählperspektivischer Art im Werk beider Autorinnen; doch blieb es bei Notizen wie ‚vergleiche M.H. „Tapetentür"!' (eingetragen in Ingeborg Bachmanns „Malina") respektive *vice versa*-Verweisen (‚siehe „Unter Irren und Mördern"!'), eingetragen in Haushofers „Stella". Irgendwie ahnte ich, wie viel Kärrner- und Überzeugungsarbeit eine Synopse bedeuten würde, und so ließ ich alles liegen.[1] Nun, etliche Jahre später, schien plötzlich das beiseite gelegte Material Brisanz zu gewinnen, und der Auslöser hieß Hans Erich Nossack. Der Grund, verunsichert zu sein, lag nicht nur am Wiedererkennungseffekt, sondern vor allem am Wissen über die Rolle, die der Autor in der Nachkriegsliteratur spielte –

[1] Überzeugungsarbeit, weil – wie Ingeborg Dusar es inzwischen einsichtig belegen konnte – es ein ‚Tabu der Forschung' verletzen würde, wollte man Ingeborg Bachmann durch die ‚mittelmäßigere' Marlen Haushofer beeinflußt sehen (Marlen Haushofer versus Ingeborg Bachmann. Fragen der Kanonisierung in der Literaturkritik. In: Anke Bosse/Clemens Ruthner (Hrsg.): „Eine geheime Schrift aus diesem Splitterwerk enträtseln...". Tübingen 2000, S. 231–254; vgl. S. 249).

zumindest spielen wollte – und die keineswegs zu den Korrespondenzen zwischen seinem Werk und dem der Autorinnen zu passen schien.

Nossack stilisierte sein Leben und Schreiben als das eines Einzelgängers, eines Frondeurs, Rebellen und Ketzers[2], und die Literaturgeschichte hat sich diesem Urteil – von wenigen Ausnahmen abgesehen – bereitwillig angeschlossen. Michael Bielefeld unterstrich 1986 in seinem Beitrag für das Kritische Lexikon der Gegenwartsliteratur wiederholt die Einzigartigkeit des Autors in der Literaturlandschaft nach Fünfundvierzig. Bezeichnend deshalb auch, daß ein anderer Interpret, Wolfgang Michael Buhr, obwohl er diese Auffassung nicht teilt, seine Untersuchung zu den Grenzsituationen in Nossacks Werk mit dem Hinweis beginnen läßt, daß sich der Autor „jeglicher Kategorisierung"[3] entziehe. Stützen konnte er sich dabei auf Siegfried Lenz, der Nossacks Position als die eines „beharrlichen Einzelgängers" beschrieb, auf Karl August Horsts Rede vom „Solitär unserer gegenwärtigen Literatur" oder auf Heinrich Vormwegs Urteil einer „Sonderrolle" Nossacks im Literaturbetrieb. Doch war Hans Erich Nossack wirklich der Außenseiter, als den er sich selbst gerne sah?

Nossack, wie Wolfgang Koeppen, Erich Kästner oder Marieluise Kaschnitz Anfang des vorigen Jahrhunderts geboren, gehörte zu jener Generation von Literaten, deren Schreiben noch vor den Zweiten Weltkrieg datiert und deren schriftstellerische Laufbahn durch dieses Ereignis entscheidend bestimmt wurde.[4] In seiner Erzählung „Der Untergang" verarbeitete Nos-

---

[2] U.a. in „Proligio". In: Hans Erich Nossack: Die schwache Position der Literatur. Frankfurt a.M. 1966, S. 165–174; hier S. 168.

[3] Wolfgang Michael Buhr: Hans Erich Nossack: Die Grenzsituation als Schlüssel zum Verständnis seines Werkes. Frankfurt a.M. 1994 (= Würzburger Hochschulschriften zur Neueren deutschen Literatur 15); hier S. 11. Umso erfreulicher, daß der Verfasser am Ende seiner Studie hinter diesen Sonderfall viele Fragezeichen setzt und Parallelen zur Literatur etwa eines Ortega y Gassets oder dem Existentialismus Camus' aufzeigt (u.a. S. 300ff).

[4] Weshalb auch immer wieder Vergleiche zwischen Koeppen (dessen Bücher ebenfalls bei einem Bombenangriff 1943 in Berlin verbrannten) und Nossack angestellt wurden. Vgl. Marcel Reich-Ranicki: Wer schreibt, pro-

sack in einer halbdokumentarischen Mischung aus Fiktion und Augenzeugenbericht die Katastrophe der Bombardierung Hamburgs im Jahr 1943. Der Kaufmannssohn (Kakao- und Schokoladenhandel) verlor dabei nicht nur Teile der väterlichen Fabrik, sondern – so jedenfalls seine Selbstauskünfte – auch alle (bis *dato* allerdings unveröffentlichten) Manuskripte, so daß die Jahre danach für ihn einen gänzlichen Neuanfang und eine Neubesinnung bedeuteten.[5] Heute weiß man, wie wenig den Aussagen Nossacks in dieser Hinsicht zu trauen ist.[6] Geblieben ist aus jener Zeit Nossacks Resignation, die sich in einer extensiv ausgebreiteten Todesmotivik und einem immer wieder thematisierten Katastrophenbewußtsein niederschlägt, Skepsis in Hinblick auf die Möglichkeiten des humanen Umgangs und die Neigung, Grenzsituationen und aporetische Strukturen zu erzeugen – ausweglose, existentielle Entscheidungen, die seine Helden und Heldinnen in Krisen bis hin zum Selbstmord treiben. Alles schöpferische Tun, das doch eigentlich die Aufgabe habe, das „Verstummen hörbar" zu machen, münde, so Nossack, letztlich in den Ort „des Schweigens, aus dem wir alle stammen"[7]. Der Autor bezog dabei für sich die Rolle des außenstehenden Beobachters, des Zweiflers, auch Verzweifelten, ganz ähnlich wie sein Altersgenosse Koeppen, der in seiner Büch-

---

voziert. München 1966; Heinrich Vormweg: Die deutsche Gegenwartsliteratur. Stuttgart 1981; Günther Cwojdrak: Rückzug vom Realismus. In: Neue deutsche Literatur 4(1959), S. 113–125 sowie Manfred Durzak: Deutsche Gegenwartsliteratur. Stuttgart 1981 (vor allem S. 220f).

[5] Vgl. die Selbstauskunft und Bilanz in Nossacks „Jahrgang 1901". In: Pseudoautobiographische Glossen. Frankfurt a.M. 1971, S. 119–156.

[6] Vor allem Marcus Czerwionka gelang es zu widerlegen, daß Nossack nach der Bombardierung von Hamburg vor dem schriftstellerischen Nichts stand. Verbrannt sind allein die Tagebücher und Briefe, literarische Manuskripte blieben – dank Kopien oder bei Freunden deponierten Abschriften – in großem Maße erhalten. Fragwürdig aber nicht nur die Darstellung der Verluste durch Nossack und die Zuspitzung seiner Biographie auf den ‚Untergang', sondern auch seine gespielte Gleichgültigkeit gegenüber Literaturmarkt und Veröffentlichungsmöglichkeiten (so in: Sie würden darin nicht Ansätze zu einer gewissen literarischen Legendenbildung sehen? – Anmerkungen zur Konstruktion von Nossacks Selbstbild. In: Günter Dammann (Hrsg.): Hans Erich Nossack. Leben – Werk – Kontext. Würzburg 2000, S. 273–285).

[7] s. Michael Bielefeld: Hans Erich Nossack. In: Kritisches Lexikon der Gegenwartsliteratur. München [1986], S. 3.

nerpreisrede (er folgte Nossack unmittelbar im Jahr 1962) sagte: „Aber ich sah den Dichter, den Schriftsteller bei den Außenseitern der Gesellschaft, ich sah ihn als Leidenden, als Mitleidenden, als Empörer, als Regulativ aller weltlichen Ordnung, ich erkannte ihn als den Sprecher der Armen, als den Anwalt der Unterdrückten, als den Verfechter der Menschenrechte gegen der Menschen Peiniger und als zornig gegen die grausame Natur und gegen den gleichgültigen Gott".[8]

Für Nossack hatte die Literatur die Aufgabe, diese Welt, so ‚kahl' und absurd sie war, dennoch zu beschreiben, auch wenn der Schriftsteller selbst unter der Vergeblichkeit dieses Tuns litt.[9] Literatur war somit in weiten Teilen Selbstgespräch, monologische Kunst, wie Christof Schmid seine bis heute grundlegende Monographie[10] über Nossack betitelte; sie vollzog sich in tödlicher Einsamkeit, immer unter dem Risiko des Nichtgehört- und Nichtverstandenwerdens. Nossack hat dies, nicht immer überzeugend, aber insistent, in seinen Reden und Aufsätzen ausgeführt. Hinweise darauf finden sich jedoch ebenso in seinen Romanen und Erzählungen: „Das Buch ist nicht darauf angewiesen, gelesen zu werden. Die Aufzeichnungen, die auf der nächsten Seite beginnen, haben mit dem Niederschreiben vollkommen ihren Zweck erfüllt", schließt der (fingierte) Herausgeber seine Einleitung zu dem Roman „Nach dem letzten Aufstand"[11]. In „Der jüngere Bruder" wendet sich der Protagonist einmal direkt dem Leser zu – und sogleich fühlt er sich genötigt, dies als Naivität abzutun.[12] Die Selbstzurücknahme relativiert dabei nicht nur die Botschaft des Textes, sondern irritiert vor allem angesichts der Tatsache, daß der Autor selbst ja diese

---

[8] s. Wolfgang Koeppen: Berichte und Skizzen II. In: Gesammelte Werke in sechs Bänden, hrsg. von Marcel Reich-Ranicki u.a. Frankfurt a.M. 1986, Bd. V, S. 257.

[9] Vgl. u.a. das fingierte Selbstinterview „Bitte kein literarisches Geschwätz". In: Christof Schmid (Hrsg.): Über Hans Erich Nossack. Frankfurt a.M. 1970, S. 11–17; hier S. 15.

[10] Christof Schmid: Monologische Kunst. Untersuchungen zum Werk von Hans Erich Nossack. Stuttgart 1968.

[11] Hans Erich Nossack: Nach dem letzten Aufstand. Ein Bericht. Frankfurt a.M. 1961.

[12] Hans Erich Nossack: Der jüngere Bruder. Frankfurt a.M. 1973 (E: 1953), S. 230.

Erzählposition seines expliziten Erzählers wählte und so die Anbindung an den realen Leser gesucht haben muß – ein immer wiederkehrender Widerspruch in Nossacks Werk, aus dem sich wohl nicht zuletzt die Insistenz erklärt, mit der der Autor seine Einstellung durch Selbstauskünfte zu erläutern versuchte. Dabei überzeugen seine Argumente nicht immer, zumal eine poetologische Lesart der zitierten Romanpassage zu anderen Schlüssen kommen läßt. „Ich habe", notiert der Ich-Erzähler, „bei Berichten, die ich in meinem Beruf zu machen hatte, zuweilen erfahren, daß man durch die Bemühung, die Tatsachen möglichst exakt und gemeinverständlich wiederzugeben, erst dem Wesentlichen auf die Sprünge kommt, und zwar gerade dann, wenn man von allem Erklärenwollen absieht und dem Leser die Beurteilung der Tatsachen überläßt"[13]. Solch werkimmanente Positionierung unterläuft eine Poetologie, die mit dem Auftrag, authentisch zu schreiben, auch das ‚bloße' Erzählen von Tatsachen der Vergeblichkeit, ja Lächerlichkeit preisgibt. Gerade der Rückzug auf die Fakten mache, so Nossack wiederholt, Literatur ähnlich unfähig, Realität abzuzeichnen wie ein Paßfoto oder ein Spiegelbild.[14] Das Wahre liege hinter dem Wirklichen, das, was die realistische Beschreibung (man würde wohl besser von Verismus sprechen) nicht einfangen kann.

In seinem „Roman einer schlaflosen Nacht", „Spirale", konfrontiert Nossack den angeklagten Protagonisten mit der Forderung des Anwalts, das von ihm als das „Nicht-Versicherbare"[15] Bezeichnete, in welches seine Frau entschwunden ist, präziser zu beschreiben – er kann es nicht. Das Bemühen, die Tatsachen möglichst exakt und allgemeinverständlich wiederzugeben, wird zur unmöglichen Dokumentaristenpflicht. „Unmögli-

---

[13] Ebd. S. 43.

[14] An gleicher Stelle heißt es: „Polizeiakten machen wegen ihrer grotesken Deutlichkeit auf mich immer einen ebenso unwirklichen Eindruck wie Paßfotos". Interessant wäre bzgl. der Unmöglichkeit, Wirklichkeit mimetisch einzufangen, ein Vergleich mit Wolfgang Koeppens früher, meisterlicher Erzählung „Die Verlobung" oder der Fotographen-Geschichte „Joans tausend Gesichter".

[15] „Unmögliche Beweisaufnahme" in: Spirale. Roman einer schlaflosen Nacht. Frankfurt a.M. 1972 [E: 1956], S. 160; fast dieselbe Formulierung S. 113 u. 215.

che Beweisaufnahme“ deshalb auch der Titel des längsten und zentralen Kapitels dieses aus fünf Einzelgeschichten bestehenden Romans. Dennoch handelt das Buch von nichts anderem als von dieser ‚Lücke‘, jenem „nicht-versicherbare[n] Augenblick“[16] der Liebe, des Aufbruchs, der Einsamkeit und der Grenzerfahrung, in der das Unsagbare einbricht. Obwohl sich das Metaphysische gegen die „juristische Diskussion“[17], gegen das vermeintlich Handfeste der Wirklichkeit und gegen das In-Worte-Fassen grundsätzlich sperrt, muß das Leben hier und jetzt, die materielle Existenz, nach Meinung des Autors dennoch den Ansprüchen der ‚Fassadenrealität‘ Folge leisten, zu deren „Spielregeln“[18] es gehört, daß man „mitten unter ihnen [den Mitmenschen] leben bleiben [muß], so als ob man wie sie wäre“[19]. Doch wie steht es um Nossacks Begriff von ‚Realität‘ selbst? Ist er nicht eindimensional, polemisch, selbstwidersprüchlich, eskapistisch; hat sich nicht längst herumgesprochen – und selbst Brecht stellte dies klar –, daß Realismus sich nicht mit dem, wie die wirklichen Dinge sind, beschäftigt, sondern mit dem, wie die Dinge wirklich sind?

Schon die wenigen Hinweise lassen vermuten, daß sich Selbstbekenntnisse, Konzepte und poetologische Äußerungen des Autors als unabgesicherte Behauptungen herausstellen könnten, die die Texte ästhetisch und ethisch (eine Kategorie, die der Autor durchaus beanspruchte) nicht immer überzeugend einlösen (was bisweilen ihr Glück ist!) und durch flankierende Argumentationen ihres Verfassers selten an Kontur gewinnen. Nossacks häufig thesenartige Selbstauskünfte liefern weit eher Hinweise auf Persönliches, auf Idiosynkrasien, Obsessionen, Rechtfertigungsstrategien. Trotzdem ist nach ihrer Konsequenz für die Schreibweise des Autors zu fragen.

Nossack stellte die Schlichtheit, ja die Voraussetzungslosigkeit des Schreibens betont heraus[20] (ganz anders als Wolfgang Koeppen oder Arno Schmidt, deren rhetorisches Raffinement

---

16 Ebd. S. 215.

17 Ebd. S. 214.

18 Hans Erich Nossack: Die Schalttafel. In: Spirale, a.a.O., S. 60.

19 Ebd. S. 68.

20 Für Michael Bielefeld geradezu ein „Kult des Unliterarischen“ (a.a.O., S. 11).

allerdings in der deutschen Nachkriegsliteratur eine Ausnahme war). Dabei griff er häufig auf mythologische Substrate, auf Märchen- oder Legendenstrukturen zurück – Gedächtnismodi, die nicht nur das Erzählte als notwendige, weil kollektive Erinnerung ausweisen sollten, sondern gleichermaßen Geschichte in Natur umschrieben.[21] Nossack hat – und viele Interpreten mit ihm – diese Form der Monologik und den im Autobiographischen wurzelnden Selbstrechtfertigungsanspruch als nicht zeitgemäß empfunden, die Zwiesprache mit sich selbst und die Verklärung der Einsamkeit des Schriftstellers als kontraproduktiv gegenüber Gesellschaft, Literatur und Literaturbetrieb. Daß bei ähnlich kritisch-distanzierter Einschätzung auch ganz andere Konsequenzen für das Schreiben möglich waren, zeigt, um noch einmal auf den Fall Wolfgang Koeppens zurückzukommen, das Werk des nur um wenige Jahre jüngeren. Dieser versuchte dem Ideologieverdacht seiner Generation (was vor allem hieß, Skepsis gegenüber einer zur ‚Gaunersprache' verkommenen und instrumentalisierten Sprache) dadurch zu begegnen, daß er alludierend auf die bestehenden kollektiven Bildungs- und Gedächtnismuster anspielte und das entfremdete Sprechen mit Hilfe innovativer Erzählformen destruierte und in Frage stellte. Nossack dagegen war jeder vorgezeigten Artistik abhold. Er wollte nicht, wie es Kleist in seinem Marionettenaufsatz entwarf, ‚von hinten', mittels gesteigerter Ästhetizität und Intellektualität wieder ins Paradies vor-reflexiver Unmittelbarkeit gelangen, sondern begab sich in ein verzweifeltes, ja solipsistisches Selbstgespräch am Rande des Schweigens. Doch man lasse sich nicht täuschen: auch die Nüchternheit von Nossacks Stil ist programmatisch und ‚gemacht', die entsprechende Erzählposition und ihr Ziel, die Authentizitätssuggestion, konsequent entwickelt. Nossack bevorzugte ein erzählendes Ich, nicht den auktorialen Erzähler; er wählte Genres wie die (fingierte) Beichte, den Bericht, das Verhör oder das Selbstgespräch; mitunter war es konsequent durchgehaltene Rollen-

[21] Wie nahe Nossack dabei dem Schreiben Paveses kam, gerade weil auch er die ideologischen Implikationen des Mythos nicht erkannte, unterstrich Andrew Williams (Hans Erich Nossack und das ‚Mythische'. In: Günter Dammann (Hrsg.), a.a.O., S. 94–104).

prosa wie in „Spätestens im November“. Warum, das werden wir uns noch eingehend zu fragen haben.

„Spätestens im November“, Nossacks bekanntester und meistverkaufter Roman, erzählt in einer Art Lebensbilanz (am Ende wissen wir, es war ein Totengespräch) vom Ausbruchsversuch einer Industriellengattin aus Ehe und Familie, zugleich ist es das Porträt – wohl auch Selbstporträt – eines sich abkapselnden und unverstanden wissenden Schriftstellers. Während *ihre* Hoffnungen an einem zu großen Anspruch nach Liebe scheitern (wie auch die Frauen bei Haushofer und die Ich-Erzählerin in „Malina“), ist Berthold Möncken unfähig, seine nihilistische Position eines Lebens im Nicht-Versicherbaren aufzugeben – eine Konstellation, die Nossack biographisch unverstellter 1964 in dem pseudoautobiographischen Text „Autorenwitwen“ glossierte. Nicht nur in „Spätestens im November“ versuchte der Autor den Beweis anzutreten, wie wenig sich der Impuls, schreiben zu müssen mit dem notgedrungen monologischen Sprechen des Schriftstellers und seinem Scheitern der Worte angesichts des existentiell Erfahrenen vereinbaren läßt. Der Schreibende, letztendlich handlungs- und liebesunfähig, agiere stets (und Nossack hat dieses Selbstverständnis auf seine Figuren übertragen) in „absoluter Einsamkeit der Kreatur“[22]. Daß er schreibe, so Möncken, sei „Zufall, eine Beschäftigung, um nicht vor Langeweile zu verzweifeln, mehr nicht. Es ist nur ein Hinziehen […]“[23]. Und im Roman „Der jüngere Bruder“ bekannte der Schriftsteller Arno Breckwaldt in ganz ähnlicher Weise, er würde das Schreiben lieber heute als morgen aufgeben; es sei nichts als eine Schwäche, da er (noch nicht) zu schweigen vermöge.

II.

‚Absolute Einsamkeit der Kreatur‘? – Woher dann die Befremdlichkeiten bei der Lektüre Nossacks, die Verunsicherung, die

[22] s. Michael Bielefeld (a.a.O., S. 6); dort auch weitere Belege zu Nossacks selbststilisierter Rolle als Außenseiter.

[23] „Spätestens im November“, a.a.O., S. 119.

nicht nur auf die Widersprüche in seinem eigenen Werk gründet? Woher das verstörende Gefühl, entgegen den Aussagen des Autors, denen noch immer zahlreiche seiner Leser und Interpreten beipflichten, in diesem Werk keineswegs einem Sonderfall zu begegnen, sondern Stil, Erzählposition und weltanschaulichen Hintergrund zu kennen, ja solch formelhaft outrierte Weltbilder bis zum Überdruß gelesen zu haben? Lag es an dem, was Reinhard Baumgart angesichts einer Besprechung von „Der jüngere Bruder" als ‚undeutliche Melancholie'[24] bezeichnete? Vieles sei, so Baumgart, in diesem Roman „im Blitzlichtstil mißglückt, kalt, konturenlos, vordergründig"; hier laufe „die Psychologie auf Schienen" und lasse den Figuren „nur den Spielraum von Marionetten, der auch für die Satire noch zu eng ist"[25]. Daran, und auch am Hölzernen, Banalen, an der Pose und an Nossacks von Baumgart als ‚Versteifung' bezeichneten Schreibhaltung ist sicher vieles richtig. Dennoch – entgegen der Unbestimmtheit von Nossacks ‚Botschaften' läßt sich das Verunsichernde im Falle meiner eigenen Lektüre sehr konkret benennen: „Spätestens im November" ähnelte in frappierender, ja befremdender Weise den Texten Marlen Haushofers; beide Werke gleichen sich in Erzählperspektive, den Figurenkonstellationen, den Ressentiments und Weltanschauungen, vor allem jedoch im Duktus und ‚Ton' – das, was an Dichtung am schwierigsten nachzuweisen ist und doch Beweiskraft beanspruchen sollte.[26]

---

[24] In: Christof Schmid (Hrsg.): Über Hans Erich Nossack, a.a.O., S. 111–114.

[25] Ebd. S. 113. Reinhard Baumgart weiter: „Sooft der Ingenieur, und in ihm der Autor, Voraussetzungen für seine Melancholie konstruiert, mag es der Lebenshaß der Mutter, das Vakuum der Hitlerjahre oder die restaurative Öde sein, läuft er der Aporée-Situation davon, und sein Stil antwortet wie im Reflex mit Versteifungen, Hölzernheiten, Banalitäten".

[26] s. Gotthold Ephraim Lessings „Emilia Galotti". Dort gründet Claudia ihre Anklage Marinellis auf das „letzte Wort des sterbenden Grafen": „Ich verstand es erst auch nicht; ob schon mit einem Tone gesprochen – mit einem Tone! – Ich höre ihn noch! Wo waren meine Sinne, daß sie diesen Ton nicht sogleich verstanden [...]. Ich kann ihn nicht nachahmen, ich kann ihn nicht beschreiben, aber er enthielt doch alles! alles! [...]. Ha, könnt' ich ihn nur vor Gerichte stellen, diesen Ton!" (in: Werke in zwölf Bdn., Bd. 7, hrsg. v. Klaus Bohnen. Frankfurt a.M. 2000; hier S. 337f); vgl. auch das Ende von

Nossacks Nachkriegsromane – wie erwähnt, ein erzwungener, wohl aber auch als „Glücksgefühl“[27] empfundener schriftstellerischer Neuanfang – erschienen (abgesehen von „Nekyia. Bericht eines Überlebenden“ 1947) seit Mitte der fünfziger Jahre in kurzer Folge: „Spätestens im November“ 1955, „Spirale“ 1956, „Der jüngere Bruder“ 1958; es folgten „Der Fall d'Arthez“ und „Dem unbekannten Sieger“ in den sechziger Jahren, schließlich „Ein glücklicher Mensch. Erinnerungen an Aporée“ 1975, um nur die wichtigsten Bücher zu nennen.[28] Die Österreicherin Marlen Haushofer schrieb und veröffentlichte ihre Romane im selben Zeitraum zwischen 1955 („Eine Handvoll Leben“) und 1969 („Die Mansarde“).[29] Damit sind jedoch die faktischen Gemeinsamkeiten fast schon erschöpft. Zudem gehörte Nossack weder zur Generation der Haushofer (geboren 1920), noch, vorzugsweise in Hamburg lebend, zum selben sozialen und künstlerischen Umfeld, so daß die Suche nach einer direkten Beeinflussung (wie sie zwischen den Werken Haushofers und Ingeborg Bachmanns angestellt wurden und

IV,8, worin Emilia Galotti mit dem Prinzen spricht ... „in einem Tone –“ (ebd. S. 357).

27 Hans Erich Nossack: Der Untergang. Frankfurt a.M. 1976, S. 42.

28 Zur Schwierigkeit einer Chronologie und der nur bedingten Aussagekraft der Erscheinungsdaten vgl. das Nachwort von Christof Schmid zu „Der jüngere Bruder“, a.a.O., S. 322ff.

29 Unberücksichtigt bleiben bei dieser Chronologie der Werke meist die Kinderbücher Marlen Haushofers, die sie schrieb, als die wichtigen Erzählungen und Romane schon erschienen waren, nämlich „Das fünfte Jahr“ 1951, „Eine Handvoll Leben“ 1955, „Die Tapetentür“ 1957, „Wir töten Stella“ 1958 und „Die Wand“ 1963. Erst am Ende ihres Lebens wandte sie sich der Kinder- und Jugendliteratur zu („Bartls Abenteuer“ 1964 und „Brav sein ist schwer“ 1965), unterbrochen vom Roman „Himmel, der nirgendwo endet“ (1966), der ebenso wie einzelne Erzählungen aus den Bänden „Lebenslänglich“ und „Schreckliche Treue“ von 1969 und 1968 das Thema Kindheit wieder aufnimmt. 1967 und 1968 erschienen schließlich noch die thematisch zusammengehörigen Kinderromane „Müssen Tiere draußen bleiben“ und „Wohin mit dem Dackel“. Nach diesen beiden Kinderbüchern und der Sammlung ihrer verstreut erschienenen Erzählungen arbeitete Marlen Haushofer nur noch an ihrem großen Roman, „Die Mansarde“ (1969) und an einem Nachtrag zu „Brav sein ist schwer“, nämlich die Fortsetzung „Schlimm sein ist auch kein Vergnügen“ (1970). Vgl. dazu: Iris Denneler: „Lauter Katzengeschichten“? Die Kinderbücher der Marlen Haushofer. In: Anke Bosse/Clemens Ruthner (Hrsg.), a.a.O., S. 81–102.

die uns noch beschäftigen werden) von vornherein wenig Erfolg verspricht.

Vergleichen lassen sich Haushofer und Nossack – überblickt man mit leicht ironischer Distanz den Tenor der Forschung – eher in ihrer Singularität: man bescheinigte beiden Autoren ihre Einzigartigkeit. In dem umfangreichen Nachschlagewerk „Die Österreichische Literatur. Ihr Profil von der Jahrhundertwende bis zur Gegenwart“[30] figuriert Marlen Haushofer als verkannte, viel zu spät entdeckte Randerscheinung des Literaturbetriebs; darüber hinaus sieht der Beitrag die österreichische Nachkriegsliteratur insgesamt als ein Spezifikum, das mit dem deutschen Weg nicht vergleichbar sei[31]: „Verstummen, Sprachlosigkeit, nicht mehr schreiben können, das war österreichisch, zumindest seit Hofmannsthal“[32] (als Kronzeugen werden genannt: Bachmann, Celan, Aichinger). Ein österreichischer Sonderweg? – Doch wohl nicht. Denn wenn drei Jahre zuvor Michael Bielefeld in seinem Nossack-Artikel betonen konnte, konstitutiv für den Autor sei die Verachtung fürs ‚Tagesengagement'[33], das Bestreben, Literatur als authentifizierte, als existentiell notwendige zu legitimieren (ein Versuch, dem die Schreiberin in Haushofers „Die Wand“ von Anfang an folgt), die Ablehnung eines spielerisch-experimentellen Tones (‚Banalität des Dargestellten‘ hat man Marlen Haushofer vorgeworfen), die archetypischen, existentiellen Grundmodelle (man vergleiche Haushofers Geschlechterkämpfe, die Jagdszenen; man vergleiche Nossacks Exterritorialität mit den isolierten Räumen in der „Wand“ oder der „Mansarde“) oder die Struktur der Selbstreflexion, die die Erzählperspektive bestimme, so sind diese scheinbar individuellen Kennzeichen nicht nur bei Nossack und bei Marlen Haushofer anzutreffen, sondern sie gelten, wie noch auszuführen sein wird, in vielerlei Hinsicht auch für Ingeborg Bachmanns Prosa, allem voran ihren Roman „Malina“. Kein Zweifel, wir haben es weniger mit Einzelfällen, denn mit vergleichbaren poetologischen Modellen zu tun.

[30] Herbert Zeman (Hrsg.): Die österreichische Literatur, Bd. 4. Graz 1989.
[31] Ebd. S. 76 und S. 64.
[32] Ebd. S. 72.
[33] Michael Bielefeld, a.a.O., S. 2.

Bevor wir jedoch die Frage zu beantworten versuchen, woher diese Parallelen in der Schreibweise kommen – ob sie, wenn nicht auf direkte Einflüsse, Korrespondenzen, ‚Botschaften' zurückzuführen (was bei der Abneigung, die Nossack gegenüber Ingeborg Bachmann empfand, auch schwer vorstellbar wäre)[34], so vielleicht ästhetisch begründbar sind, und damit das Individuelle, auf das Nossack in seiner Außenseiterexistenz so viel Wert legte, zum Allgemeinen wird – zunächst drei ausführliche Textpassagen aus Nossacks „Spätestens im November", Haushofers Roman „Die Mansarde" und Bachmanns „Malina", die einen ersten Eindruck von den Ähnlichkeiten vermitteln können. Dabei ist es eher marginal, daß alle drei Textausschnitte eine vergleichbare Situation, dazuhin noch aus der Sicht einer weiblichen Protagonistin beschreiben. Viel wichtiger ist das Grundsätzliche: die Schilderung alltäglicher, unspektakulärer Szenen, die starre Rollenverteilung zwischen den Geschlechtern, die Erzählperspektive, die fortgesetzte Selbstzurücknahme der Ich-Erzählerinnen und der über allem sich wie frostiger Nebel legende Ton der stillen Resignation.

> Ich steckte den Brief ungeöffnet in die Tasche meines Morgenrocks. Ich hatte mir gleich damals in D. einen Morgenrock kaufen müssen, wegen der Leute, bei denen ich untergebracht war; kein großartiges Stück, doch er genügte. Dann sprach ich weiter mit Frau Viereck, als ob nichts Besonderes wäre. Ich fragte sie, wann die Wäscherei heute kommen würde, um die Wäsche abzuholen; ich wollte noch ein paar Hemden von Herrn Möncken mitgeben. Dann nahm ich das Tablett mit dem Frühstück und ging in unser Zimmer. Drinnen machte ich die eine Seite des Tisches frei, deckte eine Serviette auf und stellte die Tasse hin. Den Brief wollte ich erst später lesen, wenn ich allein war. Ich probierte, ob er auch nicht in der Tasche knisterte; der Brief war nicht dick, das fühlte ich. Aber Berthold durfte jetzt nicht abgelenkt wer-

[34] Vgl. hierzu die Auslassungen Nossacks in seinen Tagebüchern, in denen er der Schriftstellerin „Mache und routinemäßige Geschicklichkeit", „unechte[s] Gelispel" und „Darunter-Kriechen" vorwarf (Die Tagebücher 1943–1977, 3 Bde., hrsg. v. Gabriele Söhling. Frankfurt a.M. 1997, S. 539, 717 und S. 718).

den. Er ging morgens immer gleich an seine Arbeit; ich glaube, schon im Badezimmer dachte er nur daran. Sofort nach dem Frühstück setzte er sich an die Schreibmaschine; er blätterte dann zwar noch in seinen Papieren und redete auch ein paar Worte mit mir, doch es war das Zeichen, daß er allein gelassen sein wollte. Er hatte das nie gesagt, im Gegenteil, er sagte, bleib doch hier, wozu läufst du weg, doch ich wußte es besser. Und Frau Viereck durfte nicht das Zimmer und die Betten machen, alles blieb unordentlich; erst mittags, wenn wir zum Essen gingen, durfte sie aufräumen. Auch Sonntags war es nicht anders, Tag für Tag das gleiche.

Als er aus dem Badezimmer kam, tranken wir Kaffee. Viel Zeit brauchten wir nicht dazu; er schlang hastig ein Brötchen hinunter, das war alles. Er konnte es nicht abwarten. Die Arbeit hatte ihn ganz und gar verändert. Sie hatte ihn ganz verzerrt, und ich war überflüssig.

(„Spätestens im November")[35]

An diesem Morgen kam aber ein Brief für mich. Ein dikker gelber Umschlag, die Adresse in Druckbuchstaben geschrieben. Ein Absender war nicht angegeben. Ich ging damit in die Küche und wunderte mich. Wie die Katze ging ich um den heißen Brei herum.

Endlich schnitt ich den Umschlag auf; ein paar vergilbte Seiten aus einem Schulheft fielen heraus, eng beschrieben mit einer Schrift, die ich sofort wiedererkannte. Es war nämlich meine eigene Schrift, das heißt: die Schrift einer jungen Person, die ich einmal gewesen war. Ich erkannte nicht nur die Schrift, ich wußte wirklich sofort, was da vor mir lag, wenn ich es auch vor ungefähr siebzehn Jahren zuletzt gesehen hatte. Ich spürte nichts als Widerwillen und jenen Schock, den mir unvorhergesehene Ereignisse immer versetzen. Ich steckte die Papiere zurück in den Umschlag und trug sie in die Mansarde. Dort versteckte ich sie in der Tischlade unter Zeichenpapier. Es ist sonst nicht meine Art, Dinge zu verstecken. Aber das hier gehörte versteckt, auch wenn es nichts Verwerfliches oder Ehrenrühriges enthielt, nur

[35] Hans Erich Nossack: Spätestens im November, a.a.O., S. 94f.

ein Relikt war aus der Vergangenheit, an die ich nicht erinnert werden will.

Dann ging ich wieder hinunter in die Küche, fest entschlossen, mein System nicht zu durchbrechen: Dinge und Gedanken, die mein Mansardenleben betreffen, haben nicht in das übrige Haus einzudringen. Ich bin sonst nicht sehr ordentlich, aber daran halte ich mich immer.

Ich nahm meine Arbeit wieder auf, eine Arbeit, die mir plötzlich ungeheuer wichtig erschien. Ja, ich klammerte mich fest an meinen großen Kochlöffel und konzentrierte mich ganz auf mein Vorhaben, einen Nußstrudel zu bakken. Das nahm mich ziemlich lange in Anspruch, denn ein anständiger Nußstrudel braucht seine Zeit.

Mittags kam Hubert heim, und wir setzten uns zum Essen. Ich hatte noch immer ein etwas betäubtes Gefühl, so als hätte man mich über den Kopf geschlagen. Hubert merkte nichts, weil er sich sofort in die Zeitung vertiefte und weil wir beim Essen überhaupt wenig reden. Nach dem Zeitunglesen legte sich Hubert zwanzig Minuten auf die Couch im Wohnzimmer, und ich machte mich über die Küche her und brachte sie in Ordnung. Das muß ich immer sofort tun, weil ich diese Arbeit besonders verabscheue und deshalb hinter mich bringen muß. („Die Mansarde“)[36]

Während sich Fräulein Jellinek kämmt und ihren Mantel anzieht, noch mehrmals die Handtasche auf- und zumacht und nach ihrem Einkaufsnetz sucht, erinnert sie mich dran, daß ich drei wichtige Briefe selber schreiben wollte und daß wir keine Briefmarken mehr haben, Tesafilm will sie auch kaufen, und ich erinnre sie dran, daß sie unbedingt von den Notizzetteln das nächste Mal die Namen von diesen Menschen in die Agenda schreiben muß, Sie wissen schon, von diesen Leuten da, denn immer sind irgendwelche Menschen im Kopf zu behalten, die ins Adreßbuch oder in die Agenda müssen, weil man sich soviel Menschennamen nicht merken kann.

36 Marlen Haushofer: Die Mansarde. Düsseldorf 1969, S. 25f.

Fräulein Jellinek und ich wünschen einander einen schönen Sonntag, und ich hoffe, sie wird ihr Foulard nicht noch einmal andersherum um den Hals drapieren, denn Ivan kann nun wirklich jeden Moment kommen, und ich höre erleichtert die Tür zufallen und die zarten festen Absätze von Fräulein Jellineks neuen Schuhen die Stiege hinunterklappern.

Da Ivan kommt, bin ich sehr rasch fertig, nur die Kopien von den Briefen liegen noch herum, und ein einziges Mal fragt Ivan, was ich denn so mache, und ich sage: Oh nichts, ich sehe so verlegen aus, daß er lachen muß. Briefe interessieren ihn nicht, aber ein unverfängliches Blatt, auf dem steht ‚Drei Mörder', und Ivan legt es wieder hin. Ivan vermeidet es ja, aber heute sagt er, was bedeuten diese Zettel, denn ich habe ein paar Blätter auf dem Sessel liegengelassen. Er nimmt noch eines in die Hand und liest belustigt: TODESARTEN. Und von einem anderen Zettel liest er ab: Die ägyptische Finsternis. Ist das nicht deine Schrift, hast du das hingeschrieben? Da ich nicht antworte, sagt Ivan: Das gefällt mir nicht, ich habe mir schon so etwas Ähnliches gedacht, und alle diese Bücher, die hier herumstehen in deiner Gruft, die will doch niemand, warum gibt es nur solche Bücher, es muß auch andere geben, die müssen sein, wie EXSULTATE JUBILATE, damit man vor Freude aus der Haut fahren kann, du fährst doch auch oft vor Freude aus der Haut, warum also schreibst du nicht so. Dieses Elend auf den Markt tragen, es vermehren auf der Welt, das ist doch widerlich, alle diese Bücher sind widerwärtig. Was ist denn das für eine Obsession, mit dieser Finsternis, alles ist immer traurig und die machen es noch immer trauriger in diesen Folianten. Bitte, hier: AUS EINEM TOTENHAUS, ich entschuldige mich ja schon.

Ja aber, sage ich eingeschüchtert.

Nichts aber, sagt Ivan, und immer leiden sie gleich für die ganze Menschheit und ihre Scherereien und denken an die Kriege und stellen sich schon neue vor, aber wenn du mit mir Kaffee trinkst oder wenn wir Wein trinken und Schach spielen, wo ist dann der Krieg und wo ist die hungernde, sterbende Menschheit, und tut dir dann wirklich alles leid, oder tut es dir nur leid, weil du die Partie verlierst, oder weil ich gleich einen Riesenhunger haben werde, und warum lachst du denn jetzt, hat die Menschheit vielleicht viel zu lachen in diesem Augenblick?

(„Malina")[37]

Angesichts dieser Textzeugnisse drängt sich weniger die Frage nach dem ‚Ob überhaupt' als nach dem Woher und Warum dieser Gemeinsamkeiten auf, die den Inhalt ebenso wie Struktur, Erzählhaltung und Duktus betreffen. Inwieweit sind sie voneinander abhängig und inwieweit Folgen des Selbstverständnisses der Schreibenden, das wiederum von allgemeineren Faktoren wie geschichtlichen, sozialen Erfahrungen geprägt wird? Und was sagt das über die spezifische Struktur eines Werks, zumal der Kontext einen Autor stets beeinflußt, ohne seine Schreibweise zu determinieren? Fragen, die sich aufdrängen, wenn man klären will, warum es zeitgleich solch ähnliche Reaktionen auf das Problem der Erzählbarkeit wie die von Nossack, Haushofer oder Bachmann gab, aber auch solch unterschiedliche wie – um bei unserem konstrastierenden Beispiel zu bleiben – Koeppen. Während dessen Zweifel bereits beim Ich, dem schreibenden *moi*, ansetzten[38] (und sich Koeppen in ästhetischer Hinsicht dadurch der internationalen literarischen Avantgarde anschloß)[39], suchten andere Schriftsteller nach einer Form, in der sich dieses Ich trotz aller Skepsis authentifizieren ließ.[40] Deutliches Kennzeichen dieser Intention waren bei Nossack, Haushofer oder Bachmann –

[37] Ingeborg Bachmann: Malina. In: Werke, hrsg. v. Christine Koschel, Inge von Weidenbaum und Clemens Münster. München ^{2}1982; hier Bd. III, S. 53f.

[38] Vgl. etwa Wolfgang Koeppens Kritik am Nouveau Roman: das Konzept sei schon deshalb naiv, weil seine Vertreter versuchten, Wirklichkeit einzufangen, wo andere längst daran (ver-)zweifelten, „was Wirklichkeit sei und wie man sie erzählen könne" (Was ist neu am Neuen Roman? In: Werke VI, a.a.O., S. 363f; hier S. 363).

[39] Vgl. Koeppens an Joyce, Dos Passos, Faulkner geschulter Stil, seine fluktuierenden Erzählperspektiven, die detotalisierte Totalität seiner Romanwelten.

[40] Vgl. auch den hier abgedruckten Aufsatz „Schreiben auf unsicherem Grund: Leben und Literatur Cesare Paveses". Zum Einfluß von Pavese auf Nossack vgl. das Pavese-Motto über den „Pseudoautobiographischen Glossen", das Geständnis des Autors, wie wichtig die Schriften dieses ‚lieben Bruders' in den fünfziger Jahren für ihn wurden sowie die bereits zitierten Ausführungen Andrew Williams.

und im folgenden werden wir uns auf diese drei konzentrieren, obwohl sich noch weitere Autoren wie etwa Hermann Lenz, Hermann Kasack, Hermann Hesse oder Elisabeth Langgässer anbieten würden[41] – das Pathos und der tödliche Ernst, mit dem alle Figuren einschließlich des Autors agieren, die verringerte Distanz zwischen Erzähler und Autor und die fehlende Ironie dieser Texte (Ironie kommt vor, aber nicht als spielerische, sondern ‚negative', wie sie Martin Walser exemplarisch im Werk Franz Kafkas oder Robert Walsers sah)[42]. Naiv, das wäre für Nossack gewesen, sich der Fassadenhaftigkeit der Existenz nicht entledigen zu wollen. Während sich Koeppen eben dieser Masken bediente, um durch sie hindurch einen Rest von Identität zu retten: „Du erduldest Erinnerung", heißt es in seiner autobiographischen Skizze „Vom Tisch"; „vielleicht sind die Bilder wahr. Doch Lügen wären nicht weniger wahr. Ein intensives Studium hat mich dazu gebracht, nicht zu wissen, wer ich bin"[43].

III.

Der Umfang der vergleichbaren Befunde, die im Fall von Haushofer, Bachmann, Nossack auf keinen einzigen, selbst nicht in Bezug auf Ingeborg Bachmann und Marlen Haushofer bezeugten Kontakt verweisen können[44], macht es schwierig,

---

[41] Vgl. die Aufsätze in Günter Dammann (Hrsg.), op.cit., die Nossack in den Kontext der Werke von Alfred Andersch, Camus, Ernst Kreuder und, wie schon erwähnt, Pavese stellen.

[42] s. Martin Walser: Selbstbewußtsein und Ironie. Frankfurt a.M. 1981. Vgl. auch meine diesbezügliche Lesart der Autorin (Iris Denneler: Marlen Haushofer. In: Kritisches Lexikon der Gegenwartsliteratur. München [1994]).

[43] Wolfgang Koeppen: Vom Tisch. In: Werke V, a.a.O., S. 283–302; hier S. 286.

[44] Die Biographie von Daniela Strigl verzeichnet, obwohl sie am bislang ausführlichsten die Lebensumstände Marlen Haushofers recherchierte, nicht mehr als oberflächliche Kontakte zwischen den Autorinnen (Marlen Haushofer. Die Biographie. Berlin 2000; vor allem S. 236–239). Auch Christine Schmidjell und Evelyn Polt-Heinzl, die in Wien die Dokumentationsstelle für Österreichische Gegenwartsliteratur betreuen und zu den besten Kennerinnen der Werke beider Autorinnen gehören, bestätigten, daß, soweit der Nachlaß zugänglich ist, keine Zeugnisse einer direkten Begegnung zwischen Haushofer und Bachmann existieren.

den Iserschen ‚Erwartungshorizont' uneingeschränkt als Erklärungsmodell heranzuziehen, da er wohl die Selbstpositionierung der Schreibenden mitbedenkt, aber bestrebt sein muß, atmosphärische Einflüsse durch materielle Faktoren wie Literaturbetrieb, Literaturkritik oder historisch-kulturelles Umfeld zu objektivieren.[45] Diese aber sind selbst für die beiden Schriftstellerinnen nur bedingt, für den Fall Nossack-Bachmann oder Nossack-Haushofer so gut wie gar nicht als korrespondierend zu bezeichnen.[46] Österreich und die Hauptstadt Wien, die erst durch Autoren wie Thomas Bernhard, H.C. Artmann, Ernst Jandl, Friederike Mayröcker oder Peter Handke wieder diejenige literarische Beachtung fanden, die ihnen vor dem Zweiten Weltkrieg zukam, galten – was man zurecht nicht gerne hören wollte – in den fünfziger und frühen sechziger Jahren eher als ‚Ableger' des auch hinsichtlich der Verlage einflußreicheren Deutschland; was andererseits den Zu-

---

[45] Vgl. Gerhard Kaiser: Nachruf auf die Interpretation (in: Gottfried Boehm/ Hans-Georg Gadamer: Seminar: Die Hermeneutik und die Wissenschaften. Frankfurt a.M. 1978, S. 426–443) und dessen Ausführungen einer möglichen Präzisierung des Begriffs des ‚Erwartungshorizontes' und der ‚Leerstelle'.

[46] Kontakte zwischen Ingeborg Bachmann und Nossack haben wohl über die Gruppe 47 sowie durch Begegnungen bei Tagungen der Darmstädter Akademie und bei Empfängen stattgefunden, doch sind literarische Dialoge angesichts der Tatsache, daß es Nossack „Überwindung kostet[e], diese [= I.B.] auch nur anzusehen" (so der Tagebucheintrag vom 29.5.1966; in: Hans Erich Nossack: Tagebücher, a.a.O., S. 800), unwahrscheinlich. Auf der anderen Seite dürften die Vorbehalte nicht nur dieser Kollegin gegen Nossack durch seine Unterstützung der These von den ‚Literaturbörsianern' mit der Zeit noch zugenommen haben (vgl. Eckhart Pohl: Die Gruppe 47 und der Literaturbetrieb. In: Heinz Ludwig Arnold: Literaturbetrieb in der Bundesrepublik Deutschland. München 1981, S. 28–42; hier S. 39f). Marlen Haushofer taucht nicht einmal als Name im Register der Nossackschen Tagebücher auf. Bekannt ist allerdings, daß sich Paul Celan und Nossack, wenn auch über Mittelsmänner, ihre Werke zukommen ließen (s. Bertrand Badiou (Hrsg.): Paul Celan – Gisèle Celan-Lestrange. Briefwechsel. 2 Bde. Frankfurt a.M. 2001) und Nossack Celan, trotz der ersten, (aufgrund von Ingeborg Bachmann) unglücklich verlaufenden Begegnung in München 1958, überaus schätzte. 1970 notierte Nossack nach weiteren, nur kurzen Begegnungen mit dem Kollegen, der Freitod Celans ginge ihm „verflucht nahe" (Hans Erich Nossack: Tagebücher, a.a.O., S. 1072).

sammenhalt und das Zusammengehörigkeitsgefühl der Autoren (Bekanntschaften, Gruppen, Zeitschriften, Verlage, gemeinsam besuchte Cafés etc.), nicht zuletzt durch das Verbindende der gemeinsamen, dialektal gefärbten Sprache, intensivierte.[47] Neben diesen zeitlichen und räumlichen Rahmenbedingungen des Schreibens, das, was Ingeborg Bachmann einmal das „Haus Österreich"[48] nannte, den gemeinsamen Besitz von Sprache, Kultur und historischen Wurzeln, waren es die Erfahrungen des Zweiten Weltkriegs, die bei beiden Autorinnen eine tiefe Verstörung zurückließ, wenn auch, wie Inge von Weidenbaum glaubhaft machen konnte, das traumatische Erlebnis des Einmarsches der Hitlertruppen ins „friedliche Kärnten" von Ingeborg Bachmann erst im nachhinein zum Wendepunkt in ihrem Leben stilisiert wurde. Es dürfte wohl weniger das reale Geschehen gewesen sein (von dem sie im übrigen lange schwieg) als die ‚Mimesis mit den Opfern und Verfolgten', worin sie das Thema Gewalt und Gewalt zwischen den Geschlechtern einbinden konnte.[49] Nicht zuletzt war es das Nachdenken über die Rolle der Frau, den Antagonismus der Geschlechter und der dahinter verborgenen gesellschaftlichen Werte und Normen, die beide Autorinnen weltanschaulich so stark einander näherte (und die – aus ganz anderen Gründen – auch Nossacks misogynes Weltbild prägte und schon deshalb jegliche feministische Lesart verbietet).

Wenn wir davon ausgehen, daß zu einer bestimmten Zeit bestimmte Themen oder Schreibweisen in der Luft lagen, und daß, was die Kritiken in den großen Tageszeitungen betraf (Sieburg, Holthusen u.a.), der Trend der fünfziger Jahre eher zu traditionellen literarischen Formen mit gesicherten, humanistischen Werten, existentialistischen Glaubensinhalten und einer Flucht ins Metaphysische ging als zum Experiment und zu poli-

[47] s. Friedbert Aspetsberger u.a. (Hrsg.): Literatur der Nachkriegszeit und der fünfziger Jahre in Österreich. Wien 1984.

[48] s. Ingeborg Bachmann: Malina, a.a.O., S. 96.

[49] Inge von Weidenbaum: „Ist die Wahrheit zumutbar?" In: Bernhard Böschenstein/Sigrid Weigel (Hrsg.): Ingeborg Bachmann und Paul Celan. Poetische Korrespondenzen. Frankfurt a.M. 1997, S. 23–28; hier S. 23f.

tischem Engagement[50], so ist der Auslöser für ‚Ton' und ‚Botschaft' dieser Prosa von vornherein weniger individuell, als es vor allem Nossack durch seine Abgrenzungsversuche gegenüber Schriftstellerkolleginnen und -kollegen zu suggerieren unternahm.[51] Interessant wird die entsprechende Erzählposition (das, was Ingeborg Bachmann in ihrem Brief an Wolfgang Hildesheimer als das Voraufliegende jeder Errungenschaft bezeichnete)[52] aber vor allem deshalb, weil sie nicht nur Auswirkungen auf ästhetische Strukturen, Sub-Genres oder den *point of view* hat, sondern auch auf die Thematik des Schreibens selbst. Da jedoch in den hier diskutierten drei Fällen weder der österreichische, noch der deutsche Kontext, noch der Einfluß des *genders*, der Zeit und der gemeinsamen Orte, Bekannten oder Literaturorgane stichhaltige Ergebnisse im Sinne einer faktischen Beeinflussung liefern, bleibt nur, das schwierige Gebiet des ‚Geheimsenders' Poesie selbst zu befragen. Dafür müssen die Parallelitäten dieser Texte eingehender herausgestellt werden.

Die Generation, der Marlen Haushofer und Ingeborg Bachmann angehörten, war eine andere als die Nossacks: Haushofer wurde am 11. April 1920 als Marie Helene Frauenhofer in Frauenstein/Oberösterreich geboren. 1970 starb sie in Steyr, wo sie seit 1941 mit ihrem Mann und zwei Söhnen gelebt hatte, fünfzigjährig an Krebs. Ingeborg Bachmann kam am 25. Juni 1926 in Klagenfurt zur Welt, studierte in Innsbruck, lebte seit 1946 für sechs Jahre in Wien, dann in Zürich und Rom und starb dort 1973. Nach eigenen Aussagen schrieb Marlen

[50] Vgl. Otto Lorenz: Die Öffentlichkeit der Literatur. Fallstudien zu Produktionskontexten und Publikationsstrategien: Wolfgang Koeppen – Peter Handke – Horst-Eberhard Richter. Tübingen 1998.

[51] Gerade die Tagebücher Nossacks belegen, daß immer dann, wenn er sein Schreiben durch ähnliche Themen und stilistische Gemeinsamkeiten, durch gemeinsame Verleger, Veröffentlichungsorte oder freundschaftliche Kontakte bedroht sah, mit Neid, Ressentiments, ungerechtfertigten Urteilen und Abgrenzung reagierte. Auf Nossack und sein Werk paßt einmal mehr die Einsicht Adolf Muschgs, daß das Fremde im Grunde das ‚verdrängte Eigene' sei.

[52] Abgedruckt in Sigrid Weigel: Ingeborg Bachmann: Hinterlassenschaften unter Wahrung des Briefgeheimnisses. Wien 1999, S. 470f.

Haushofer seit ihrem achten Lebensjahr. Ingeborg Bachmann erinnerte sich, von jeher über alles und jedes geschrieben zu haben, was man sich nur vorstellen könne: „An Quantität war das, glaub' ich, weit mehr als das, was ich später als Erwachsene produziert habe ...", äußerte sie einmal gegenüber Gerda Bödefeld.[53]

Diese knappen Daten umreißen zugleich das Umfeld der Veröffentlichungen: Marlen Haushofer publizierte 1946 ihre ersten Kurzgeschichten, die in österreichischen Zeitungen und Zeitschriften abgedruckt wurden (etwa in „Stimmen der Gegenwart" oder der Weigel-Reihe „Junge österreichische Autoren"), 1953 erhielt sie für die Erzählung „Das fünfte Jahr" den Staatlichen Förderpreis für Literatur und trat 1955 mit dem ersten Roman „Eine Handvoll Leben" an die Öffentlichkeit. Ingeborg Bachmann hatte ihr Debüt etwa zur gleichen Zeit. Am 25. September 1949 erschien in der „Wiener Tageszeitung" die von Kafka und der Kritischen Theorie inspirierte Parabel „Das Lächeln der Sphinx"[54], und im Dez.'48/Jan.'49 publizierte die Literaturzeitschrift „Lynkeus" ihre ersten Gedichte („Abends frag ich meine Mutter", „Wir gehen", „Die Herzen im Staube", „Es könnte viel bedeuten"). Ingeborg Bachmann begann, und das ist wichtig, als Prosaautorin[55]; erst nach ihrem Eintritt in die Gruppe 47 (1952, Niendorf) und dem Erscheinen ihres ersten, großen Gedichtbandes „Die gestundete Zeit", in dem sie ihren eigenen Ton gefunden hatte, galt sie als die herausragende Lyrikerin der Nachkriegszeit (der man dann später den radikalen Wechsel zur Prosa kaum verzieh).

Beide Autorinnen – Marlen Haushofer auf den wenigen Reisen, die sie zu Hans Weigel nach Wien unternahm, Ingeborg Bachmann während ihres Studiums, ihrer Tätigkeit beim

---

[53] Zitiert nach Andreas Hapkemeyer (Hrsg.): Ingeborg Bachmann. Bilder aus ihrem Leben. Neuausgabe München 1987, S. 16.

[54] Abgedruckt in: DU. Die Zeitschrift der Kultur 9(1994), S. 18f. „Das Lächeln der Sphinx" war bereits Bachmanns dritte Erzählung.

[55] So weiß man von der Arbeit an einem Text „Stadt ohne Namen", an dem sie zwischen 1947 und 1952 gearbeitet haben soll, von dem sich im Nachlaß jedoch nur noch der Anfang fand (angeblich mit deutlichen Kafka-Reminiszenzen). Hans Weigel soll jedoch den ganzen Roman in den Händen gehalten haben.

Sender Rot Weiß Rot und später während ihrer Visiten in dieser ‚Stadt ohne Gewähr' – verkehrten vorzugsweise im Café Raimund, dem damaligen Treffpunkt junger Schriftstellerinnen und Schriftsteller, wo auch Jeannie Ebner, Karl Binder oder Raimund Federmann häufig zu Gast waren. Von einem Treffen der beiden Frauen ist jedoch nirgends etwas zu finden. Auch Sigrid Weigel, die aktuellste Interpretin Bachmannscher Hinterlassenschaften, konnte keine persönlichen Kontakte nachweisen.[56] Ebensowenig gelang es Ingeborg Dusar, die sich 1999 eingehend mit dem Verhältnis Haushofer-Bachmann beschäftigte, das biographische Zeugnis eines Kontakts oder einer Begegnung dingfest zu machen. Auch sie konnte nur vermuten: „Unmöglich, daß Bachmann und Haushofer, die doch eine Zeitlang in Wien die gleichen Kreise frequentierten [...] sich nie gesehen oder getroffen hätten"[57]. Warum die Verfasserin dann doch von einer gegenseitigen Kenntnisnahme ausgehen will, begründet sie damit, daß beide Vielleserinnen gewesen seien und Weigel zudem eine Mittlerrolle gespielt haben könnte. Beides bleibt jedoch Spekulation. Hans Weigel ist sicher eine potentielle Schnittstelle – er war ja nicht nur für Marlen Haushofer Mentor, Freund und Korrektor, sondern auch, wie man seit einiger Zeit weiß, der Liebhaber und Freund Ingeborg Bachmanns (‚Der Förderung durch Hans Weigel entgeht keiner').[58] So profitierte sie von dem Umstand, daß er sie eigentlich ‚entdeckte', und ihr für den Gedichtzyklus „Ausfahrt" auch gleich einen passenden Publikationsort, nämlich den zweiten, 1952 erschienenen Band seiner Anthologie „Stimmen der Gegenwart" anbot. Aber auch er, den Bachmann einmal ihren „guten Freund und fairen Feind"[59] nannte, führte – vielleicht aus guten Gründen – die beiden Schriftstellerinnen nicht

---

[56] Sigrid Weigel recherchierte allerdings kaum in diese Richtung. Das Register der ‚Hinterlassenschaften' verzeichnet den Namen *Marlen Haushofer* nur zweimal.

[57] Ingeborg Dusar in: Anke Bosse/Clemens Ruthner (Hrsg.), a.a.O., S. 248.

[58] s. Hans Weigels Nachwort zu „Unvollendete Symphonie" (Graz 1992, E: 1951) sowie Elke Brüns entsprechende Untersuchung in: Ztschr.f.dt.Philol. 113(1994), S. 277–292.

[59] s. DU 9(1994), a.a.O., S. 36.

zusammen.[60] Hypothetisch bleiben muß auch die Vermutung, daß beide Autorinnen sich über ihre Rundfunkarbeiten registriert haben könnten: Marlen Haushofer veröffentlichte mitunter im Radio, um, wie sie sagte, Geld zu verdienen; Ingeborg Bachmann arbeitete für Radio Bremen und, fest angestellt, 1951 beim Sender Rot Weiß Rot. Wie wenig abgesicherte Kreuzungspunkte es für die Kommunikation zwischen Bachmann und Haushofer überhaupt gegeben hat, wird erst recht auffällig, wenn man Bachmanns Lebensgeschichte mit anderen, relativ gut dokumentierten literarischen und biographischen Dialogen vergleicht;[61] dem Verhältnis zu dem aus Czernowitz kommenden Paul Celan etwa, den sie 1947 in Wien kennenlernte oder, drei Jahre später, 1950, zu Ilse Aichinger, deren Manuskript zum Roman „Die größere Hoffnung" übrigens ebenfalls Hans Weigel vor der Veröffentlichung lektoriert haben soll.[62]

---

[60] Wobei man, nicht zuletzt durch die Enthüllung Weigels 1992, die „Unvollendete Symphonie" sei ein Schlüsselroman ihrer Beziehung, spekulieren darf, ob Ingeborg Bachmann nicht auch Neid oder Eifersucht gegenüber dem vielfältigen mäzenatischen Engagement Weigels empfunden haben könnte (abgesehen von den Belastungen einer offenen, sexuell freizügigen Beziehung). Schließlich hat er nicht nur für Marlen Haushofer ganze Manuskripte (wie die ‚Katzengeschichte' der „Wand") redigiert und druckfähig gemacht.

[61] Ich verhehle dennoch nicht, wie grundsätzlich skeptisch ich gegenüber einer ‚Mitteilungsabsicht' von Dichtung bin. Verwiesen sei nochmals auf den hier abgedruckten Aufsatz „Botschaften ohne Rückversicherung. Ingeborg Bachmanns Gedicht ‚Hôtel de la Paix' und die Dialoge ins Schweigen" zum Verhältnis zwischen Bachmann und Celan, wo ganz unterschiedliche Gedichte für Korrespondenzen herhalten mußten und widerspruchslos von verschiedenen InterpretInnen (Caduff, Mosès) anhand unterschiedlichster Texte rekonstruiert wurden. Vgl. dagegen Elke Brüns (op.cit.), die über Mehrfachcodierungen in Bezug auf Bachmanns „Malina" berichtet (Frisch, Celan, Weigel) und damit gezielte ‚Botschaften' mit einem großen Fragezeichen versieht.

[62] Zu weiteren möglich Kontakten zwischen den Schriftstellern vgl. Anne Duden u.a. (Hrsg.): „Oder war da noch manchmal etwas anderes?" Texte zu Marlen Haushofer. Frankfurt a.M. 1986, S. 171. Vgl. auch die Darstellung des Weges Ingeborg Bachmanns in die Gruppe 47 durch: Klaus Briegleb: Ingeborg Bachmann, Paul Celan. Ihr Nicht-Ort in der Gruppe 47 (1952–1964/65). In: Bernhard Böschenstein/Sigrid Weigel (Hrsg.), a.a.O., S. 29–84. Eine bislang noch nicht untersuchte Schnittstelle könnte der Verlag Sig-

Der durchweg negative Befund im Hinblick auf die realen Beziehungen beider respektive aller drei Autoren steht in merkwürdigem Kontrast zu den allein schon durch die oben zitierten Textpassagen bemerkenswerten Ähnlichkeiten in ihren Romanen und Erzählungen. Wenn aber nicht einmal für Ingeborg Bachmann und Marlen Haushofer gegenseitige Kenntnisnahmen glaubhaft zu machen sind, viel weniger Zitate oder Reminiszenzen, die nach Gero von Wilpert ja eine Stelle in einem Schriftwerk oder einer Rede bezeichnen, „die an eine andere anklingt und vermutlich vom Verfasser absichtlich, erinnerungsmäßig übernommen wurde“[63], bleibt nur die Möglichkeit, Übereinstimmungen in Personal, Handlung, Motivik, Konstellation und Erzählperspektive auch im Falle Bachmanns und Haushofers (und nicht erst beim Vergleich der Autorinnen mit Nossack) als Diskurs*voraussetzungen* zu registrieren. Erst dann können wir den Versuch unternehmen, uns auf das spekulative Gebiet der Gründe und Erklärungen zu wagen; Gründe, die wohl andere als bloß literatursoziologische sein müssen.

IV.

Es gehört zu den auffälligsten Merkmalen im Werk Marlen Haushofers, Ingeborg Bachmanns und Hans Erich Nossacks, daß sie bis zur Formelhaftigkeit typisieren. Vorzüglich geschieht dies innerhalb des Schemas *gender/sexus*, aber auch innerhalb der Oppositionierung von Natur und Kultur, erzählendem Ich und Antagonisten. Da vor allem zum Gegensatz der Geschlechter die wichtigsten Entsprechungen bekannt sind, beschränken

bert Mohn sein, in dem Haushofer, Ebner, Fried und Landgrebe veröffentlichten, bis es zur Trennung kam. Marlies Janz verweist auf den Anfang 1948 bestehenden, surrealistisch orientierten Kreis um den Schriftsteller Otto Basil in Wien und die Zeitschrift „Plan“, in dem Celan und Bachmann Anregung und Resonanz fanden. Die Gruppe finanzierte auch die Publikation von Celans erstem Gedichtband „Der Sand aus den Urnen“ (Haltlosigkeiten – Paul Celan und Ingeborg Bachmann. In: Jochen Hörisch/Hubert Winkels: Das schnelle Altern der neuesten Literatur. Düsseldorf 1985, S. 31–39; hier S. 32).

63 Sachwörterbuch der Literatur. Stuttgart ^{6}1979, S. 672.

sich die folgenden Ausführungen zur Männer-/Frauentypologie und den verwandten Motiven auf Ergänzungen. Wichtiger dagegen die strukturellen Parallelen, die im zweiten Teil dieses Kapitels dargestellt werden.

Haushofer, Bachmann und Nossack haben Frauen- und Männertypen entwickelt, wie sie für die fünfziger Jahre typisch waren und wie sie, in ihrer starren Gegenüberstellung, alle Kennzeichen eines patriarchalischen Denkens aufweisen, das – mit einiger Popularität und in wohl deutlichster Form – Otto Weininger Anfang des Jahrhunderts herauspräpariert hat. Es findet sich die ‚rote', sinnliche Frau (im Gegensatz zur ‚weißen', intellektuellen) in Haushofers „Eine Handvoll Leben" durch die Internatsfreundin Käthe (im Gegensatz zu Elisabeth) oder in der Erzählung „Lebenslänglich" durch die Schwestern Anna und Rosie (ein ‚süßes Kind') ebenso verkörpert wie in der Friseurin Lisa, Vertreterin ‚vollendeter Weiblichkeit' in der „Mansarde", in Beatrix aus Ingeborg Bachmanns Erzählung „Probleme, Probleme" oder in Mara aus „Ein Schritt nach Gomorrha". Ihnen stehen häufig die Erzählerinnen selbst gegenüber, wie in der „Mansarde" oder „Eine Handvoll Leben" – kopflastige Frauen wie die, schon sprachlich auf größere Distanz verwiesene Übersetzerin aus „Simultan" oder die zugleich wissende und ekstatische Undine-Gestalt aus Bachmanns wohl bekanntester Erzählung aus dem Jahr 1961.[64] Elf Jahre nach „Das dreißigste Jahr" wird im Erzählband „Simultan" der Versuch unternommen, gerade durch Imitation von Weiblichkeitsklischees starren Rollenzuweisungen zu entkommen. Erscheint in der Gestalt Beatrix' (und in perfekter Rollenprosa) die Frau in ihrer sinnlichen Trägheit als Weibchen, das sich verkauft (entsprechend der so lästigen „Autorenwitwe" in Nossacks pseudoautobiographischer Glosse), so ist sie andererseits durch ihre gezielte Verweigerung – Kennzeichen der *femme fragile* – eine Figur, die die Männerwelt in Frage stellt und unterläuft. Mitunter begegnen uns beide Weiblichkeitsimagines von Heiliger und Hure in ein und

[64] Dieselbe Motivik und Thematik von „Undine geht" findet sich in „Eine Handvoll Leben" im versuchten Wassertod der Protagonistin (Wien 1955, S. 180) oder in ähnlich programmatischen Sätzen wie: „Sie [die Männer] logen zwar auch, aber nur mit dem Mund" (ebd. S. 104).

derselben Person, wie Elisabeth/Betty in „Eine Handvoll Leben“ oder in Elisabeth aus dem so „Malina“-nahen Text Ingeborg Bachmanns „Drei Wege zum See“.

Weit eher als bei beiden Autorinnen liest sich in Typenhaftigkeit und (negativer) Wertung Nossacks Werk (allen voran „Spirale“) wie eine Wiederauflage von Otto Weiningers „Geschlecht und Charakter“: Sexualität wird als Versagen des Mannes gegenüber seinem geistigen Auftrag gebrandmarkt, die Ursache des Verlangens der Amoralität der Frau zugeschrieben und im übrigen den Ressentiments gegen Lust und Liebe als bloße „Betriebsamkeit“[65] insistent Ausdruck verliehen. „Dann umarmten wir uns; nicht aus Liebe, sondern weil wir nicht wußten, wohin“, heißt es in „Nekyia“[66]. Haushofer, die in ihrem Ton der Untertreibung das ‚Glück‘ des ehelichen Zusammenlebens ironisch beschrieben hat („ich weiß, daß ich lieber hier nicht zu Hause bin als anderswo. Das ist eigentlich schon ein großes Glück“)[67], ging es wie Nossack um die „Lücke“[68], die bei der Umarmung der Geschlechter entsteht, um die Fremdheit der Geschlechter, ihrem tödlichen Mißverstehen.

Vergleicht man allerdings die Invektiven auf das Bild des sinnlich-trägen Weibchens in Bachmanns „Ihr glücklichen Augen“ mit Haushofers „Für meine Zwillingsschwester“, das Donnerstag-Kapitel aus der „Mansarde“ mit der Bachmann-Erzählung „Probleme, Probleme“ (wofür sich von der Nichtigkeit weiblicher Haushalts- und Kosmetikprobleme bis zur ‚negativen Ironie‘ zahlreiche Ähnlichkeiten finden ließen) und stellt diese Parallelen dem misogynen Ressentiment Nossacks gegenüber – Frauen versichern sich ihrer Identität angeblich nur durch den Mann („ich hasse sie nicht. Es fehlt mir nur an Zeit, sie zu be-

---

65 „Spirale“, a.a.O., S. 165.
66 Hans Erich Nossack: Nekyia. Hamburg 1947, S. 49.
67 „Die Mansarde“, a.a.O., S. 105.
68 „Spirale“, a.a.O.; u.a. S. 216. Vgl. auch „Der jüngere Bruder“. Dort überlegt der Protagonist, es gäbe kaum etwas Lächerlicheres „als Männer über die Verlogenheit der Frauen wettern zu hören. Das Wort Lüge ist in solchen Fällen nicht mehr als eine Waffe, um den anderen zu irritieren, zu verletzen und dadurch sich anzugleichen und mundgerecht zu machen. Vermutlich besteht das, was Liebe genannt wird [..] darin, daß wir die absolute Fremdheit des anderen ahnen [...]“ (op.cit., S. 210f).

mitleiden“)[69], sind der ‚Erotik‘ des männlichen Geistes verfallen[70], haben mit der Mißachtung zu kämpfen, fürs Körperliche zuständig zu sein („Ich hatte den Ekel vor der intestinalen Wühlerei zu überwinden […]. Indem ich mich an das Funktionelle gewöhnte, gelang es mir, mich von der Abscheu zu befreien, die ein Mann dagegen empfindet, sich dort wieder auflösen zu sollen, woher er kommt“)[71] oder kennen bei Konflikten nur *eine* elementare Reaktion, das ‚Aufheulen‘ (das Schweigen gebührt den Männern)[72] – dann wird deutlich, daß über die inhaltlichen Ähnlichkeiten hinaus noch nichts über Funktion und Botschaft dieser Weiblichkeits- bzw. Männlichkeitsklischees gesagt ist. Sie werden bei den Autorinnen fast immer destruiert, teils karikiert, und heben sich vom negativen Frauenbild Nossacks deutlich ab.[73] Und doch sagt die Insistenz, mit denen die Gesamtanlage der Erzählungen den Weiblichkeitsklischees und einseitigen Rollenzuweisungen folgt, etwas über die gesellschaftliche Gültigkeit, ja unterstellte Unausweichlichkeit dieser Verhaltensmuster aus.[74]

Zumal die Männer nach dem gleichen Muster wie die Frauen in Schablonen gepreßt werden: In „Die Tapetentür“

---

69 s. „Spirale“, a.a.O., S. 83.

70 „Daß Geist erotisch wirkt, ist zweifellos ein Pluspunkt für den Geist, aber eine Tragödie für die Frauen, eine wahre Todesfalle […]. Eine Liebschaft mit einem Künstler, ja […]. Aber heiraten?“ (s. „Autorenwitwen“, in: Pseudoautobiographische Glossen, a.a.O., S. 98–101; hier S. 98).

71 „Spirale“, a.a.O., S. 84.

72 s. Hans Erich Nossack: Nachmittägliche Zwischenbemerkung. In: Pseudoautobiographische Glossen, a.a.O., S. 164ff.

73 „Ein Mann konnte sich Dummheit eben leisten, eine Frau niemals“, heißt es in Bachmanns „Probleme, Probleme“ (Werke II, a.a.O., S. 331).

74 So sinniert die Protagonistin in „Simultan“: „[…] die Männer, die Routine, mit ihnen umzugehen, und viel lange einsame Nächte und viele zu kurze und auch einsame Nächte, und immer diese Männer mit ihren Wichtigkeiten und ihren Witzen zwischen den Wichtigkeiten, die entweder verheiratet und aufgedunsen und betrunken waren oder zufällig schlank und verheiratet und betrunken oder ganz nett und arg neurotisch oder sehr nett und homosexuell“ (Ingeborg Bachmann, Werke II, a.a.O., S. 295f). Bei Haushofer ist die Frau ebenso unerschütterlich fürs Kochen, der Mann für Mathematik zuständig (vgl. Marlen Haushofer: Ein gemütlicher Abend zu Hause. In: Begegnung mit dem Fremden. Gesammelte Erzählungen, Bd. 1. Düsseldorf 1985, S. 94–99).

(1957) läßt die Protagonistin der Beziehung zu dem verständigen Freund Alexander die oberflächlich-konventionelle Ehe mit Hubert folgen, die schließlich durch das sexuelle Schlüsselerlebnis mit Gregor überdeckt und in einen fast tödlichen Ausgang gerissen wird.[75] In „Malina", fast ein Vierteljahrhundert später, steht der intellektuelle Titelheld seinem Gegenspieler Ivan gegenüber, der seine Vorbilder im faszinierenden Geschlechtspartner Richard aus Haushofers „Stella" ebenso wie in Gregor aus der „Tapetentür" oder in der Gestalt des mysteriösen Mannes X aus der „Mansarde" haben könnte. Zu ihrem Umkreis zählen die Männlichkeitsimagines des gewalttätigen, allmächtigen Patriarchen (man lese vor allem das zentrale Kapitel aus „Malina", „Der dritte Mann") wie auch, als ‚Abzweige', die oppositionierten desexualisierten Männer-Freunde, die allerdings in den gütigen Vatergestalten ebenfalls versteckt auftauchen können. Als Suche nach dem Vater läßt sich „Die Tapetentür" ebenso lesen wie Bachmanns Erzählung „Drei Wege zum See", in der alle Männergeschichten der Protagonisten in der einen, großen Liebe zu Trotta – bekannt aus „Malina" – kulminieren. Er ist Vater in Gestalt des Beschützenden, Haltgebenden („mein Vater und er, die ähneln einander so sehr")[76] wie Künstler-Onkel Eugen aus der „Tapetentür" oder die Großvaterfigur aus der „Mansarde". Zwiespältig wie alle Männlichkeitsimagines im Werk beider Autorinnen auch die Brudergestalten, da sie dem verführerischen, sexuellen Mann gefährlich nahekommen: Bruderliebe und Inzestproblematik thematisiert unter anderem Bachmanns Gedicht „Das Spiel ist aus", sie klingen aber auch in der Widmung „Für meinen Bruder" in Haushofers „Himmel der nirgendwo endet" an. In „Der Fall Franza" sollte die Liebe zum Bruder ein zentrales Handlungsmoment bilden und Robert, der Bruder aus „Drei Wege zum See", liebt Liz, die wiederum schon namensmäßig mit den weiteren Ich-Metamorpho-

---

[75] Die gleiche Konstellation entwickelte bereits „Eine Handvoll Leben" in der eher freundschaftlich geführten Ehe zu Anton/Toni, die durch das rein sexuelle Verhältnis zu Lenart (eine Art „Sklaverei", ebd. S. 179) zerstört wird.

[76] s. Ingeborg Bachmann: Drei Wege zum See. In: Werke II, a.a.O., S. 467.

sen der Erzählerin Elisabeth (Elisabeth Mihailoviscs, Lou) verwandt ist.[77]

Daß es bei dieser Motivdichte und Konstellation zu bestimmten Motiv-Akkumulationen und -Komplexen kommt, verwundert nicht.[78] Tod, Mord, Selbstmord sind solche Themen, die aufgrund des fatalen Geschlechterkampfes mitunter zusammenfallen. „Ich komme von dem Bild nicht los, daß meine Frau dort am Fuß der Treppe liegt, erschlagen, von mir erschlagen, mit diesem dummen Aschenbecher. Was haben Sie mir nur damit angetan? Ja, und ich stehe daneben und beugte mich über sie. Hätten Sie doch auch das lieber im Dunkeln gelassen. Nun müssen wir unser Leben lang aufpassen, daß aus diesem Bild keine Wirklichkeit wird", gesteht der Angeklagte in Nossacks „Spirale"[79]; und in „Die Mansarde" heißt es ganz ähnlich: „Der Kristallaschenbecher stand auf dem Tisch und sah sehr schwer aus. Ich hätte Hubert ganz leicht damit erschlagen können, aber ich spürte nicht das geringste Verlangen, es zu tun. Genauso hätte ich mich selber erschlagen können, heute würde das keinen Unterschied mehr ausmachen"[80]. Aufgrund der zahlreichen Bedeutungsvarianten und durch die Häufung, mit der von Tötung in Bachmanns „Malina" die Rede ist – unter anderem als von einer Ohrfeige[81], im Zusammenhang mit der eingebildeten Angst vor der Haushälterin Lina, als ‚Mordanschlag' während einer Party[82], als die durch Inzest ‚gemordeten' Töchter[83], durch die in der Traumpassage „Der dritte Mann" Malina unterstellte Aussage, der Vater hätte ihn töten wollen,[84] sowie seine, ebenfalls imaginäre Aufforderung „töte ihn [= Ivan]"[85] – wird die Gewalttat zur Metapher einer ungewissen, ja wahnhaften Be-

---

77 Ebd. S. 442, 456f.
78 Marlen Haushofer bezeichnete ihre Romane und Erzählungen einmal als ‚Stockwerke', die aufeinander aufbauten (s. Iris Denneler: Marlen Haushofer. In: Kritisches Lexikon der Gegenwartsliteratur, a.a.O., S. 3).
79 „Spirale", a.a.O., S. 213.
80 Marlen Haushofer: Die Mansarde, a.a.O., S. 62.
81 Ingeborg Bachmann: Malina, a.a.O., S. 25.
82 Ebd. S. 156.
83 Ebd. S. 175.
84 Ebd. S. 205.
85 Ebd. S. 301f u. S. 317.

drohung, die vor allem das Klischee vom (sexualisierten) Mann = Mörder bedient. Er ist der Jäger, der in der „Wand" in den Schutzraum der Bergidylle eindringt oder in „Die Mansarde" die Erzählerin während ihrer erzwungenen Gehörsturz-Klausur bewacht. Von Lenart spricht in „Eine Handvoll Leben" die Erzählerin mitunter als von einem „gefangenen Tier" und „Kopfjäger"[86], die „Menschenfresser"-Geschichte aus dem Erzählband „Schreckliche Treue" thematisiert die (Männer wie Frauen befallende) Gier nach einem unschuldigen Mädchen.

Daß es bei dem Stichwort ‚Mörder' keineswegs bei einer Metapher bleiben muß, beweisen Mörder-Männer wie Richard in „Stella", die Tötung des Gegenspielers durch die Protagonistin am Ende von „Die Wand", Erzählungen der Haushofer wie „I'll be glad when you're dead" oder Projekte, die die Tötung eines Mannes nach einer Party durch die Frauen schildern sollten. Mit auffällig zweideutigen Worten bestritt deshalb auch Ingeborg Bachmann in einem Gespräch den Zusammenhang, „daß Malina sie [die Ich-Figur] in den Tod treibt, obwohl es am Ende so aussehen könnte [...]. Sie ist ja schon so oft ermordet worden oder an diese äußerste Grenze gekommen"[87]. Die Geschlechtsspezifik von Täter und Opfer scheint hier festgelegt; und doch zeigt sich, daß der Mord am eigenen und anderen Geschlecht nicht den Männern vorbehalten ist. Auch die Erzählerin in „Wir töten Stella" weiß um ihre Mitschuld, allsonntäglicher Streuselkuchen und Milchkaffee[88] erklären den Haß des Sohnes auf seine Mutter; in der „Mansarde" wird die Baronin immer wieder als „Totschlägerin"[89] bezeichnet, und die Ich-Erzählerin sagt von sich: „Offenbar hatte ich seit meinem neunzehnten Jahr eine Menge Verbrechen begangen und Menschen nur dazu benützt, meine Kinderträume ungestört weiterträumen zu dürfen"[90]. Äußerst plausibel erscheint deshalb die Deutung

---

[86] Marlen Haushofer: Eine Handvoll Leben, a.a.O., S. 145 u. S. 148.

[87] In: Wir müssen wahre Sätze finden. Gespräche und Interviews, hrsg. von Christine Koschel und Inge von Weidenbaum. Neuausgabe München 1991, S. 93.

[88] „Streuselkuchen und Milchkaffee", so der Titel einer Erzählung in: Marlen Haushofer: Schreckliche Treue. Düsseldorf 1969, S. 139–145.

[89] Marlen Haushofer: Die Mansarde, a.a.O., S. 71.

[90] Ebd. S. 120.

des Schlußsatzes von „Malina“ durch Helmut Heißenbüttel und Walter Helmut Fritz: „Der letzte Satz lautet: ‚Es war Mord‘. Aber wer hat gemordet? Ivan, da er sich trotz allem nicht in den inneren Liebhaber zu verwandeln vermochte, sondern ein emotional Fremder blieb? Malina, der Doppelgänger, das andere Ich, die fortstrebende, divergierende Seite der erzählten Innerlichkeit? Und wenn es Malina war, denn der Erzählgang deutet ja an, daß die Erzählerin an Malina stirbt (stirbt, in dem sie in der Wand verschwindet), wäre dann nicht der Mord Selbstmord?“[91] In der Tat spielen sich die so häufig thematisierten Selbstmorde im Werk aller drei Autoren in diesem ambivalenten Bereich ab. Vom Mord als Selbstmord (und umgekehrt) handelt die „Spirale“ (das „allmähliche Ermordetwerden“ durch die „unfehlbare Mordwaffe“ der Dankesschuld, das Mitmachen des gesellschaftlich Geforderten als langsamer Selbstmord, das Wissen um die eigenen Mordgelüste)[92] ebenso wie die Erinnerungen einer Toten in „Spätestens im November“; versuchte Freitode und ihr inhärentes Aggressionspotential schildern „Eine Handvoll Leben“ und „Die Tapetentür“.

Die Wurzeln dieses verderbenbringenden Geschehens liegen nicht bei den Männern und nicht bei den Frauen allein, sondern in archaischen Macht-, Aggressions- und Selbstbehauptungsstrukturen, wie sie im Geschlechterkampf nur ihre deutlichste und stets aktuelle Ausprägung finden. Bachmann betitelte eine ihrer Erzählungen, die sich mit dem Krieg *nach* Krieg und Faschismus auseinandersetzt „Unter Irren und Mördern“ und prägte in „Malina“ den Satz von der Gesellschaft als dem ‚allergrößten Mordschauplatz‘. Desgleichen polemisierte Nossack gegen die „zerstörerische Abstraktion“[93] der sozialen Welt und transformierte diese Kritik, wie in „Nekyia“, ganz in eine mythologische, ödipale Struktur. Auffäl-

[91] Helmut Heißenbüttel/Walter Helmut Fritz: Über Ingeborg Bachmanns „Malina“. In: text & kritik 6(^{3}1976) Ingeborg Bachmann, S. 21–28; hier S. 25.
[92] Hans Erich Nossack: Spirale, a.a.O.; u.a. S. 64f. Vgl. auch die Tagebucheintragung angesichts von Celans Tod, daß „das Schreiben eines Buches nur eine Ersatzhandlung für Selbstmord ist“ (Hans Erich Nossack: Tagebücher, a.a.O., S. 1072).
[93] s. „Der Mensch in der heutigen Literatur“. In: Die schwache Position der Literatur, a.a.O., S. 62–81; hier S. 79.

lig also, daß das Befremden der Autoren gegenüber den gesellschaftlichen Gegebenheiten überwiegend nicht direkt, das heißt politisch durch Darstellung sozialer Zustände geleistet wird, sondern im Privaten zum Vorschein kommt: Ehen sind marode, Frauen verletzt und vereinsamt, Männer dem Leben und Lebenswerten entfremdet. Indirekt, im Widerschein kleinfamiliärer Verletzungen und Gewalterfahrungen, Abschieden und Toden zeigt sich das Bild einer patriarchalischen Gesellschaft, die keine Leben, nurmehr Todesarten zuläßt, einer restaurativen Nachkriegsgesellschaft, in der immer noch ‚Sirenen' die Vernichtung verkünden und die ihren Untergang permanent repetiert. Auch der Angeklagte in Nossacks „Unmögliche Beweisaufnahme" bezichtigt sich des Mordes an seiner Frau, der nur *ein* Fall des ständig präsenten „unsichtbaren Mord[es]"[94] ist, welcher täglich geschieht. Von „Todesarten" sollten die weiteren Romanprojekte Ingeborg Bachmanns handeln, von Tod und Zerstörung – real als Krieg, symbolisch als Urschuld des Menschen – handelt Nossacks „Nekyia" ebenso wie das Kapitel „Die Begnadigung" in „Spirale". Krieg ist Thema in „Die Tapetentür"[95] wie in Haushofers Erzählung „Die Überlebenden", in Bachmanns „Dritten Mann" oder „Undine geht"[96] wie in Nossacks „Der Untergang". Selbst im Roman „Die Wand", worin der Zustand eines Einklangs von Mensch/Frau und Natur in der hermetischen Welt einer abgeschiedenen Bergregion beschworen wird, endet die *nach* einer Katastrophe kurzfristig gelebte Utopie abrupt, als ein zweiter ‚Menschenmann'[97] auftaucht. Er tötet ihre Tiere, deshalb tötet sie ihn.

Solche Themenkomplexe sagen in ihrer Extensität viel über die weltanschauliche Nähe der Autoren, doch sind es nicht we-

---

[94] „Spirale", a.a.O., S. 65.

[95] Marlen Haushofer: Die Tapetentür. Wien 1957, S. 32.

[96] Wie zwiespältig dabei die Position des jeweiligen Autors sein kann, belegt ein Vergleich in Bachmanns Werk selbst. Klagte die Erzählerin in „Malina" gegen die ‚feine Politik' der Ivane und Hanse, so ruft Undine sie gleichwohl: „Komm. Nur einmal. Komm" („Das dreißigste Jahr", in: Werke II, a.a.O., S. 263).

[97] Vgl. Haushofers gleichnamige Geschichte in „Begegnung mit dem Fremden" (op.cit.).

niger die zahlreichen eher marginalen Parallelen und Motiv-Koinzidenzen, die den Eindruck der Verwandtschaft hervorrufen: etwa das Verschwinden in der ‚Wand', was die „Tapetentür"[98] ebenso wie „Malina" darstellt und was der wohl populärste Roman Haushofers als Großmetapher ausbreitet, oder die Rede von der naiven Selbstsicherheit der Männer, die mit dem „stillen Zynismus der Frau"[99] beobachtet wird und auffällig *dem* gleicht, was Ingeborg Bachmann in einem Interview einmal als ‚Krankheit der Männer' bezeichnete. Wir hören von Folter und Tortur in der „Tapetentür"[100] *und* in Bachmanns – übrigens mit explizitem Verweis auf Jean Amery – „Drei Wege zum See"[101], im „Malina"-Kapitel „Der dritte Mann" oder in „Der Fall Franza". Das Thema der *middle-life-crisis* breitet die Bachmann-Erzählung „Das dreißigste Jahr" ebenso aus wie Haushofers „Das Vermächtnis" („Ich bin dreißig Jahre und drei Tage alt. Davon habe ich dreißig Jahre geschlafen und drei Tage gelebt"[102]), die „Tapetentür"[103] ebenso wie Nossacks „Spätestens im November", worin das Gefühl des Sich-alt-Fühlens die gerade einmal achtundzwanzigjährige Industriellengattin und Ich-Erzählerin beschleicht. Von der Erziehung der (unschuldigen) Kinder zu verbogenen, weil angepaßten Erwachsenen handelt „Wir töten Stella" ebenso wie „Himmel, der nirgendwo endet", „Eine Handvoll Leben" ebenso wie die Geschichte „Alles" in Bachmanns Erzählsammlung „Das dreißigste Jahr" oder der Lebensbericht Schneiders in Nossacks „Die Schalttafel" aus „Spirale".

Schließlich: auch Namen wiederholen sich, wie die Elisabeth-Derivate in „Drei Wege zum See" und die Betty/Elisabeth-Metamorphosen in „Eine Handvoll Leben"[104]; Malina heißt die

[98] Op. cit.; s. vor allem den Schluß S. 181.
[99] Marlen Haushofer: Eine Handvoll Leben, a.a.O., S. 133/34.
[100] „Die Tapetentür", a.a.O., S. 20.
[101] Ingeborg Bachmann: Drei Wege zum See, a.a.O. S. 115.
[102] In: Begegnung mit dem Fremden, a.a.O., S. 79.
[103] Annette leidet an Erschöpfungszuständen, obwohl sie gerade erst dreißig wurde (a.a.O., S. 32).
[104] Doch dürfte der Name Elisabeth – insbesondere in Österreich – weniger auf eine Korrespondenz zwischen den Autoren als auf die Popularität des Kaiserinnennamens schließen lassen.

Titelgestalt im gleichnamigen Roman Bachmanns und eine Bedienerin in der „Tapetentür". Explizit gibt über die sprechende, magische Funktion von Namen vor allem das Werk Nossacks Aufschluß. Etwa wenn in „Unmögliche Beweisaufnahme" der Ich-Erzähler seine Frau im Schneegestöber verliert, weil er sie mit „falschem Namen"[105] gerufen hat oder in „Nach dem letzten Aufstand" die Protagonisten anonym bleiben, um den dokumentarischen Rang dieses ‚Berichts' (ausdrücklich keines Romans)[106] zu bekräftigen. Weniger sind es einzelne Namen als das Figuren- und das Namengeflecht im Werk Ingeborg Bachmanns, das vergleichbar ist mit deren Austauschbarkeit von Haushofers Figurenrepertoire (Folge der Typisierung) oder den Doppelgängerexistenzen (jüngerer Bruder, der einzige Freund etc.) bei Nossack. Sie verleihen dem Werk eine Geschlossenheit, die sich, zumindest bei Nossack, mit dessen Selbstverständnis einer monologischen Kunst deckt.[107] Zugleich gehört die Namensmystik aber auch zu jenen Nossackschen Immunisierungsstrategien gegen ‚Eindringlinge' von außen, wie sie durch seine Idee einer absolut freien, von jeder Verbindlichkeit dispensierten Existenz (die allerdings privatistisch bleibt und also niemandem weh tut) zum Ausdruck kommt. Mythos, Outrierung, antagonistische (manichäische) Weltbilder – in dieser Weise wurde Kritik an gesellschaftlichen Zuständen in Form

[105] „Spirale", a.a.O., S. 241. Entsprechend Bachmanns Auffassung von Namen in „Malina" und ihren Frankfurter Vorlesungen. Vgl. Iris Denneler: Von Namen und Dingen. Erkundungen zur Rolle des Ich in der Literatur am Beispiel von Ingeborg Bachmann, Peter Bichsel, Max Frisch, Gottfried Keller, Heinrich von Kleist, Arthur Schnitzler, Frank Wedekind, Vladimir Nabokov und W.G. Sebald. Würzburg 2001.

[106] „Nach dem letzten Aufstand", a.a.O., S. 12–20.

[107] Christof Schmid hat diesen Zusammenhang des Werks (so ‚offen' die einzelnen Romane und Essays auch sind) aufgezeigt: so taucht der ‚jüngere Bruder' als Chriffrengestalt nicht nur im gleichnamigen Roman auf, sondern in fast allen Werken. Berthold und Marianne in „Appassionata" kehren wieder in „Spätestens im November". Als Schriftsteller trägt Möncken deutliche Züge von Nossack, der diese Gestalt in einem Selbstinterview erneut zum Leben erweckte; Figurenkonstellationen, Selbstzitate und werkinterne Chiffren tun ihr übriges, um einen geschlossenen Werkkosmos zu erzeugen (Monologische Kunst, a.a.O., S. 97–99).

personaler Verletzungen formuliert.[108] Doch bevor wir zu einer vorläufigen Beurteilung kommen, steht der zweite Teil der Bestandsaufnahme noch aus, die formalen Parallelen im Werk Nossacks, Haushofers und Bachmanns.

„Jede Vergangenheit gehört ja liquidiert", heißt es in der „Mansarde"[109]; und in der Tat machen sich die Erzähler und Erzählerinnen in fast allen Texten Marlen Haushofers daran, zu vergessen, was das Leben ‚davor' an Glücksmomenten kannte. In der „Mansarde" sind es die vier, fünf Ehejahre, die die Erzählerin vor dem ‚Ereignis' mit dem damals noch jugendlich und spielerisch-unbeschwerten Hubert verbrachte, die Zeit, als die Erzählerin in „Die Tapetentür" noch nicht Gregor verfallen, Stella in der gleichnamigen Erzählung noch nicht getötet war, die Sirenen kein zweites Mal heulten. Jetzt ist diese „Vorzeit" vorbei, einem „Totenreich" gleicht die Ehe; es gilt, so zu leben, als sei nichts geschehen.[110] In „Spätestens im November" weiß die Erzählerin, daß „wir glücklich gewesen [waren...], wenn es auch ein ganz anderes Glück war, als ich jemals gedacht hatte"[111]. Vergessen – um zu überleben; vergessen, weil es die Erinnerung ist, die alle Kräfte verzehrt.[112] „Malina" schildert die glücklichere Vorzeit als Legende, in der die Prinzessin von Kagran ihrem Ritter begegnete, und auch Marlen Haushofer spricht in der „Mansarde" von der „Legende"[113] des ersten Kennenlernens. Nun ist es „zu spät für alles"[114]. Man lebt unter Mördern und Irren. In weitaus größerem Maße als Nossack und Marlen Haushofer spürte Ingeborg Bachmann in ihren frühen Erzählungen – wie alle Texte aus „Das dreißigste Jahr" zwischen 1956

[108] Etwa durch den utopischen Ort Aporée in „Der jüngere Bruder", worin die wenigen Anderen sich treffen; man vgl. „Nekyia", das durch einen einzigen, noch (Über-)Lebenden von einer Situation erzählt, aus der es kein Zurück gibt, so daß man „auf mich nicht mehr zu rechnen brauchte" (a.a.O., S. 5); vgl. auch „Eine Handvoll Leben", worin die Ich-Erzählerin resümiert: „wer einmal gegangen ist, wird nicht mehr aufgenommen" (a.a.O., S. 195).

[109] Marlen Haushofer: Die Mansarde, a.a.O., S. 45.

[110] Ebd. S. 12, 18, 104.

[111] Hans Erich Nossack: Spätestens im November, a.a.O., S. 92.

[112] Vgl. „Die Tapetentür", a.a.O., S. 93.

[113] „Die Mansarde", a.a.O., S. 82.

[114] Ebd. S. 139.

und 1957 entworfen – jenem unbegreiflichen Geschehen in der realen Geschichte nach: „Damals, nach 45, habe ich auch gedacht, die Welt sei geschieden, und für immer, in Gute und Böse, aber die Welt scheidet sich jetzt schon wieder und wieder anders. Es war kaum zu begreifen, es ging ja so unmerklich vor sich“[115]. „Draußen war einmal Krieg. Die Völker versuchten sich gegenseitig zu vernichten“, heißt es, schon vager, in Nossacks „Nekyia“.[116] Der Krieg, die historische Katastrophe – sie werden in den Texten Nossacks, Haushofers und Bachmanns immer wieder als Bruch thematisiert, und doch weiß der, der spricht, daß die Erkenntnis des unbegreiflichen Andersseins und der Lügenhaftigkeit der Gesellschaft *vor* dem geschichtlichen Ereignis liegt: „Wenn wir uns, wie zwei Versteinte, zum Essen setzen oder abends an der Wohnungstür zusammentreffen, weil wir beide gleichzeitig daran denken, sie abzusperren, fühle ich unsere Trauer wie einen Bogen, der von einem Ende der Welt zum anderen reicht – als von Hanna zu mir –“ beginnt die Erzählung „Alles“[117] von Ingeborg Bachmann, geschrieben in einem resignativen Ton, der ebensogut von Haushofer oder Nossack angeschlagen sein könnte.

Irgend etwas ist in der Vergangenheit zerbrochen; heute herrscht nur noch die Notverordnung. Vergessen, das ist Schuld und Überlebensstrategie zugleich: „[…] denn alles, wonach ich in meinen Träumen vergeblich die Hände ausstrecke, wird mir gegeben werden, oder ich werde vergessen, daß ich es jemals gewünscht habe“[118]. So zentral die Zeitstruktur Kindheit – Erwachsenenwelt, Gestern – Heute, Früher – Jetzt erscheint und eine der wichtigsten strukturellen Parallelen dieser Erinne-

---

[115] Ingeborg Bachmann: Unter Mördern und Irren. In: Werke II, a.a.O., S. 159–186; hier S. 173.

[116] Hans Erich Nossack: Nekyia, a.a.O., S. 83.

[117] Ingeborg Bachmann: Alles. In: Werke II, a.a.O., S. 138–158; hier S. 138.

[118] Marlen Haushofer: Die Vergißmeinnichtquelle. In: Begegnung mit dem Fremden, a.a.O., S. 285. Ähnliche Aussagen finden sich am Beginn der „Stella“-Erzählung (vgl. ebenfalls S. 7 und 72), am Anfang der Romane „Die Wand“ oder „Die Tapetentür“: „Eines Tages werde ich den schwachen Kummer darüber nicht mehr spüren und selbst die Ahnung einer Erinnerung vergessen haben“ (ebd. S. 14). Vgl. auch Bachmanns Gedicht „Tage in Weiß“: „In diesen Tagen schmerzt mich nicht,/ daß ich vergessen kann/ und mich erinnern muß“ (Werke I, a.a.O., S. 112).

rungsprosa darstellt, so zwiespältig bleibt die Botschaft, die aus dieser Struktur folgt: nicht Entwicklung, Geschichte wird thematisiert, sondern die ewige Wiederkehr des Gleichen. Das hat Konsequenzen auch und vor allem für das Schreiben: Wenn das Davor vergessen wird und alles darin mündet, wie es schon immer gewesen ist, enthebt sich nicht nur Geschichte, sondern auch das Erzählen von Geschichten. In „Spätestens im November" hat die Protagonistin gleich zu Beginn den Verdacht, daß es „immer schon so gewesen sei"[119] – nur noch das Bild eines Totenreichs entsteht, berichtet aus dem Totenreich[120]. Nun, da alles zerbrochen ist, was einst das Leben ausmachte, erweist sich die Existenz nach der Katastrophe als bereits vorgebildet – in den vergessenen Wurzeln menschlicher Herkunft. So wird im zweiten Teil von „Nekyia" dieser ‚Bericht eines Überlebenden' gänzlich symbolisch. Der Effekt: Selbstreferenz, monologische Kunst, Immanenz der Werke, Negationsstil.

Und noch eine Parallele ergibt sich aus der Thematik der Selbstreflexion und Selbstvergewisserung: Eine Prosa, die das Erinnern nicht nur als Thema behandelt, sondern auch formal einsichtig machen will, ist geradezu zwangsläufig auf ein erzählendes Ich verwiesen. Nur ein ‚echtes' Aussagesubjekt vermag das notwendige Ich-Origo zu konstitutieren, in dem Vergangenheit als Vergangenheit und nicht als Gegenwart des epischen Präteritums erscheint. Ich-Texte aber sind all die (nachträglichen) Monologe, Beichten, Tagebucheintragungen, Kassiber, Memoiren, Prozesse gegen sich selbst, die die Romane und Erzählungen von Haushofer und Nossack zum Inhalt haben. Zugleich begründet die Ich-Perspektive auch jene existentielle Notwendigkeit des Schreibens, die die Protagonisten und Protagonistinnen (s. „Die Wand", „Stella", „Spätestens im November", „Die Schalttafel" u.v.m.) antreibt und wohl auch den entscheidenden Schreibimpuls für die Autoren dargestellt haben

[119] Hans Erich Nossack: Spätestens im November, a.a.O., S. 7. Auch Annettes Kälte in „Die Tapetentür" liegt *vor* ihren Verletzungen durch Gregor, das Wissen um die Entfremdung der Geschlechter *vor* der Heirat mit Hubert („Die Mansarde"), das Schweigen der Paare *vor* ihrem Auseinandergehen („Unmögliche Beweisaufnahme", „Spätestens im November").

[120] Auch die Protagonistin der „Mansarde" ist „wiederauferstanden von den Toten" (a.a.O., S. 202).

dürfte. Nicht zuletzt unterstützen die Stilmittel des inneren Monologs, der subjektiven, personalen Erzählweise, der nüchternen Sprache und der Alltäglichkeit der dargestellten Situationen die simuliert-,natürliche' Form des Sprechens, legen dem Leser nahe, das Schreiben nicht nur in Bezug auf die (Schriftsteller-) Figuren, sondern auch hinsichtlich der Autoren selbst als Mittel zur Lebensbewältigung zu interpretieren. „Offenes und fragmentarisches Sprechen, Negations-, Frage- und Assoziationsstil, all diesen Formen ist etwas gemeinsam: Es sind primär keine Schreib-, sondern Sprechformen", schreibt Christof Schmid in seiner Monographie. „Nicht eine anonyme Erzählfunktion, sondern eine persönliche Erzählergestalt spricht aus ihnen. Es sind Ausdrucksweisen, die in der Konsequenz eines subjektiven Sprechens liegen, dem die Ich-Form nicht nur literarisches Putzwerk zum Zwecke einer Wirklichkeitsimitation, sondern die dem Gegenstand einzig angemessene Ausdrucksweise ist. Denn eine äußere Wirklichkeit, die zu imitieren wäre, gibt es für das Bewußtsein nicht mehr"[121].

Nossacks immer wieder betonte Haltung, Beobachter sein zu wollen am Rande der Gesellschaft, ließ sich ästhetisch nur durch diese zugleich subjektive und distanzierte Erzählperspektive bewältigen. Strukturell gab es dafür mehrere Möglichkeiten: In „Die Schalttafel" finden wir das Erzählen eines Erzählens (plus weiterer, eingeschobener Erzählungen), in „Unmögliche Beweisaufnahme" werden neutrale Berichterstatter eingeführt, um die existentiell erfahrene Situation zu authentifizieren und überhaupt ‚jenseits des Sagbaren' erzählbar zu machen. Außenseiter und zugleich involviert sind bei Bachmann und Haushofer die Figuren allein schon aufgrund ihres ‚anderen' Geschlechts. In „Alles", „Das dreißigste Jahr" oder „Ein Wildermuth" versetzte sich die Autorin, trotz auktorialen Erzählens,

[121] Christof Schmid: Monologische Kunst, a.a.O., S. 66. Angesichts dieser Erkenntnis fällt der Versuch Silke Lahns, dem Bericht der Ich-Erzählerin in „Spätestens im November" „Realitätsstatus" zuzuschreiben (was gleichwohl an ihrer ‚Unzuverlässigkeit' scheitert) hinter die Lesart Schmids zurück („In Wirklichkeit war das alles vielleicht ganz anders, als ich es erzähle". Zum ‚unreliable narrator' im Werk Hans Erich Nossacks am Beispiel des Romans *Spätestens im November*". In: Günter Dammann (Hrsg.), a.a.O., S. 175–194; hier S. 185).

ganz in die Position der männlichen Hauptpersonen; „Malina" erprobte ‚mimetische' Erzählformen wie den dramatischen Dialog, das Interview oder streute Briefe und Traumpassagen ein wie auch Marlen Haushofer in ihren Romanen immer wieder auf das Tagebuch als Form zurückgegriffen hat. Weil ein erzählendes Ich nur sich selbst, weniger der Objektivität verpflichtet ist als ein auktorialer Erzähler, garantiert die Ich-Form durch die Subjektivierung des Dargestellten und die begrenzte Perspektive auch die Erzählbarkeit des Romans trotz dessen in der Moderne so deutlich gewordenen Auflösungstendenzen.[122] Der Blick ist subjektiv, er verpflichtet zu nichts.

Elke Brüns vor allem hat das wichtigste über die möglichen Gründe für eine Umwandlung in eine andere, vor allem andersgeschlechtliche Perspektive geschrieben: Nossack dürfte wie Hans Weigel in seiner „Unvollendeten Symphonie" (wie übrigens auch Pavese in „Tra donne sole") ein weibliches Ich gewählt haben, weil die Perspektive des Opfers (noch immer überwiegend weiblich!) eher der eigenen Erfahrung entsprach.[123] Ingeborg Bachmann wählte zunächst den männlichen Blick, um sich in „Malina" dann für ein weibliches Ich plus zwei Doppelgänger zu entscheiden.[124] „Ich habe es nicht verstanden", kommentierte sie ihre Erzählsammlung „Das dreißigste Jahr", „warum ich so oft das männliche Ich nehmen mußte. Es war nun für mich wie das Finden meiner Person, nämlich dieses weibliche Ich nicht zu verleugnen und trotzdem das Gewicht auf das männliche Ich zu legen"[125]. Das Thema Ge-

---

[122] Vgl. Margrit Henning: Die Ich-Form und ihre Funktion in Thomas Manns „Doktor Faustus" und in der deutschen Literatur der Gegenwart. Tübingen 1966.

[123] Vgl. Elke Brüns, a.a.O., S. 288 und 291.

[124] Man habe, so berichtet Hans Weigel im Nachwort seiner „Unvollendeten Symphonie", in Wien zu seiner Zeit die Schriftstellerin „*den* Bachmann" genannt. Hans Erich Nossack notiert am 10.6.1962 in seinem Tagebuch, er schätze die Lyrikerinnen Kolmar, Sachs und Lavant, die „wie Frauen" dichteten, „während ein Zwitter wie die Bachmann mit den Männern in Konkurrenz zu treten versucht und das macht ihre Gedichte so unglaubhaft" (Tagebücher, a.a.O., S. 548).

[125] Zitiert nach Sabine Grimkowski: Das zerstörte Ich. Erzählstruktur und Identität in Ingeborg Bachmanns „Der Fall Franza" und „Malina". Würzburg 1992 (= Epistemata 74), S. 151.

schlechtertausch gehört also, wie der Motivkomplex Tod, Mord, Selbstmord in ein enges Netz von Verweisungszusammenhängen. Es ist verknüpft mit dem Thema des Rollenwechsels, der Rollenprosa und den erzählerischen Notwendigkeiten, einen berichtenden Doppelgänger zu finden. Bei Haushofer treten die Doppelgänger(innen) häufig als Aufspaltung in erzählendes und erzähltes Ich in Erscheinung (oder als Alter Ego wie Margot, die geliebt-gehaßte Freundin in „Eine Handvoll Leben"), bei Nossack in Form seines berichtenden Zuhörers, den Ich-Abspaltungen der „Pseudoautobiographischen Glossen" oder den zugleich wesensverwandten Antagonisten der „Spirale"-Geschichten: „Ein Ereignis hat einen Mann schlaflos gemacht" heißt es dort in der Vorbemerkung, „mit verteilten Rollen hält er über sich Gericht".[126] Geradezu frappierend die Parallelen zwischen Marlen Haushofers „Für eine vergeßliche Zwillingsschwester"[127] und Nossacks „Berthold Möncken †: Hans Erich Nossack"[128], worin beide Autoren in Form eines Nachrufs (in der Dritten Person und über sich selbst) ihr Alter Ego entwerfen. Ist das Individuum auch *ineffabile*, so kann es doch dank eines Doppelgängers von sich reden. Zugleich mindert die Ich-Perspektive die Verifizierungsansprüche des Lesers. Das Ich als Anderer, Berichtender, löst diese Aporie von Authentizität und Schweigen – zumindest vordergründig.

V.

Versucht man, all diese Korrespondenzen auszuwerten, so bestätigt sich die Vermutung, daß der über inhaltliche, motivliche Parallelen hinausgehende vergleichbare Ton vor allem *einem* Effekt zu verdanken ist: der Erzählerposition, verstanden als *point of view und* Haltung des Autors gegenüber seinen (impliziten wie expliziten) Erzählfiguren. Sie ist die grundsätzliche

[126] Hans Erich Nossack: Spirale, a.a.O., S. 7. Vgl. auch Christof Schmids Bemerkungen zum Figuren- und Werkzusammenhang bei Nossack im Nachwort zu „Der jüngere Bruder" (op.cit.).

[127] In: „Oder war da noch manchmal etwas anderes?", a.a.O., S. 117–124.

[128] In: Pseudoautobiographische Glossen, a.a.O., S. 16–18.

Wahl, die der Schriftsteller vor dem Schreiben trifft und die andere, inhaltliche wie genremäßige Entscheidungen so nachhaltig determiniert, daß sie in einer Art Kettenreaktion weitere formale Eigenheiten dieser Texte hervorbringt. Deshalb ist die Erzählhaltung aus dem Blick eines fingierten Ich heraus (Käte Hamburger: „Es gehört zum Wesen jeder Ich-Fiktion, daß sie sich als historisches Dokument setzt"[129]) in „Spätestens im November", „Malina" und „Die Mansarde" verantwortlich für den appellativen Charakter dieser Prosa, für die Suggestion von Authentizität mittels eingefügter ‚Dokumente' wie fingierte Briefe, Tagebücher, Beichten, Gespräche, sie ist verantwortlich für die Zeitstruktur des erinnernden ‚Danach' und für das Sich-versichern-Wollen der eigenen Identität der Figuren (einer Identität, in der sich der Erzählende anscheinend durch typisierende Oppositionierung leichter profilieren kann als durch ‚karnevaleske' Ironie). Diese aus der werkimmanenten wie expliziten Poetologie der Autoren zu rekonstruierende Grundhaltung, die Christof Schmid als „monologische Kunst" bezeichnete („Nicht um der Mitteilung nach außen, sondern um der eigenen inneren Klärung willen spricht der Autor mit vorwiegend monologischer Grundhaltung [...]. Das Schaffen an seinem Werk bedeutet ihm Zwiesprache mit sich selbst. Es entspringt einer existentiellen, nicht artifiziellen Haltung")[130], bildet die Basis für die zahlreichen Parallelen im Oeuvre der hier diskutierten drei Autoren.

Natürlich kann man die Wahl der Ich-Form durch den Einfluß des Kontextes, durch Zeitströmungen, Literaturgeschichte, Mentalität und Moden zusätzlich stützen, doch bleiben diese Diskurse sekundär gegenüber den textuellen Zwängen, die die Entscheidung für ein ‚authentisches' Schreiben nach sich zieht. Man weiß, wie stark ein bestimmtes Erzählinteresse eine spezifische Erzählstrategie[131] fordert und wie sehr sich Parallelen in Zeitstruktur, Thematik, Motivik oder Stil diesem Effekt – in unserem Fall dem Authentifikationsanspruch – verdanken. Auf diese Weise entstand eine Literatur, die von den Autoren als existen-

[129] Käte Hamburger: Die Logik der Dichtung. Stuttgart ^{2}1968, S. 246.
[130] Christof Schmid: Monologische Kunst, a.a.O., S. 15.
[131] Vgl. Klaus Kanzog: Erzählstrategie. Heidelberg 1976.

tielle Therapie funktionalisiert werden konnte[132]: Lebensbewältigung durch Erkenntnis der Wirklichkeit, als deren Reflex auf das eigene Ich sie verstanden wird.[133] „Worte machen, um zu existieren“, darin, so vertraute Nossack seinem Tagebuch, bestehe die Aufgabe der Literatur.[134] „[...] ich existiere nur, wenn ich schreibe, ich bin nichts, wenn ich nicht schreibe, ich bin mir selbst vollkommen fremd, aus mir herausgefallen, wenn ich nicht schreibe. Wenn ich aber schreibe, dann sehen Sie mich nicht [...] es kann niemand sehen, was Schreiben ist“[135], bekannte Ingeborg Bachmann bei der Verleihung des Anton Wildgans-Preises. Und Marlen Haushofer ganz ähnlich: „Eigentlich kann ich nur leben, wenn ich schreibe und da ich derzeit nicht schreibe, fühle ich mich versumpft und ekelhaft“[136].

Nossacks, Haushofers und Bachmanns spezifischer Ton, der dennoch kein individueller war, entstand, so erhärtet sich am Ende unsere Hypothese, unter diskursiv-ästhetischen Zwängen und war damit weitaus unabhängiger von konkreten Dialogen und Begegnungen, weitaus unabhängiger auch von geschichtlichen Erfahrungen, als es die positivistische Biogra-

[132] Schreiben rückt so nicht selten in die Nähe einer religiösen Betätigung. So äußerte Nossack im „Unveröffentlichte[n] Brief eines Schriftstellers an seine Romanfigur“ 1958 in der Form eines fingierten Gesprächs: „Das Schreiben ist nichts als eine Methode des Erlebens, bitte halten Sie es nicht für mehr. Ich erwähne das, weil Sie kein Schriftsteller sind und vielleicht irgendwelche Biographien gelesen haben [...]. Das ist sentimentales Geschwätz [...]. Doch wenn ich das, was ich darüber gelesen habe nicht völlig verkehrt aufgefaßt habe, scheint mir, daß auch das Beten eine Methode des Erlebens war“ (in: Pseudoautobiographische Glossen, a.a.O., S. 157–165; hier S. 157) – es ist derselbe Brief mit der Formulierung des Schreibens als einer ‚Methode des Erlebens‘, der sich gegen Ende des Romans „Der jüngere Bruder“ findet (a.a.O., S. 315).

[133] Vgl. Christof Schmid: Monologische Kunst, a.a.O., S. 53.

[134] Zitiert nach: Gabriele Söhling (Hrsg.): Hans Erich Nossack: Schreiben und Veröffentlichen. Mainz 1991, S. 12.

[135] Ingeborg Bachmann, Werke IV, a.a.O., S. 294–297; hier S. 294.

[136] s. Marlen Haushofer: Die Überlebenden. Unveröffentlichte Texte aus dem Nachlaß, hrsg. v. Christine Schmidjell. Linz 1991, S. 39. Gegenüber Elisabeth Pablé bekannte Marlen Haushofer: „ich schreibe nie über etwas anderes als über eigene Erfahrungen. Alle meine Personen sind Teile von mir“ (zitiert nach Iris Denneler: Marlen Haushofer. In: Kritisches Lexikon der Gegenwartsliteratur, a.a.O., S. 2).

phie- und Einflußforschung normalerweise annimmt. Er betrifft die Diskursvoraussetzungen, nicht primär die Diskurse selbst.

Weil die Wirklichkeit verborgen und doppelbödig ist und der Schriftsteller darüber zugleich sprechen und schweigen will, mußten Nossack, Haushofer und Bachmann jene Berichterstatter einfügen, die in ihrem Werk so häufig zu finden sind: oft in Form eines Doppelgängers, der von dem ‚Jenseits des Normalen' – sei es als Jurist, sei es als Naturwissenschaftler oder Verwandter der Chiffrengestalt des ‚jüngeren Bruders' – glaubhaft berichtet; oft, wie bei Marlen Haushofer, durch die Aufspaltung in ein erzählendes und ein erzähltes Ich[137], bei Bachmann in der Wahl von Stellvertreter-Existenzen wie Malina und Ivan oder den Elisabeth-Derivaten in „Drei Wege zum See". So, zwiespältig und subjektiv, geht die Welt der Ordnung an ihren Rändern ins Ungewisse über, ohne Eklat, ohne Geräusch. Das Grauen haust bei Nossack, Haushofer und Ingeborg Bachmann in der guten Stube. Doch ebenso, wie sich hinter der Unauffälligkeit der Figuren ganz andere und das ganz Andere verbergen können, korrespondiert auch der Schlichtheit der Erzählweise (zumindest bei Nossack und Haushofer) eine Doppelbödigkeit des Dargestellten, das Rätselhafte, fast Surreale der Ereignisse und Handlungsmotive der Figuren. Gerade wenn die Protagonisten zu den bei Nossack häufig zentralen Gestalten der Auserwählten gehören, tragen sie ihr Alltagsgebaren als „Tarnung"[138] vor sich her, als Versuch, „sich gegen die vorzeitige Vernichtung zu schützen, indem man unauffällig bleibt"[139]. Für Nicht-Betroffene ist diese permanente Mimikry unsichtbar, für ‚Engel', wie

[137] In „Die Mansarde" sind es die früheren Aufzeichnungen der damals jungen Frau, in „Eine Handvoll Leben" kehrt die Erzählerin nochmals in ihr altes Heim zurück und läßt anhand von auf dem Dachboden gefundenen Briefen ihr Leben Revue passieren, in „Die Tapetentür" wechseln fingierte Tagebuchaufzeichnungen mit auktorialen Passagen ab.

[138] s. Hans Erich Nossack: Nachmittägliche Zwischenbemerkung. In: Pseudoautobiographische Glossen, a.a.O., S. 164–168; hier S. 164.

[139] „Spirale", a.a.O., S. 149. Man vergleiche auch Nossacks Büchnerpreisrede, in der er den „Lenz"-Satz, „Er tat alles, was sie taten", in den Mittelpunkt stellte (Büchner-Preis-Reden 1951–1971. Stuttgart 1981, S. 103–113).

Nossack die Vertreter seiner exterritorialen Utopie mitunter nannte, aber greifbare, allgegenwärtige Wirklichkeit.[140]

Es stimmt nicht nur, daß Nossacks „öffentliche Rede von Literatur [...] oftmals ungewohnt pathetisch, tautologisch oder widersprüchlich war"[141], auch in der im Gegensatz dazu vielgerühmten schlichten und nüchternen Prosa sind die Figuren mit auffälliger Konstanz gezeichnet, ja stereotyp: Natur in Form weiblichen Begehrens zeigt sich meist als Koketterie und Berechnung und verfällt mit den gleichen Argumenten wie denjenigen von Pavese dem Ressentiment des Erzählers.[142] Ähnlich wie bei diesem Autor verbleiben auch hier die sozialen Konstellationen im Unbestimmten, Ahistorischen, was in dem Roman „Der jüngere Bruder" besonders deutlich wird, der das bekannte Heimkehrer-Thema der Nachkriegsliteratur existentiell und symbolisch ausdeutet. Sieht man für einen Moment vom Geschlechtertausch in „Spätestens im November" ab und liest die Figur Marianne Helldegens als Doppelgängerin und Ich-Abspaltung des Autors, so sind es eben doch nur ein paar männliche Denker, die die Lügenhaftigkeit und das ‚Ameisenmäßige' der Gesellschaft durchschauen.[143]

---

[140] Dazu Heinrich Vormweg: „Dennoch ist zu fragen, ob nicht die Exterritorialität auf einem romantischen Fehlbewußtsein beruht, das sich wiederum auf nichts als ein recht vages Außenseitergefühl gründet. Ob nicht die Lehre vom Sich-nicht-auf-den-Betrieb-Einlassen ein ideologisches Versatzstück von sehr zweifelhafter Beschaffenheit ist, bei dem schließlich alles auf eine Art säkularisierter Innerlichkeit hinausläuft" (zitiert nach Günter Dammann (Hrsg.), a.a.O., S. 207).

[141] Gabriele Söhling (Hrsg.), a.a.O., S. 14.

[142] Vgl. „Nachmittägliche Zwischenbemerkung", derselbe Text, der sich in Gabriele Söhlings Ausgabe „Hans Erich Nossack: Schreiben und Veröffentlichen" unter „Die Antwort ist Schweigen" findet (a.a.O., S. 27–30). Es ist ebenjener bereits zitierte Artikel, worin die Frau nur die archaische (eher müßte man sagen: primitive) Ausdrucksform des „Aufheulens" kennt. Nossacks Zwischenbemerkung endet mit den deutlich an Otto Weininger erinnernden Zeilen: „Denn zweifellos, wenn wir die Anlage und Richtung des Mannes zu Ende denken, so ist sie nicht auf Geschwätz, nicht auf Betriebsamkeit und nicht auf die gepriesene Erhaltung des Daseines hin gewollt, sondern auf ein Wachsen ins Schweigen" (in: Pseudoautobiographische Glossen, a.a.O., S. 166).

[143] s. auch in „Der jüngerer Bruder" (a.a.O., S. 215) sowie Nossacks Ausführungen in seiner Büchnerpreisrede 1961 (op.cit.).

Das Jenseits dieser Grenze ist nicht nur der/die Andere, nicht nur die Zeit des Davor, sondern auch Orte wie das Künstlerlokal Aporée, die wüste Insel im hohen Norden,[144] aber ebensosehr das exterritoriale Gebiet der ‚Wand', der ‚Mansarde' oder das ‚Ungargassenland' in Bachmanns „Malina". Offen bleibt allerdings bei allen genannten Autoren, ob diese Orte als Orte der Zerstörung oder der Utopie zu interpretieren sind. Wie in „Die Wand" ist die Abgeschiedenheit Schutzraum, archaisches Paradies und falsche Idylle zugleich, die dem Töten und Morden draußen (einem Land nach einem Atomschlag?) nicht entkommen kann. Diejenigen, die solches Grenzgängertum erfahren, gelten, da gut getarnt, als harmlose Spießer und Pedanten; nur in ihren intimen Aufzeichnungen sind sie als Außenseiter zu erkennen, als „Wilderer, Vaganten und Anachoreten"[145]. Allerdings hat allein Nossack aus dem Umstand, daß nur wenige solche Grenzsituationen erfahren, den Rückschluß auf seine Person gesucht und sich selbst zu den Auserwählten, ‚Gezeichneten' gerechnet, für die allein der „Geheimsender"[146] der schriftstellerischen Arbeit bestimmt sei: „Die Gabe unverbindlicher Worte, die bei den Handelnden so ausgebildet und ein Grund ihrer Erfolge ist, ist bei uns [den Schriftstellern] längst verkümmert. Wenn wir nur über das Wetter sprechen oder über die Schlagzeile in der Morgenzeitung, ist das bereits eine tödliche Entblößung oder ein tödlicher Angriff. Oder eine Lüge," heißt es 1958 im „Unveröffentlichte[n] Brief eines Schriftstellers an seine Romanfigur"[147].

Deutlich wird an diesem Zitat auch, daß zum Bewußtsein um die Schwierigkeit des authentischen und des nur sich selbst verantwortlichen Schreibens ein ausgeprägter Sprachskeptizismus hinzutritt.[148] Er macht – als ein zweiter, wichtiger Faktor für die oben erwähnte Erzählkonstellation – die doppelte Berichter

---

[144] So in einer Vorstudie 1952/53, die fast genau dem 9. Kapitel aus „Der jüngere Bruder" entspricht.

[145] s. „Der jüngere Bruder", a.a.O., S. 214.

[146] s. Hans Erich Nossack: Jahrgang 1901. In: Pseudoautobiographische Glossen, a.a.O., S. 147.

[147] In: Pseudoautobiographische Glossen, a.a.O., S. 157–163; hier S. 161.

[148] Vgl. auch die Kafka- und Beckett-Reminiszenzen in Nossacks „Spirale" (a.a.O., S. 127 und 188f).

stattung gleichfalls notwendig. „Über die Formulierung geht die Wahrheit zum Teufel“[149], lesen wir in Nossacks Selbstinterview „Bitte kein literarisches Geschwätz“, und Marlen Haushofer kokettierte geradezu mit ihrer Abneigung, ihre Manuskripte zu überarbeiten.[150] Sprachskeptizismus aber prägte auch das Schreiben Ingeborg Bachmanns. Von der Erfahrung eingeholt, daß solche „Delikatessen“ wie die Lyrik dem moralischen Anspruch von Literatur nicht gerecht werden und Gedichten in Bezug auf den heillosen gesellschaftlichen Zustand letzten Endes affirmative und beschönigende Funktion zukommt, hatte sich die Autorin Anfang der sechziger Jahre entschlossen, dieses Genre vollständig aufzugeben. Was blieb, war der Anspruch ‚wahre Sätze‘ zu finden. Im Falle Nossacks ist es allerdings bedenklich, daß die Verachtung des Wirkungspotentials von Literatur (die mit einer Verachtung des Publikums einhergeht) die Appellfunktion der Dichtung, die doch so insistent gewünscht wird, zugleich negiert. Was blieb, war Apodiktik und – zumindest bei Nossack – fortgesetzte Selbstrechtfertigung: „Ist der Monolog nicht vielleicht die Vorform des Schweigens“?, lesen wir in dem Aufsatz „Orest“... „Jenes Schweigens, das die Welt wirksamer korrigiert, als parteiliches Argumentieren [...]. Jenes Schweigens, das du gewählt hast, und das der stärkste Angriff auf alle Funktionalismen ist“[151]. Als letzter Leser einer solchen monologischen Kunst bleibt nur der Autor selbst, auch dann, wenn er immer wieder die ganz reale Existenz seines Publikums beschwört.[152]

---

[149] In: Christof Schmid (Hrsg.): Über Hans Erich Nossack, a.a.O., S. 11–20; hier S. 13.

[150] Was sie dennoch tat, wie man an der Entstehungsgeschichte der „Wand“ nachweisen kann (vgl. die Aufsätze von Christine Schmidjell und Evelyne Polt-Heinzl zu Werkgenese und Fassungen in: Anke Bosse/Clemens Ruthner (Hrsg.), a.a.O., S. 41–80); in der „Tapetentür“ ist sich die Tagebuchschreiberin ganz sicher: „es gab kein spontanes Schreiben; schon die Tatsache, daß man einen Gedanken im Kopf erst zu einem Satz ordnen mußte, machte das Schreiben zu einer ganz bewußten Arbeit (a.a.O., S. 184).

[151] s. Hans Erich Nossack: Orest. In: Pseudoautobiographische Glossen, a.a.O., S. 25–31; hier S. 31.

[152] Hans Erich Nossack: Der Dialogpartner. In: Gabriele Söhling (Hrsg.), a.a.O., S. 19–21; hier S. 20.

Es war vor allem Wilhelm Emrich, der Nossack mit einiger Berechtigung für diese Haltung kritisierte.[153] Nossack habe sich durch den bequemen Dualismus zwischen Exterritorialität und Gesellschaft „loszukaufen“ und „freizusprechen“ versucht, einem Dualismus, „der sich zudem selbst als Lüge entlarvt, indem beide sich auf fatalste und groteskeste Weise als identisch entpuppen [...]. Unter der Maske einer absolut freien geistigen Existenz wird die Idee der Freiheit verwandelt in die Idee des aller Verantwortung entronnenen Subjekts, das autistisch mit der Wirklichkeit spielt, sich selbst genießend am abstrakt gewordenen, getöteten Leben, am puren hirnlosen Fleisch, hart wie Kieselstein, und das zugleich nur mimetischer Reflex ist jener von ihm selbst verhöhnten kollektiven gesellschaftlichen Masse“[154]. Nossack war, trotz aller immer wieder angemerkten Infragestellungen des Gesagten, doch überzeugt von der Richtigkeit seiner Einstellung: „Ich selber habe anderswo von dem monologischen Charakter unserer Literatur gesprochen und bin mißverstanden worden. Es ist auch, wenn man so will, kein echter Monolog, sondern immer ein Dialog, den der Autor mit dem Wesen, das er sein könnte und sein müßte, führt“. Und dann folgt der oft zitierte programmatische Satz: „Der Dialog mit dem Ich über eine Art Geheimsender ist es, der uns Schriftsteller Bücher zu schreiben zwingt“.[155]

Vielleicht ist der resignative Ton, ja die Verbitterung, die aus den Werken Nossacks spricht und die dem Rezipienten nicht

---

[153] Zum biographischen Hintergrund dieser Äußerungen vgl. Manfred Durzak: Ein großer politischer Roman? Nossacks „Fall d'Arthez“. In: Günter Dammann (Hrsg.), a.a.O., S. 206–215; hier S. 212ff. Gegen Durzaks These, Emrich hätte seine eigene, zwiespältige Position während des Naziregimes in Nossacks Roman erkannt und deshalb 1969 mit der scharfen Kritik von „Le bourgeois partisan“ reagiert, was wiederum Nossack tief verletzt haben müsse, spricht, daß Nossack später – und dies bemerkt auch Durzak – mit keinem Wort auf Emrichs Vorwürfe einging, im Gegenteil sich weiterhin um dessen Gesundheitszustand sorgte (so das Tagebuch vom 13.7.1970), ihm schrieb, seine Vorträge besuchte und noch im Oktober 1975 „viel mit Emrich und seiner Frau“ zusammen war (Hans Erich Nossack: Tagebücher, a.a.O., S. 1072 u. 1278).

[154] Wilhelm Emrich: Le bourgeois partisan. In: Christof Schmid (Hrsg.): Über Hans Erich Nossack, a.a.O., S. 136–145; hier S. 144.

[155] „Der Dialogpartner“. In: Gabriele Söhling (Hrsg.), a.a.O., S. 20.

immer als (wohl intendiertes) Gefühl permanenter Bedrohung, sondern mitunter auch als Larmoyance erscheinen mag, in dieser Wechselwirkung von persönlicher Selbstpositionierung – ethische mehr denn ästhetische Rechtfertigung des Werks – und gesellschaftlichem *status quo* zu suchen. Vieles, was vor allem Nossack in den Aufsätzen programmatisch verkündete, war *pro domo* geschrieben, und man hört die verletzte, im Vergleich zu den hochgespannten Erwartungen immer noch zu sehr ignorierte, in ihrem Selbstwertgefühl nicht genügend gewürdigte Schriftstellerpersönlichkeit heraus. „In der absoluten Einsamkeit der Grenzsituation", diagnostizierte Wolfgang Michael Buhr, „verbleibt nur der Rückzug auf sich selbst und die Erhebung des Ich zum einzig gültigen Maßstab"[156]. Die Suche nach sich selbst in Form von Ich-Erzähler(inne)n oder Doppelgängern erweist sich als symptomatisch für eine ganze Generation der nach dem Zweiten Weltkrieg Schreibenden.

Sofern die Protagonistinnen und Protagonisten so etwas wie die Wunschautobiographie der Schreibenden verkörpern (das gilt auch dann, wenn sich die Wünsche als Alpträume herausstellen), haben Bachmann und Haushofer überzeugender deren Lebensuntüchtigkeit, deren Leiden an der Lebenslüge, deren ‚Tode' und Verletzungen in der faktischen Geschichte verankert als Nossack. Daß dabei die Rolle zwischen schutzbedürftigem, anpassungwilligem Weibchen und emanzipierter Frau nicht immer gefunden wurde (so bei Haushofer und Bachmann), daß Nossack trotz seiner vielen Auszeichnungen und Preise die öffentliche Position und Anerkennung als Schriftsteller, wie er es sich gerne gewünscht hätte,[157] versagt blieb (wes-

[156] Wolfgang Michael Buhr: Hans Erich Nossack: Die Grenzsituation als Schlüssel zum Verständnis seines Werkes, a.a.O., S. 295.

[157]Eklatant nicht nur in dieser Hinsicht der Unterschied zwischen Selbstbild und Realität: So versuchte Nossack sofort nach Kriegsende, literarische Kontakte aufzubauen und verhandelte professionell mit seinen Verlegern, obwohl er angeblich gar nicht veröffentlichen wollte und seine Manuskripte alle verloren seien; er beklagte sich über mangelndes Honorar und kam bereits in den frühen fünfziger Jahren in einem Monat auf über 2000 DM durch Lesungen und Vorträge; er gab sich, was seine Manuskripte anging, kompromißlos und war doch, ganz pragmatisch, bereit, aus Publicitygründen auch einmal ohne Honorar in den sozialistischen Ländern gedruckt zu werden; er verachtete die meisten seiner Schriftstellerkollegen (insbe-

halb er aus der Not eine Tugend machte, und, so Buhr, „die ‚Not' des Nicht-gehört-Werdens" gebar[158]), sind nur einige der befremdlichen Widersprüche, mit denen sich die Rezipienten dieser Werke konfrontiert sehen. Keine feministische, keine *littérature engagée* liegt uns hier vor, vielmehr der Versuch, aus der Sicht von scheinbar angepaßten, im Grunde jedoch abseits stehenden Durchschnittstypen zu schreiben, und dieses Be-Schreiben subjektiver Befindlichkeit ins Akute, Seismographische zu erheben. Allerdings ist die klischeehafte Konstanz, mit der das enge Rollen-Repertoire, insbesondere das von Männern und Frauen vertreten wird, bisweilen schwer erträglich. Nicht nur weil inzwischen das Rollenspektrum der Geschlechter breiter, flexibler geworden ist, sieht man heute die fragwürdige Einseitigkeit der Problemkonstanten, mit denen sich die Autoren (und lange Zeit auch ihre Leser) beschäftigten.[159]

Der fremde Blick – von Frauen auf die Männer-Gesellschaft, von ‚objektiven' Beobachtern auf diejenigen jenseits der Grenze – bleibt jedoch immer dann eine ästhetisch überzeugende Lösung, wenn er sich als notwendig für das Schreiben überhaupt erweist. Ob es den Autoren immer gelang, durch die Einführung eines berichtenden Ich, durch die Form der Erinnerungsprosa und durch das Spiel mit ‚dokumentarischen' (gleichwohl fingierten) Genres diese Außenperspektive auch glaubhaft einzunehmen, muß im Einzelfall entschieden werden. Zu-

sondere die weiblichen, wie Ingeborg Bachmann oder Marieluise Kaschnitz) und erschien doch auf entsprechenden Empfängen (wie dem zu Ehren von Bachmanns gerade erschienenem Roman „Malina" am 26. März 1971); seine Bücher verkauften sich durchaus gut, aber er ‚berichtigte', weil er nun mal kein Bestsellerautor sein wollte, die Verkaufszahlen nach unten... (vgl. die Ausführungen Marcus Czerwionkas in: Günter Dammann (Hrsg.), op.cit.).

158 Wolfgang Michael Buhr, a.a.O., S. 298.

159 Wenn Inge von Weidenbaum sich 1990 im Zusammenhang mit Werk und Leben Ingeborg Bachmanns zurecht die Stereotypie der inhaltlichen Auseinandersetzung monierte, so muß doch offen bleiben, ob diese Stereotypie nicht auch am Werk oder nur an der Ignoranz der Interpreten liegt (Seien wir geizig mit Leichtgläubigkeit. Zu Werk und Leben von Ingeborg Bachmann. In: Josef Strutz/Endre Kiss (Hrsg.): Genauigkeit und Seele. Zur österreichischen Literatur seit dem Fin de siècle. München 1990, S. 211–219; hier S. 211).

mindest bei Nossack fällt auf, daß seine Romane oft in diejenige Unverbindlichkeit, gegen die sie aufbegehren wollen, abgleiten, daß sie das Schweigen nobilitieren, aber häufig geschwätzig wirken, daß sie dogmatisch sind, wo sie den eigenen Standpunkt als marginal ausgeben.

So reagierte Nossack in „Ein einzigartiges Glück" (und nicht nur hier) auf die Frage, warum der Künstler den Weg des „schwersten Widerstandes" wählt und trotz allmorgendlichen Entsetzens nicht schweigt, mit einer 1 1/2seitigen Suade: „‚Mit wem soll man sich denn sonst unterhalten, wenn nicht mit sich selbst? Das ist doch die einzige Möglichkeit, der Wahrheit auf die Sprünge zu kommen.' Der Wahrheit? Na, streichen wir das Wort. Sagen wir statt dessen: ‚In diesem Gefängnis kann man sich doch nur mit sich selbst unterhalten.' In welchem Gefängnis? Na, streichen wir auch das Wort, entschuldigen Sie bitte. Oder man könnte antworten: ‚Einer muß es doch mal sagen.' Doch sofort würde es heißen: Wer hat Sie denn zu unserem Stellvertreter ernannt? Richtig, ja, kein Mensch. Entschuldigen Sie die Anmaßung."[160]

In solchen Passagen wird die ständige Selbstzurücknahme, Nossacks ‚Negationsstil' (Christof Schmid), das Fragen ohne Aussicht auf Antwort (Ich erwähne dies nur..., ich möchte niemandem weh tun..., das alles spielt gar keine Rolle..., Entschuldigen Sie die Anmaßung...) zur Manier, der Möglichkeitsstil zur redseligen Pose. Auch Wolfgang Michael Buhr kam am Ende seiner Untersuchung nicht umhin festzustellen, daß das Immerwährende existentieller Erfahrungen schließlich zum Alltäglichen wird, der ‚Geheimsender' Literatur zum Gerede, der Partisanenkampf zur Pose.[161] Was als Kritik am Hier und Jetzt gemünzt war, wird in einem manichäischen Weltbild wie dem Nossacks (und ähnlich dem des von ihm so geschätzten Pavese)[162] zur Grundbefindlichkeit: ahistorisch, unverbindlich, un-

---

[160] Hans Erich Nossack: Ein einzigartiges Glück. In: Gabriele Söhling (Hrsg.), a.a.O., S. 22–26; hier S. 22.

[161] Vgl. Wolfgang Michael Buhr, a.a.O., S. 209.

[162] Zum Einfluß Paveses vgl. den bereits zitierten Aufsatz Andrew Williams zum ‚Mythischen' in Nossacks Werk. Nossacks Tagebücher verzeichnen darüberhinaus eine intensive Pavese-Lektüre, die ihn mitunter – wie bei seinem frühen Stück „Diana" – inspirierten („warum habe ich hier nie die ‚Ge-

bestimmt. Damit verliert diese Literatur gerade das, was sie durch die existentielle, vor allem jedoch ästhetische und poetologische Positionierung des Autors und seiner Ich-Erzähler zu gewinnen trachtete, nämlich Glaubwürdigkeit – Glaubwürdigkeit auch der Sprache, die ins Stereotype, Formelhafte abgleitet. Theodor W. Adorno beschrieb in „Minima Moralia" diese Bedenklichkeiten beim Schreiben in Ich-Form sehr präzise: „Unter den Begriffen, in welche die bürgerliche Moral nach der Auflösung ihrer religiösen und der Formalisierung ihrer autonomen Formen sich zusammenzieht, rangiert Echtheit obenan". Doch „die Unwahrheit steckt im Substrat von Echtheit selber, dem Individuum [...]. Die Gleichsetzung von Echtheit und Wahrheit ist nicht zu halten. Gerade die unbeirrte Selbstbesinnung, [...] also die Insistenz auf Wahrheit über einen selber, ergibt immer wieder, schon in den ersten bewußten Erfahrungen der Kindheit, daß die Regungen, auf die man reflektiert, nicht ganz ‚echt' sind"[163]. Nur wenn es dem Autor gelingt – und bei Haushofer, vor allem aber bei Bachmann ist dies geschehen –, diesen monologischen Charakter zu durchbrechen und hinter den Figuren als ein anderer/eine andere zu agieren, stellen sich jene Formeln und Stereotypen ein, die eine kritische Distanz anzeigen; jene Genauigkeit der Beobachtung und jenes Spiel mit den Figuren, die Literatur braucht, soll sie nicht affirmativ, sondern kri-

spräche mit Leuko' von Pavese erwähnt, die ebenfalls bei der Absicht, dies Stück zu schreiben, einen großen Einfluß haben. Welch eine Undankbarkeit gegen Pavese! Und gegen die seltene Gnade, überhaupt noch von einem Buch begeistert werden zu können"; Tagebücher, a.a.O., S. 348), oder sogar, wie die Lektüre von Paveses „Die Verbannung", den Anstoß gaben, endlich das lange geplante Buch „Exil" in Angriff zu nehmen („Also durch Pavese kamen mir in den Nachtstunden zum ersten Mal seit vielen Monaten wieder schöpferische Kräfte [...]"; ebd. S. 603).

163 Theodor W. Adorno: Minima Moralia. Frankfurt a.M. [23]1997, Nr. 99, S. 201ff. Deshalb ist der Verdacht nicht auszuräumen: die ‚Fassaden'-Realität Nossacks war keine, sondern Teil seines Wesens; die von Eitelkeit und Zynismus getragenen Tagebuchaufzeichnungen nicht nur Notizen in ein *journal intime*, sondern mit Blick auf eine spätere Enthüllung geschrieben; die Klagen Nossacks über seine erfolglose Schriftstellerexistenz nicht wirklich berechtigt, sondern prophylaktische Frustrationsabwehr angesichts seiner hochgesteckten Ambitionen.

tisch, nicht subjektiv, sondern aufklärend, nicht Tagebuch, sondern Weltbuch sein.[164]

„Wo aber beginnt die Lüge?" schrieb Max Frisch in seinem Tagebuch von 1946–1949, „Ich würde sagen: wo wir vorgeben, in diesem Sinne ehrlich zu sein – kein Geheimnis zu haben"[165]. In „Malina" finden sich am Ende eines längeren Passus, in dem die Ich-Erzählerin die Vorbereitungen zu einem *diner du séducteur* schildert, Sätze, die durchaus poetologisch gelesen werden können: „Man kann nur fesseln mit einem Vorbehalt, mit kleinen Rückzügen, mit Taktiken, mit dem, was Ivan das Spiel nennt. Er fordert mich auf, im Spiel zu bleiben [...]". Doch dann muß die Erzählerin zugeben, „daß es für mich kein Spiel mehr gibt, daß das Spiel eben aus ist."[166] Klischees, das wußten Ingeborg Bachmann und auch Marlen Haushofer sehr wohl, funktionieren nur, wenn sich das Erzählen kritisch dividiert, wenn das explizite Ich etwas von der Distanz des impliziten Erzählers (und auch des Autors) mitbekommt, wie es der in ‚negativer Ironie' geschärfte, rigide Blick der Autorinnen bzw. der weiblichen Protagonistinnen auf das, was sie umgibt und deformiert an nötiger Distanz garantierte. Sieht man dagegen die Aufgabe der Literatur ausschließlich in ihrer ‚Echtheit', so wird, wie Hans Erich Nossack bekannte, alles zum Tagebuch; ein Tagebuch,

---

164 Ein letztes Mal Wolfgang Koeppen als erhellenden Kontrast: Auch er vertrat die Ansicht, dem Autor sei alles Tagebuch, jeder Notizzettel, jeder nicht ausgeführte Entwurf, jeder veröffentlichte Text, jede Rede. Doch anders als Nossack hatte Koeppen damit nicht die Verifizierung des Erlebten im Blick, sondern das Gegenteil: weil er ‚Schreiben als Zustand' empfand und in einem ‚Roman' lebte, waren Geschehenes wie Geschriebenes nicht faktisch, sondern selbst zeichenhafte Gebilde (‚Kulisse', ‚Welttheater', Pandämonium'), die das Faktische überschrieben und aufzehrten (vgl. Wolfgang Koeppen: Unlauterer Geschäftsbericht. In: Uwe Schultz: Das Tagebuch und der moderne Autor. Frankfurt a.M. 1972, S. 5–19; ebenso abgedruckt in: Werke V, a.a.O., S. 265–278).

165 Max Frisch: Tagebuch 1946–1949. Frankfurt a.M. 1965, S. 408. Gerade das Tagebuch-Ich, so Frisch zwanzig Jahre später, sei am allerwenigsten greifbar, „weil es zu vieles verschweigt von seinen Voraussetzungen [...], dadurch eine Zumutung: – keine Figur: nämlich zu einer Figur gehört auch, was sie verhehlt, was sie selber im Augenblick nicht interessiert, was ihr nicht bewußt ist usw." (Tagebuch 1966–1971. Frankfurt a.M. 1972, S. 310).

166 Ingeborg Bachmann: Malina, a.a.O., S. 84.

das allerdings in die Aporie gerät, nur für den Autor selbst von Interesse zu sein und sich deshalb gegenüber dem Publikum kaum legitimieren kann. Max Frischs Vermutung, „vielleicht empfiehlt sich die ICH-Form gerade bei Ich-Befangenheit; sie ist die strengere Kontrolle“[167], scheinen, was den entscheidenden Nachsatz angeht, nur Haushofer und Bachmann beherzigt zu haben. „Es hat seinen guten Grund, daß die meisten Romane heute in Ich-Form erzählt werden“, schrieb auch Nossack, doch dieses Ich, das „unser heutiger Dialogpartner“[168] sein sollte, war letzten Endes nur er selbst.

Nossack muß sich vorhalten lassen, daß das publizierte Künstlerverständnis „bedeutend weniger Nähe zu seinem Autor [besitzt] als sein poetisches Werk, das, um es mit einem Lieblingswort Nossacks zu sagen, bedeutend weniger ‚echt‘ ist, weniger dem eigenen Ich entspricht“[169]. Denn zwischen einer *littérature engagée* und dem Schweigen gibt es viele Alternativen, und nichts zwingt den Autor, das Gesagte mit seiner Person zu authentifizieren. Auch Autoren wie Thomas Mann, die sich ihrer ‚naturelbischen Dichtergesinnungslosigkeit‘ wohl bewußt waren, konnten Politisches, Kritisches schaffen. So schließen die Überlegungen zum Nicht-Versicherbaren in Nossacks Werk, in welchen der Vergleich mit zwei verwandten Autorinnen sein Schreiben in ein anderes, distanzierteres Licht rückten, mit einem Plädoyer für die Kunst und gegen Konzepte. Der Monolog bei Nossack – und man darf hinzufügen, auch bei Haushofer und Bachmann – hat, wie es Christof Schmid richtig sah, „durchaus etwas Persönliches, aber nichts Privates. Er verkündet keine Botschaft, sondern präsentiert eine Methode“[170]. Der Dichter als Einzelfall? – eine ungesicherte Geschichte.

---

[167] Max Frisch: Vom Schreiben in Ich-Form. In: Tagebuch 1966–1971, a.a.O., S. 308.

[168] Vgl. die allmähliche Substitution von „unser heutiger Dialogpartner“ durch „Ich selber“ („Der Dialogpartner“. In: Gabriele Söhling (Hrsg.), a.a.O., S. 20). Vgl. auch die Auskunft, Veröffentlichen – „Das ist Verrat“ (ebd. S. 11).

[169] s. Wolfgang Michael Buhr, a.a.O., S. 299.

[170] s. Nachwort zu „Der jüngere Bruder“, a.a.O., S. 331.

Großstadtverunsicherungen. Paris als Topographie und Topos. Eine Passage vom 18. ins 20. Jahrhundert

I.

„In Langnau im Emmental gab es ein Warenhaus. Das hieß Zur Stadt Paris. Ob das eine Geschichte ist?“

Die Frage beantwortet sich eigentlich von selbst. Nicht nur, weil diese Zeilen einen Erzählband eröffnen und nicht nur, weil der Autor Peter Bichsel *Zur Stadt Paris* zum Titel seines Buches wählte.[1] In der Tat gibt es wenige Namen, die so geschichtsträchtig sind wie Paris – in doppelter Hinsicht: die Stadt hat ihre Geschichte und sie schafft Geschichten;[2] ihre Geschichte ist zum Mythos – einem vielfältigen, veränderbaren – geworden, wahrscheinlich auch zu einem Klischee, das den, der sie aufsucht, zu mancherlei Fluchtreflexen und Distanzierungsversuchen nötigt. Wer hierher kommt, besucht einen Ort, der sich als literarisch vorgeprägt erweist, in dem „jede Straßenecke [...] ein Stück des prachtvollsten Rohmaterials“[3] ist – verführerischer Schein, der nicht immer dem erträumten Bild entspricht. Mancher schon mußte es als Illusion erkennen, hier die ersehnte Selbsterfahrung in der Fremde gesucht zu haben. Paris befreit

---

[1] Peter Bichsel: Zur Stadt Paris. Frankfurt a.M. 1993.

[2] Schon die Rede vom ‚Warenhaus‘ in Bichsels Kurzgeschichte könnte eine Anspielung sein: auf Zola nämlich, der das Warenhaus („Au bonheur des dames“) und die Markthallen („La ventre de Paris“) erstmals zu zentralen Schauplätzen seiner Romane erhoben hatte (s. auch Volker Klotz: Die erzählte Stadt. Ein Sujet als Herausforderung des Romans von Lesage bis Döblin. München 1969; vor allem das Kapitel: Die Stadt als Aufgabe, S. 194ff).

[3] So Frank Wedekind über Paris, wo er im Dezember 1891 eintraf, trotz Geldmangels bis Mai 1899 blieb und dort seine fruchtbarste Phase hatte (so entstand unter anderem „Der Liebestrank“ sowie die Grundfassung der „Lulu“-Tragödie). Zitat nach Herbert Günther: Deutsche Dichter erleben Paris [Uhland, Heine, Hebbel, Wedekind, Deuthendey, Holz, Rilke, Zweig]. Pfullingen 1979, S. 64.

nicht nur, es bevormundet, es bezaubert nicht zwangsläufig, sondern enttäuschte auch Generationen von Reisenden, die die Kapitale mit dem verführerischen Glanz ihrer Lichter und Boulevards aufsuchten. Paris – das ist Physiognomie und Phantasmagorie in einem, Zeichen und Bezeichnetes zugleich.

Wenn im folgenden von Paris die Rede sein soll, so nicht vom Ort allein: Paris ist Motiv, Thema, Stoff für Träume und Ängste, ein Text ‚über' der Stadt, der in seinen räumlichen Vernetzungen und historischen Schichtungen jene Topoi erzeugte, die wir noch heute mit der Metropole verbinden. Schon die Topographie der Stadt ist ja Bild, semiotisches Faktum, ist Zeichen, wohl auch Mythos im Sinne von Roland Barthes' metadiskursiver Signifikanz,[4] welcher sich in mannigfachen Kollektivsymbolen wie dem des Labyrinths (resp. des Gefängnisses), des Vulkans oder des modernen Sündenbabels niedergeschlagen hat.[5] Fast allen, nicht nur den literarisch ambitionierten Paris-Reisenden, ging es um die Lesbarkeit dieser Stadt, um ein Stadtbewußtsein, das zur Realität wurde und das den Ort zu dem machte, wie er uns heute gegenübertritt. In Paris, so sah es Karlheinz Stierle in seiner so anregenden wie voluminösen Monographie, die das Sujet vor allem mit Blick auf die französische Literatur von Rousseau bis Baudelaire entwickelte, sind „Sprache und Stadt, Wirklichkeit und Imagination, Materialität

---

4 „Mythos ist eine Aussage", so Barthes, „er ist eine Weise des Bedeutens, eine Form"; das heißt, er ist ein semiologisches System, das nicht durch das „Objekt seiner Botschaft definiert [wird], sondern durch die Art und Weise, wie er diese ausspricht" (Mythen des Alltags. Frankfurt a.M. 1964, S. 85).

5 Als *ein* Beispiel von vielen sei an dieser Stelle Ludwig Tiecks „William Lovell" genannt (hrsg. v. Walter Münz. Stuttgart 1986, S. 49), wo von Paris als einem ‚Gefängnis' die Rede ist. Weitere Belege unten. Texte berühmter Autoren in Paris-Anthologien sind mitunter ganz bewußt in Bezug auf solche Imagines ausgewählt und zusammengestellt: Flaubert darf von Paris als ‚Hure' künden, von ‚Meer' und ‚Flut' Victor Hugo, von der Stadt als Körper und Geschwulst Rimbaud (s. Contes parisiens. Parisgeschichten, ausgew. u. übers. v. Martine Passelaigue und M. Kristie Wachinger. München 1994, S. 86f, 96f u. 110f). Zum Thema Kollektivsymbolik allgemein s. Jürgen Link: Versuch über den Normalismus. Bonn 1996; sowie Hartwig Isernhagen: Die Bewußtseinskrise der Moderne und die Erfahrung der Stadt als Labyrinth. In: Cord Meckseper/Elisabeth Schraut (Hrsg.): Die Stadt in der Literatur. Göttingen 1983, S. 81–104.

und Bewußtsein wie in kommunizierenden Röhren verbunden", hier liegt, nach Ansicht des Verfassers, der „Zeichencharakter der Stadt selbst begründet"[6]. Für Wolfgang Koeppen, von dem hier ausführlich zu reden sein wird, kulminierte seine Reise nach Frankreich Ende der fünfziger Jahre vielsagend im Erreichen der letzten Station, Paris, von der allein schon der Stadtplan „ein Versprechen irdischer und geistiger Freuden"[7] verhieß. Dennoch fragte sich der kritische Zeitgenosse im selben Augenblick, ob „das nicht eine recht banale oder allzu literarische, eine rein ästhetische oder egozentrisch illusionäre Vorstellung" sei; denn, „wer Paris wirklich kennt, wer dort gelebt, studiert, geliebt, gearbeitet, gedacht, gestrebt, gelitten, vielleicht gehungert hat, wird schwören, Paris sei eine harte, eine böse Stadt"[8].

Anscheinend gehören Ambivalenzen selbst zum Bild der Kapitale, ihrer verwirrenden, verunsichernden Zeichenhaftigkeit, in der *topos* und *locus* koinzidieren. Diese Vieldeutigkeit wiederum macht den Blick auf beides für literatur- wie kulturwissenschaftliche Fragen so ertragreich, zeigt sie doch, wie beide Aspekte sich gegenseitig ergänzen, ja erhellen und durchdringen müssen. Denn sowohl im lebensweltlichen wie im literarischen Kontext nähern wir uns Paris als ambitionierte Hermeneutiker, interpretationsverliebte Beobachter, die als reisende Leser und lesend Reisende keineswegs immer denselben Gegenstand vor Augen hatten: das Objekt konstituiert sich jeweils erst *durch* und *mit* seinem Betrachter. Paris mußte erst als Sujet entdeckt werden, bevor es erzählt werden konnte, und – Metropolen und Mentalitäten änderten sich. Das gilt für die frühen Paris-Erfahrungen und Paris-Imagines genauso, wie zuvor schon Rom und London zum Fokus für Zivilisationskritik und eigene

---

[6] Karlheinz Stierle: Der Mythos von Paris. Zeichen und Bewußtsein einer Stadt. München 1995, S. 904.

[7] Wolfgang Koeppen: Reisen nach Frankreich. In: Gesammelte Werke in sechs Bänden, hrsg. v. Marcel Reich-Ranicki u.a., Frankfurt a.M. 1986, Bd. IV, S. 467–658; hier S. 590. Vgl. auch das Titelfoto des Nachlaßbandes „Auf dem Phantasieroß" (hrsg. v. Alfred Estermann, Frankfurt a.M. 2000), das Koeppen in seiner Wohnung mit einem Fernglas auf eine vor dem Bücherregal aufgespannte Landkarte blickend zeigt (Foto: Nomi Baumgartl).

[8] Wolfgang Koeppen, Werke IV, a.a.O., S. 590.

Standortbestimmungen geworden waren. Deshalb empfiehlt es sich, am Anfang unserer Passage durch die Geistesgeschichte nicht nur das Terrain abzustecken, sondern auch den zeitlichen Horizont einzugrenzen. In unserem Fall, die wir uns der Prosa zweier Gegenwartsautoren, Wolfgang Koeppen und Klaus Voswinckel, nähern wollen – alle beide lesebegeisterte, bildungsbeflissene Paris-Entdecker – geht dies nicht ohne Zeitsprünge und nicht ohne einen Blick zurück nach vorn.

Es war Volker Klotz, der in seiner Monographie zur erzählten Stadt aufzeigen konnte, wie der Vorwurf Stadt sich zusammen mit der Gattung Roman entwickelte, hier, im 18. Jahrhundert, erstmals die „eigentümlichen Formtendenzen einer bestimmten Gattung nach wahlverwandten Sujets verlangen“[9]. Beide, Form und Sujet, waren auf ein empiriefreudiges Subjekt angewiesen, jenem experimentellen Blick des aufgeklärten Zeitgenossen, der getragen war von zuversichtlicher Entdeckerfreude und Selbstbewußtsein. Die Form des Romans bot dazu ausreichend Platz, die vielschichtige und – damals schon – entgleitende Realität einzufangen; mehr noch, der Roman entfaltete durch diese quantitative Entgrenzung erst seine eigentlichen Qualitäten; nicht zuletzt bot er diejenige Offenheit und Variationsbreite, um das Spiel mit Stillagen, wechselnden Erzählhaltungen und *point of views* zu ermöglichen und zugleich das Subjekt – ganz im Sinne modernen Erzähl- und Selbstbewußtseins – zum Verschwinden zu bringen.[10] Prosa, insbesondere die literarische Reisebeschreibung und der Roman sind angewiesen auf einen Erzähler, der sich als Subjekt reflektiert, sich einbezieht und damit zugleich das Objekt seiner Beobachtungen in Frage stellt. Die Vielfalt möglicher Beobachterpositionen, die materiale Fülle, die schnellen Perspektivenwechsel und die Möglichkeit, Ich-Verlust wie Ich-Gewinnung eines Subjekts darzustellen, Wirklichkeits- wie Wahrhaftigkeitsanspruch zu artikulieren, galten für das neuentdeckte Genre wie für das Sujet gleichermaßen. Kein Zufall also, daß die Entstehung des Romans

[9] Volker Klotz, a.a.O., S. 5. Vgl. auch Ralph-Rainer Wuthenow, der die „Entdeckung der Großstadt in der Literatur des 18. Jahrhunderts“ untersuchte. In: Cord Meckseper/Elisabeth Schraut (Hrsg.), a.a.O., S. 7–27.

[10] Vgl. hierzu vor allem das Vorwort von Volker Klotz, a.a.O., S. 9–21.

und des Romanerzählens mit der Entdeckung des Mythos Großstadt einherging.

Ausgestattet mit solch gattungstypischer Provokations- und Imaginationskraft, konnten Schriftsteller der Gegenwart umso freier die Bilder und Bedeutsamkeiten der Stadt, ihre Topoi und Signifikanzen ausloten, ohne sich von den Erwartungen, die an einen traditionellen Reisebericht (Nachrichten über ‚Land und Leute') oder einen klassischen Roman gestellt wurden, beengt zu fühlen.[11] Koeppens und Voswinckels Paris-Texte, „Reisen nach Frankreich“ und „Sonntag, Paris“ konfrontieren unabhängig vom vermeintlich dokumentarischen bzw. fiktionalen Genre den Leser mit einer selbstreflexiven, hermeneutischen Erzählhaltung, der es weniger um die Darstellung von Welt als um Weltgewinnung, die Verwandlung in Sprache, Zeichen geht. Ihr Sujet gilt nicht primär der Stadt – was im übrigen auch hieße, die Autoren als Chronisten mißzuverstehen, als Begleiter durch einen Ort, der als festumrissenes, signifikantes Gebilde uns gegenübertritt – als vielmehr der Konstitution des Gegenstandes ‚Stadt' selbst. Koeppens und Voswinckels ‚Botschaften' zielen auf Subtexte und Bilder; Bilder, die die Autoren (wie übrigens auch der Schauplatz selbst) schon lange vorher besaßen und der alles andere als objektiv ist, auch wenn er sich dem Paris der Touristen, der Folklore und der Postkartenschönheit verweigert. Paris, das ist ein semiotisches Faktum, eine für die Ankommenden bereits zeichengesättigte *image*, ein sekundäres, kulturelles Faktum. Die Sicht von ausländischen Reisenden nimmt dabei selbstverständlicher als der der Einheimischen diesen signifikanten Blick von außen ein. Der große, „immer wache Spiegel von Paris“[12] erschließt sich eigentlich erst aus der Distanz; aus der Fremde, durch den Fremden. Das mag die Einschränkung rechtfertigen, wenn wir im folgenden die französische Literatur – die im übrigen durch Stierle und Klotz beispielhaft gewürdigt wurde – weitgehend ausklammern. Wie

---

[11] Koeppen selbst sprach nie von Reise-Berichten, sondern von ‚Beobachtungen', mitunter sogar von ‚Kulissenbeschreibungen'. Klaus Voswinckel, der zweite Autor, der weiter unten ausführlich vorgestellt werden soll, vermied die Bezeichnung ‚Roman' generell für seine umfangreiche Prosa.

[12] Walter Benjamin: Paris, die Stadt im Spiegel. In: Ges. Schriften, hrsg. v. Rolf Tiedemann. Frankfurt a.M. 1982, Bd. IV/1, S. 356–359; hier S. 359.

jede Erfahrung konstituiert sich die Wirklichkeit einer Stadt erst aufgrund einer distanzierten Position, sei es, weil ihr Beobachter ein Fremder ist, sei es, weil ihm das Selbstverständliche, das Eigene längst fremd geworden ist.[13] Gleichzeitig verändert der Blick des Beobachters das Objekt: Paris wird zum Körper, zur Geliebten, zur Hure Babylon, ist Welt und Labyrinth, Traum und Realität, Ich-Entgrenzung und Versicherung der eigenen Identität. Paris – vielleicht ist sie noch heute die „produktivste Stadt der Welt“[14], die „Hauptstadt der Zeichen“.[15]

Weil wir den komplexen Text Großstadt wie auch die modernen Großstadt-Texte nur verstehen, insofern wir mit den imagologischen Wurzeln vertraut sind, die ihre Signifikanz konstituierten, müssen jene Schilderungen und Zeugnisse noch einmal ins Gedächtnis gerufen werden, die am Anfang des Mythos von Paris stehen. Es sind die Erkundungen jener wirklichen oder imaginären Reisenden, die ihr Befremden und ihre Sehnsucht nach einer neuen, zeitgemäßeren Lebensform ins Paris des ausgehenden 18. Jahrhunderts projizierten. Ihre Urteile (und Vorurteile) sprechen zugleich von jenen, schon zu kollektiven Vorstellungen sedimentierten Paradigmen, die in der schnell wachsenden Metropole ihre negativen wie positiven Utopien fanden. Ihre in Form von fingierten Briefen, Korrespondenzen, Romanen verfaßte Prosa changiert zwischen Beobachtung und kollektiven Bildern, es sind symbolisch verdichtete Erinnerun-

[13] So entwickelte sich Théophil Gautiers Bild von Frankreich erst eigentlich im Kontrast zur Erfahrung der andalusischen Reise, das heißt, während seiner Aufzeichnungen zu „Tra los montes“. Wie Erzählen bedeutet ihm das Reisen, einen Außenstandpunkt einzunehmen, sich des Befremdlichen bewußt zu werden. Solche Distanz ist zugleich die Voraussetzung für Erkenntnis. Schon Platon faßte diese (aporetische) Erkenntnisbewegung ins Bild des Reisenden. Aporie meinte ursprünglich „entweder die Lage dessen, dem auf einer Fahrt durch unwegsames Gelände unerwartete Hindernisse ein Weiterkommen unmöglich machen, oder aber die Bedürftigkeit dessen, der bei der Verteilung von Gütern ausgeschlossen worden ist oder dem sonst irgendwie sein Anteil an Gütern versagt geblieben ist“ (so Karl-Heinz Ilting zum Stichwort ‚Aporie‘ in: Hermann Krings u. a. (Hrsg.): Handbuch philosophischer Grundbegriffe in sechs Bänden. München 1973, Bd. 1, S. 110–118; hier S. 110).

[14] So Stefan Zweig (zitiert nach: Herbert Günther, a.a.O., S. 147).

[15] So Karlheinz Stierle, a.a.O., S. 904.

gen, Dokumente und Topoi zugleich. Hier wurde die Stadt erstmals zur Schrift, zu einem Ort der Anspielungen, der Kontrastierung und des zeitgeschichtlichen Gedächtnisses. Und nur durch diesen von Literatur und Kunst angeschlagenen kontinuierlichen Diskurs über die Stadt begann Paris als Faszinationsobjekt erst eigentlich zu existieren. „Ich bin nun wieder in der Stadt, die die Franzosen die Hauptstadt von Europa nennen“[16], schreibt Mortimer an Freund Karl Wilmont in Tiecks Briefroman „William Lovell“ ins heimatliche England, und eröffnet damit zugleich einen Diskurs über die verschiedenen Mentalitäten der Völker, aber auch über den Unterschied zwischen Stadt- und Landbewohner. Rom – Paris – London, das waren die Idole und Projektionsflächen für eine Zeit, in der sich die Moderne konstituierte und in diesen Schauplätzen ihre Signifikanzen gewann. Wer als Ausländer nach Paris kam, hatte seine eigene Geschichte, er reiste als Flüchtling oder als Republikaner, als Gast oder geschundener Liebhaber, in glücklichen Fällen als Flaneur und empathetischer Voyeur. Sie alle waren, anders als die einheimischen Stadtbewohner, nicht dauerhaft in diesen Schmelztiegel der Länder und Nationen, von Arm und Reich, Elend und Luxus involviert, sondern vertrauten sich ungebundener, temporär der Metropole an.

Kleist, Tieck, Eichendorff oder E.T.A. Hoffmann, die im folgenden als Einstieg in die Literatur der Gegenwart dienen sollen, bezeichnen dabei nicht nur die schillernden Zeugen und Eckpfeiler einer Epoche, der als sogenannter Schwellenzeit für Kunst, Politik, Weltverständnis und -wahrnehmung eine besonders wichtige Funktion zukam; die Autoren gehören auch zu jenen Zeitgenossen, deren Texte bereits die Mythen und Legenden, die sich um Paris zu ranken begannen, aufnahmen und reflektieren.[17] Ihre Stadtansichten lassen verstehen, weshalb

[16] Ludwig Tieck: William Lovell, a.a.O., S. 43.

[17] Raffiniert konnte Tieck deshalb in seinem Briefroman mit diesem Vorwissen des Lesers spielen: „Ich will Dir mit keinen politisch statistischen Nachrichten Langeweile machen“, heißt es da, „soviel ich bis itzt habe sehn können, ist alles hier beim alten geblieben und hoffentlich wird es dabei noch eine geraume Zeit bleiben. So lange bitt‘ ich Dich, die erste beste Geographie von Frankreich aufzuschlagen, wenn Dir hin und wieder einige Zweifel aufstoßen sollten. –“ („William Lovell“, a.a.O., S. 43).

Autoren der Gegenwart wie Koeppen oder Voswinckel – die sich durch Schriftsteller wie Peter Handke („Die Stunde der wahren Empfindung", „Die Laternen auf der Place Vendôme"[18]), Niklaus Meienberg („Das Schmettern des gallischen Hahns") oder Peter Weiß („Pariser Journal") leicht ergänzen ließen – ihre, und das heißt auch unsere Zeitgenossenschaft gerade in einer solchen Metropole mit ‚Vergangenheit' spiegelten. Indem die gelesene Stadt zur Selbstreflexion herausfordert, sich die Erzähler meta-diskursiv mit der Bedeutung jenes Zeichens Stadt auseinandersetzen mußten, wie es sich im 18. und vor allem 19. Jahrhundert gebildet hatte, wird ihre Reise – egal ob als empfindsame Beobachter, distanzierte Enthusiasten oder entzündliche Liebhaber – zu einer Entdeckungsfahrt ins Innere des Ich, zu einer Herausforderung für die Wahrnehmung und zu einem Signifikationsprozeß, in dem der Schreibende zum Leser und der Lesende zum Schriftsteller wird. Paris, das unbekannte, unsichere Terrain wird erobert, geliebt, mittels verbündeter Brüder-und-Schwestern-im-Geiste erkundet, durch Mythen und Legenden mit Bedeutung gesättigt und immer wieder dem flaneurhaften Blick des anscheinend absichtslos Findenden anvertraut. Paris, das ist eine Liebeserklärung als Sprachereignis (und umgekehrt). Und wie stets bei Herzensangelegenheiten gibt es auch diejenigen Liebhaber, die durch die verführerische Schöne bei näherem Augenschein und konfrontiert mit der kruden Wirklichkeit enttäuscht wurden. Den Leser stört das nicht. Er folgt den Wegen der Spurensucher, ihren Gängen durch Gassen und Straßen, vermittelt durch die Schrift – und mit distanziertem Wohlgefallen. Beginnen wir unseren Spatenstich in die Historie mit einer Geschichte, die schon durch ihr Genre auf die Sicherung von Zeichen und Indizien aus ist. Es ist der aufgeregte Bericht, den E.T.A. Hoffmanns Kammerfrau Martinière aus der Stadt 2 Grad östl. Länge und 49 Grad nördl. Breite überliefert.

[18] In: text & kritik 24/24a(1976) Peter Handke, S. 1.

II.

Wir sind in einer Kriminalgeschichte. Wir wundern uns nicht:

Als es im Herbst des Jahres 1680 ans Haus des Fräuleins von Scuderi heftig klopft, fällt der Zofe sogleich „aller Frevel von Einbruch, Diebstahl und Mord [ein], wie er jemals in Paris verübt worden“[19]. Als dann auch noch ein „verhüllter Mensch [...], das blanke Stilett in der Faust“, ein ominöses Kästchen hinterläßt, sieht die Martinière Paris als Schauplatz der „verruchtesten Greueltaten“[20] bestätigt. Kein Wunder, denn gerade erst flog das Dreierkomplott der Giftmischerin Brinvillier auf, und auch der kriminellen Vettel La Voisin konnten der Polizeihauptmann Desgrais und selbst die mit Folter arbeitende Justiz unter Minister La Regnie lange Zeit nicht beikommen. In Paris, diesem Labyrinth aus Straßen und geheimen Gängen, bleibt so mancher Mord ungesühnt, und fraglich ist, ob das *chambre ardente* jemals durch Androhung peinlicher Strafen Ordnung in dieses anarchistische Großststadtdickicht bringen wird. Paris – schon dazumal ein einziger Sumpf.[21]

Der Niedergang der Gesellschaft – Madame fahren unter anderem in einer Glaskutsche der Herzogin von Montansier über den Pont-Neuf[22] – spiegelt sich vor allem in der Kunst und Kunstausübung wider: entweder sind sie dämonisches Handwerk (wie es die spannende Geschichte des Goldschmieds Cardillac enthüllen wird und es Patrick Süskinds Bestseller „Das Parfüm“ atmosphärisch noch einmal wiederaufleben ließ) oder bloß dekadenter Zierrat. Statt Vergegenwärtigung einer idealen Vergangenheit, edler Einfalt und stiller Größe, was Win-

[19] E.T.A. Hoffmann: Das Fräulein von Scuderi. In: Poetische Werke in sechs Bänden, Bd. IV. Berlin 1958, S. 175–255; hier S. 175.

[20] Ebd. S. 180f.

[21] Auch hier fließen die bereits erwähnten Kollektivsymbole des Urwalds, des Ozeans und des Vulkans mit ein. Speziell zu diesen Vorstellungskomplexen vgl. Günter Oesterle: „Paris“. In: Conrad Wiedemann (Hrsg.): Rom – Paris – London. Erfahrung und Selbsterfahrung deutscher Schriftsteller und Künstler in den fremden Metropolen. Stuttgart 1988, S. 345–360; vor allem S. 353f. Karsten Witte (Paris. Deutsche Republikaner reisen. Frankfurt a.M. 1980) druckt einen Bericht Alfred Meißners, der Paris gleichzeitig mit einem Vulkan (ebd. S. 156ff) *und* einem Labyrinth vergleicht (ebd. S. 163).

[22] „Das Fräulein von Scuderi“, a.a.O., S. 202.

ckelmann in seinen Rom-Aufenthalten zu finden hoffte, stehen in Paris – wie übrigens auch in den damaligen Zeichnungen von London – die modernen Menschen der Welt so nüchtern und zugleich verschreckt gegenüber, wie es der aufgeklärte Verstand gegenüber den Erscheinungen der Religion und Physik gerade noch zuließ. „Alles Große" so beklagt sich der Protagonist in Tiecks „William Lovell", ist „zum Reizenden herabgewürdigt"[23]. Kleist berichtet am 15. August 1801 ganz entsprechend an seine Braut Wilhelmine von Zenge: „alle Sinne bestätigen mir hier, was längst mein Gefühl mir sagte, nämlich daß uns die Wissenschaften weder besser noch glücklicher machen [...]. Warum verschwendet der Staat Millionen an alle diese Anstalten zur Ausbreitung der Gelehrsamkeit? Ist es ihm um *Wahrheit* zu thun? Dem *Staate*? Ein Staat kennt keinen andern Vortheil, als den er nach Procenten berechnen kann. Er will die Wahrheit *anwenden* – Und worauf? Auf Künste und Gewerbe"[24]. Dennoch, wo wie hier, im Stammland des Rationalismus, durch einflußreiche Akademien die Welt völlig enträtselt zu sein scheint (man erinnere sich: Notre-Dame wurde in den Tagen der Revolution auf Geheiß Robespierres zum ‚Tempel der Vernunft' geweiht) und die Künste der Unterhaltung dienen, übten sich die Menschen weiter in der Kunst der Illusion, sei es auf dem Theater, sei es in den Straßen (die ein „ordentliches Puppenspiel mit lebendigen Personen"[25] wurden), sei es in den Wissenschaften, die von Montgolfieristen, Mesmeristen und Scharlatanen vom Schlage Cagliostros zu öffentlichen Spektakeln umfunktioniert wurden. Es waren vor allem Bürger, die in der Großstadt sich zum ersten Mal in der dem Adel vorbehaltenen Welt des Scheins versuchen konnten.[26] Wissenschaftler wie Stadtbe-

---

[23] „William Lovell", a.a.O., S. 49.

[24] Ilse Marie Barth/Klaus Müller-Salget u.a. (Hrsg.): Briefe von und an Heinrich von Kleist 1793–1811. Frankfurt a.M. 1997 (= Sämtl. Werke, Bd. 4), S. 259f.

[25] „William Lovell", a.a.O., S. 53.

[26] Vgl. Georg Simmel: Die Großstädte und das Geistesleben. (In: ders.: Aufsätze und Abhandlungen 1901–1908, Bd. VII/1, hrsg. v. Rüdiger Kramme u.a. Frankfurt a.M. 1995, S. 116–131), der vor allem den Zwang zur Selbstdarstellung und Maske – Folge der physischen Nähe der Großstadtbewohner und der Flüchtigkeit der Begegnung – herausstrich.

wohner agierten gleichermaßen hinter Masken verborgen; man begegnete sich „ohne auch nur ein einzigmal zu sagen, was man denkt“[27]. „Es ist eine Welt voller Schauspieler“, beklagt sich Lovell ganz im Sinne Rousseaus gegenüber Freund Burton, „wo man überdies noch die meisten Rollen armselig darstellen sieht, wo man die fremdartigen Maschinerien der Eitelkeit, Nachahmungssucht oder des Neides so deutlich durchblikken läßt, daß bei manchen keine Täuschung möglich ist“[28]. Das ist nicht nur bürgerliche Kritik gegenüber dem Adel als einer Welt der Camouflage; hier wird ein veränderter Umgang der Menschen innerhalb einer städtischen Sozietät und über die Klassen hinweg sichtbar. Seit die Enge der Großstadt ihre eigene Tyrannei der Intimität gerierte, zwang sie einerseits zur Anonymisierung, gleichzeitig aber wurde diese Anonymität als inhuman empfunden und angeprangert.[29] Paris glänzte nicht mehr, es erstickte; im Dreck, im Verbrechen, im Vergnügungstaumel, im *ennui*. So trostlos wie die „Pariser Bühne“[30] zeigte sich das Theater selbst, das man aus Langeweile aufsuchte und einen mit langweiligen Stücken entließ. Die Reime klingelten, wie es bei Tieck heißt, aber das Herz wurde nicht durch Empfindungen gerührt.

Wie sehr die zwischen Tristesse und Sensation gespannte Erfahrung der Großstadt die (imaginären wie realen) Reisenden einst verunsichert haben muß, zeigt eine weitere Notiz, die Tiecks fiktiver Briefpartner William Freund Burton zukommen läßt: „Paris, liebster Freund, mißfällt mir höchlich“, schreibt der Titelheld in die Heimat, „ein wüster Müßiggang ist mein Geschäft, vom Geschwätze betäubt, von keiner Seele verstanden“[31]. So fühlt sich der Reisende in der Großstadt bald wie in Felsenmauern eingekerkert und – will er überhaupt noch seinesgleichen finden – an einen Fremden, in die-

---

[27] „William Lovell“, a.a.O., S. 50.
[28] Ebd. S. 51.
[29] Vgl. Richard Sennett: Verfall und Ende des öffentlichen Lebens. Die Tyrannei der Intimität. Frankfurt a.M. 1974. Dort vor allem die Kapitel II,6 „Der Mensch als Schauspieler“ sowie III,7 und III,8 zu den Wandlungen des öffentlichen Lebens im 19. Jahrhundert.
[30] „William Lovell“, a.a.O., S. 51.
[31] Ebd. S. 47.

sem Fall den Deutschen Balder, verwiesen.[32] Nichts spüren wir von jenem enthusiastischen Urbanitätsmythos des 19. Jahrhunderts und dem Ruf ‚Stadtluft macht frei', nichts von dem Flair einer Intellektuellenstadt, eines Hortes der Zivilisation, der Liberalität, des *Savoir vivre* und des *Esprit*, wie es die kommenden Generationen von Reisenden entwerfen sollten.[33]

Das zivilisationskritische Parisbild, wie es hier den Hintergrund abgibt, war ressentimentgeladen, aber keine idiosynkratische Ansichtssache. Vielmehr bringt es inhaltlich wie in seinen metadiskursiven Strukturen Denkbilder zum Ausdruck; verfestigte Topoi schon deshalb, weil die Hoffmannsche Erzählung „Das Fräulein von Scuderi" wie auch die zwei Paris-Erzählungen Eichendorffs im Jahrhundert davor spielen: Hoffmanns Kriminalgeschichte im Zeitalter Ludwigs XIV. (wie es der Untertitel explizit vermerkt), Eichendorffs „Die Entführung" etwa Mitte des 18. Jahrhundert, „Das Schloß Dürande" in den aufgewühlten Zeiten der Französischen Revolution. So aktivieren sie über die Epochenschwelle von der frühen Aufklärung zur Romantik hinweg stabile Paradigmen, die im Damals das Heute kommentieren (das sind im Falle Eichendorffs die Jahre zwischen 1835 und 1837), aktualisieren und Konstanten der Kritik fokussieren. Zu dessen stabilen, den Diskurs Paris selbst organisierenden Schemata gehören die Spiegelung des Eigenen im Fremden ebenso wie die Versicherung individueller wie kultureller Identität durch die Kontrastierung mit dem normativ, mitunter pejorativ gesehenen Außen. „Die Pariser, und die Franzosen überhaupt", heißt es in Tiecks Briefroman, „wollen mir nicht ganz gefallen, sie könnten besser sein. In England sehn die Leute viel gesunder und stärker aus; wir haben auch Krüppel, die sich gewiß gegen jeden französischen dürfen sehen lassen, aber sie sind nicht so ausgehungert und demü-

---

[32] Vgl. ebd.

[33] Für die Franzosen selbst galt allerdings Paris schon seit gut einem Jahrhundert als Ort der Schriftsteller, Gelehrten und *philosophes*: „Paris est la patrie d'un Homme de Lettres, sa seule patrie", schrieb Mercier in seinem „Tableau" (zitiert nach Siegfried Jüttner: Großstadtmythen. Paris-Bilder des 18. Jahrhunderts. Eine Skizze. In: DVjs 55(1981), S. 173–203; hier S. 190).

tig“[34]. Doch die fiktiven wie echten Reiseaufzeichnungen boten auch die Möglichkeit der zensurfreundlicheren Verlagerung der Kritik an den eigenen, innerstaatlichen Zuständen ins Jenseits der Grenzen und in vergangene Zeiträume; etwa in den langen Auslassungen bezüglich der „bleiernen Unbehaglichkeit“[35] der Langeweile und ihrer Kehrseite, der alltäglichen „Betäubung“[36], oder über den Verlust der „großen Zwecke“ und „erhabenen Bestimmung der Künste“, die nur *ein* Zeichen für die vergangene Zeit sind, da „die Menschheit in ihrer Blüte stand“[37]. So waren Stadtbeschreibungen zugleich Zeitdiagnose wie selbstreflexive, sich der hermeneutischen Herausforderung bewußt stellende Suche nach Identität. Zur Kritik an der eigenen, heimatlichen Misere, aber auch als geographischer Fixpunkt deutschen Denkens und Sehnens, zu der im Falle der Deutschen noch der Mangel einer eigenen Hauptstadt kam, eignete sich Paris in hohem Maße, da die Metropole – wie übrigens auch London und Amsterdam – zunächst eher negative Urteile auf sich zog.[38] Sie schien ihren schon zu Zeiten des Absolutismus einsetzenden schlechten Ruf im Zeitalter der Verbürgerlichung von Kunst und Kultur erst recht zu bestätigen, weil dort nicht nur der Hof seinen Sitz gehabt hatte. Der Ort selbst schien sexuelle Anarchie, Verderbtheit und Verderbnis zu provozieren, kurz, jene Un-Natur, die sich mit den eigenen, natürlichen, das heißt vernünftigen (= guten) Lebensweisen des bürgerlichen Erzählers und Berichterstatters wirkungsmächtig kontrastieren ließ. Das bürgerliche Bewußtsein sah dann auch den Sinn des Reisens nicht mehr in der Kavalierstour, sondern in der Bildungsreise. Doch die Erziehungsfunktion von Paris war mehr als fraglich.

---

[34] „William Lovell“, a.a.O., S. 90. Doch heißt es zuvor auch: „Diese Dispute [über das, was es bedeutet, ein Franzose zu sein] sind mir immer sehr langweilig, ein jeder hält die Gründe des andern für trivial und keiner versteht den andern ganz, und beide haben recht und beide unrecht“ (ebd. S. 45).

[35] „William Lovell“, a.a.O., S. 71.

[36] Ebd. S. 43.

[37] Ebd. S. 49.

[38] s. Elisabeth Frenzel: Motive der Weltliteratur. Stuttgart 1976 (Stichwort ‚Stadt‘) sowie vor allem Günter Oesterles einführendes Referat: „Paris“ in Conrad Wiedemann (Hrsg.): Rom – Paris – London (op.cit.).

Spätestens seit dem Scheitern der Französischen Revolution verband sich die Kritik an der Stadt – die ihren Gewährsmann in Rousseau und dessen Zivilisationskritik des „État Sociale“, in seiner „Nouvelle Héloïse, dem „Discours“, vor allem aber in seinem „Brief an Herrn d'Alembert“ fand[39] – zusätzlich mit Mentalitätsvorbehalten gegenüber den charakterlichen Eigenschaften der Franzosen. Negativität, zumindest Ambivalenz kennzeichnet ganz allgemein die Einschätzung der Deutschen gegenüber ihrem welschen Nachbarn: statt Geist hier, findet sich dort *ésprit*, statt Kunstgeschmack Konversation, statt Wahrheit Brillanz, statt Phantasie Sinnlichkeit, statt Humor Witz.[40] Kant schrieb in seiner Anthropologie: „Die *französische* Nation charakterisiert sich unter allen andern durch den Konversationsgeschmack, in Ansehung dessen sie das Muster aller übrigen ist [...]. Die Kehrseite der Münze ist die, nicht gnugsam durch überlegte Grundsätze gezügelte, *Lebhaftigkeit*, und, bei hellsehender Vernunft, ein Leichtsinn [...]. Die Wörter: Esprit (bon sens), frivolité, galanterie, petit maître, coquette, étouderie, point d'honneur [...] u.d.g. lassen sich nicht leicht in andere Sprachen

[39] Bemerkenswert ist, daß in E.T.A. Hoffmanns Kriminalgeschichte die Pflegetochter des Fräuleins von Scuderi erst bei ihrem Umzug von Paris ins calvinistische Genf unglücklich wird. Genf aber war der Schauplatz jener Auseinandersetzung Rousseaus mit d'Alembert, in dem Rousseau seine Ansicht von der verderblichen Wirkung der Bühne für seine kleine Stadt ausbreitete: Das politische Verbot des Theaters rechtfertige sich, so Rousseau, weil die seelischen Fähigkeiten von Menschen, die gelernt hätten, sich wie Schauspieler zu verhalten, an Tiefe und Aufrichtigkeit verlören, sie die Bürgerpflichten vernachlässigten und durch Luxus verdorben würden. Wie in Paris sei dann zu befürchten, daß die öffentliche Inszenierung des Lebens die natürliche Tugendhaftigkeit und die Sitten zerstöre (vgl. Richard Sennett, a.a.O., S. 138).

[40] Vgl. Conrad Wiedemann (Hrsg.): Rom – Paris – London, a.a.O., S. 351. Kleist schreibt an Louise von Zenge aus Paris am 16. August 1801 in derselben kontrastierenden Weise: „Der Deutsche spricht mit Verstand, der Franzose mit Witz. Das Gespräch des Erstern ist wie eine Reise zum Nutzen, das Gespräch des Andern wie ein Spaziergang zum Vergnügen. Der Deutsche geht um das Ding herum, der Franzose fängt den Lichtstrahl auf, den es ihm zuwirft, u geht vorüber“ (s. Heinrich v. Kleist: Briefe, a.a.O., S. 266). In Paris findet man „alles für die Sinnlichkeit, aber nichts für die Phantasie“, notiert Friedrich Schlegel ganz ähnlich in seiner „Reise nach Frankreich“, ein Aufsatz, der zuerst in seiner in Paris redigierten Zeitschrift „Europa“ erschien (Frankfurt a.M. 1803, S. 26).

übersetzen; weil sie mehr die Eigentümlichkeit der Sinnesart der Nation, die sie spricht, als den Gegenstand bezeichnet, der dem Denkenden vorschwebt."[41] In der Großstadt zeigten sich anscheinend Entfremdung und psycho- wie soziopathologische Zustände des modernen Menschen und seiner zweiten, von der Zivilisation deformierten Natur besonders kraß.

Paris mißfällt darum nicht nur dem englischen Titelhelden von Tiecks Briefroman höchlich. Auch allen übrigen Nationen und Ständen, die in Tiecks vielstimmigem Roman von den Rousseauschen Gedanken infiziert sind, bleibt die Großstadt und ihre Bewohner suspekt. So auch dem so schwermütigen wie leicht entflammbaren Balder, der den in der Hauptstadt zur Schau gestellten Müßgigang und die Leerheit der Konversation ebenfalls heftig beklagt. So unterschiedlich die Sichtweisen der Romanfiguren, insbesondere die des von Lebensekel gepeinigten adligen Skeptikers Lovell im Vergleich zu der einfachen Seele des Dieners Willy – in der Einschätzung von Paris und ihren politischen wie sozialen Deformationen sind sie sich einig. „Es gibt in Paris erstaunlich viele Menschen, der König muß doch einen großen Kopf haben, der so das ganze Volk regiert"[42], heißt es da – eine ironische Attacke gegen das aufgeblähte (keineswegs mit Intelligenz gesegnete) Gehirn des Königs, die die Zeitgenossen wohl verstanden haben mochten. Versteckt hinter dem naiven Tonfall des Domestiken, konnte Tieck seine eigenen Vorbehalte und die zahlreicher Zeitgenossen gegen die Stadt artikulieren: Da ist die Rede von ‚besondren' Häusern – eigentlich Theatern, aber nach Ansicht des Engländers eher Orte der Prostitution – in denen Willy und sein Herr Lovell zum Gespött der Leute werden; da sind die erbärmlichen, sozialen Zustände, die der Diener Willy wie Beauchmarchais' Figaro mit allen politischen Konsequenzen anzuprangern wagt.

Und noch etwas anderes störte an dieser Stadt der dubiosen Verführer und der Verführung (und beide Vorstellungskom-

---

[41] Immanuel Kant: Anthropologie in pragmatischer Hinsicht. In: Werke in sechs Bänden, hrsg. v. Wilhelm Weischedel. Darmstadt 1983, Bd. VI, S. 662f [= Akademie-Ausgabe A 301f].

[42] „William Lovell", a.a.O., S. 56.

plexe koinzidierten im Paradigma der Anarchie und des Chaos[43]): sie wuchs schnell und ordnungslos. Die Folgen der großstädtischen Vermassung: Verarmung, Hunger, soziale Mißstände. „Die Stadt ist ein wüster, unregelmäßiger Steinhaufen, in ganz *Paris* hat man das Gefühl eines Gefängnisses, die Pracht des Hofes und der Vornehmen kontrastiert auf eine widrige Art mit der Armseligkeit der gemeineren Klassen"[44], schreibt Lovell an Burton. Gegenüber der zunehmenden Verelendung der Stadtbevölkerung („In Paris gibt es auch sehr viel arme Leute [...], manche sagen immer, daß sie so sehr hungern"[45]) mußten gerade für den Domestiken Willy die wenigen Vornehmen und Reichen wie Hohn wirken, die „hier in der Stadt sehr geschwinde, viel zu geschwinde, wie ein Jagdpferd"[46] mit ihren Kutschen fahren. „Es werden oft Leute übergefahren und da machen sie sich nicht viel draus, sie fahren über die Menschen ganz geruhig weg"[47].

Man schreibt das Jahr 1795. Georges-Eugène Baron Haußmann hatte noch nicht Paris umgekrempelt, noch nicht das moderne Stadtbild mit seinen breiten Boulevards, den Avenuen (ein Straßennetz von mehr als hundert Kilometer) und den einheitlichen Fassaden geschaffen, noch hatten sich nicht die Adligen in den reichen Westteil der Stadt zurückgezogen, sondern jedes Haus enthielt auf seinen vielen Stockwerken die bunte Mischung der Klassen und Stände; noch wurde das Wasser durch Wasserträger herangeschafft und nicht einmal die Geschäftsstraßen (erstmals dort 1817) waren mit Gasbeleuchtung

---

43 Vor allem zeigt dies Eichendorffs „Schloß Dürande", das nicht nur zwei Schauplätze – das schöne Tal der Provence zwischen waldigen Bergen und Paris –, sondern auch konträre Verhaltensweisen *einer* Person an diesen beiden Orten zeigt. Erst seit den Tagen der Revolution wurde die Ordnungslosigkeit (Menschenmassen, fehlende Rechtssprechung, Internierung unliebsamer politischer Querulanten im Irrenhaus etc.) auch in die Provinz getragen, der Unterschied zwischen Land- und Stadtadel aufgehoben. Am Ende geht mitsamt dem Schloß – aus Vorurteil, Wut und Rache des ‚Volkes' genährt – die alte Welt in Flammen unter.

44 „William Lovell",a.a.O., S. 49.

45 Ebd. S. 54f.

46 Ebd. S. 55.

47 Ebd. Ganz ähnlich schreibt Kleist am 16. August 1801 an Wilhelmine von Zenge.

ausgestattet. Ein Blick in die Statistik des 19. Jahrhunderts zeigt: Anfang der 30er Jahre war Paris mit ca. 800.000 Einwohnern die größte europäische Metropole des Kontinents.[48] Die Bevölkerung teilte sich in drei soziale Kategorien auf: circa 75% waren unselbständige Handwerker, Arbeiter und Bedienstete, die in größter Armut lebten, ca. 15% stellten die selbständigen Handwerker, Kleinhändler und niederen Beamten und nur 6–8% gehörten dem besser situierten Bürgertum an, wovon wiederum nur 1,75% überhaupt innerhalb des herrschenden Zensuswahlrechts stimmberechtigt waren. Die wenigen Großbürger und wirklichen Reichen fielen bevölkerungsstatistisch überhaupt nicht ins Gewicht – umsomehr prägte der alte Stadtadel die Topographie, bewohnte die Paläste des Faubourg Saint-Germain am linken Seineufer, scharf geschieden von der Geldaristokratie auf der rechten Seite.[49]

Was Lovell und Willy aus Paris nach England verlauten ließen, gehört in seiner scharfen Kontrastierung und der Bestimmtheit ihrer Urteile nicht nur zum inneren Funktionsgefüge des gesamten Romans, der Liebe, Empfindsamkeit und Sensibilität, Gleichheit und Brüderlichkeit in binären Oppositionsreihen einer (vor allem) großstädtischen Dekadence, Sittenlosigkeit und Langeweile gegenüberstellt. Das Aversive, Widersprechende ist auch Kennzeichen des sich rasant entwickelnden Schauplatzes Paris selbst, der mit den Anzeichen einer Restauration, den in der Tat so glänzenden wie oberflächlichen Kunstspektakeln (so empfand sich Heine in Paris an eine „Galeere des Vergnügens" geschmiedet)[50] und dem immer wieder dro-

---

[48] Dieselbe Zahl (800.000) nannte auch schon Kleist in seinen Parisbriefen, so daß die Angaben in Zweifel gezogen werden dürfen. Richard Sennett (a.a.O., S. 156f) dokumentiert folgende Zahlen: 1801: 547.756 Einwohner, 1821 713.966, 1881 935.261, 1856 – im Todesjahr Heinrich Heines – zählte Paris bereits über 1.175.000 Einwohner, 1881 schon 2.269.023 und Ende des 19. Jahrhunderts ca. 2,7 Millionen. Um zu ermessen, was dieser Zuwachs bedeutete, sollte man bedenken, daß die einzige Stadt, die der Größe von London und Paris bis dahin gleichgekommen war, das kaiserliche Rom des 2. nachchristlichen Jahrhunderts war.

[49] Vgl. zu den Angaben: Joseph A. Kruse u.a. (Hrsg.): Heine in Paris. 1831–1865. Düsseldorf 1981, S. 51.

[50] So in einem Brief von 1854 (zitiert nach Joseph A. Kruse (Hrsg.), a.a.O., S. 99).

henden Chaos einer erneuten Revolution fertig werden mußte. Das Inhumane der angeblich so fortschrittlichen, zivilisierten Gesellschaft, das schon Mercier in seinen vorrevolutionären Stadtansichten angeprangert hatte, wird in der Metropole Paris noch verschärft, da es hier anonym und gleichgültig wird: „Welch grausame Mildtätigkeit in unseren Krankenhäusern!", schreibt Mercier in seinem Bericht über das Hôtel-Dieu, „Unheilbringende Hilfe, täuschende, verderbliche Verlockung! [...] man bettet den Kranken neben einen Sterbenden oder Toten [...]. Man läßt ihn eine Luft voll ansteckender Fäulnisgerüche atmen [...]. Hier ist selbst die Barmherzigkeit blind und mörderisch, fehlt ihr doch das, was sie sonst auszeichnet: tiefes Mitleiden, hilfreiche Sorgfalt, Tränen der Empfindsamkeit"[51]. In solchen Schilderungen fanden spätere Generationen und Leser diejenigen Argumente, die sich zu wenigen Kollektivsymbolen verdichten ließen.[52] Wenn deshalb im folgenden in den ‚Botschaften' der Texte aus der Hauptstadt immer wieder auf die Konstanten der Kritik hingewiesen wird, wie sie bis in unsere Zeit in ihren positiven wie negativen Wertungen das Bild der Stadt und das ihrer (fremden) Beobachter prägten, so bedeutet dies nicht nur, die Texte als Mythos, als metasprachlichen Diskurs zu erkennen, es verhindert auch, die angeblich echten Nachrichten als dokumentarisches Material zu interpretieren.

Zwei Konstanten, die sich bei der Betrachtung der Imagines der Stadt herausschälen lassen, sind besonders signifikant: die Ausdehnung und das Tempo. Überwältigend war nicht nur die Größe von Paris – ein allesverschlingender, unüberschaubarer Moloch, der sich in immer kleinere, hochgeschichtete und dichtere Einheiten parzellierte (erst Ende des 18. Jahrhunderts wurden Straßennamen und Hausnummern eingeführt) –, sondern auch die zeitliche Disparität, das Auseinanderfallen der Wahrnehmung, das Tempo, in die die Stadt ihre Besucher mit- und hineinriß. Goethe benutzte bekanntlich in seinen Aufzeichnungen das Wort ‚veluziferisch', um in der Übereilung eines der

---

[51] Louis-Sébastian Mercier: Paris am Vorabend der Revolution. Entdekkung der Weltstadt. Stuttgart 1967, S. 255ff.

[52] Vor allem dieser ‚fabrikmäßige Tod' in den Pariser Hospitälern war es, was auch Rilkes Held Malte Laurids Brigge schockierte.

Übel der modernen Menschheit anzuprangern. Auch bei Eichendorff kennen wir aus seinen Romanen und literaturgeschichtlichen Schriften die Angst gegenüber allem, was sich schnell bewegt.[53] Eichendorffs, Goethes und Tiecks Vorbehalte reproduzieren zugleich kollektive Bilder und Metaphern einer sich tatsächlich hypertroph und rasch wandelnden Zeit. Sie machte Angst, doch wird sie die Wahrnehmung des modernen Menschen zunehmend prägen, so daß Walter Benjamin schließlich von Paris als der „Hauptstadt des 19. Jahrhunderts" reden konnte.[54] Paris, das war nicht nur die Kapitale Frankreichs, das war schließlich zum Experimentierfeld für die Moderne schlechthin geworden.

Eines der beeindruckendsten Zeugnisse für dieses neue Zeitbewußtsein, das sich in Paris wie in einem Brennspiegel fokussierte, findet sich am Ende von Eichendorffs Roman „Ahnung und Gegenwart". „Mir gleicht", sinniert dort Friedrich, „unsere Zeit dieser weiten, ungewissen Dämmerung! Licht und Schatten ringen noch unentschieden in wunderbaren Massen [...]. *Unsere* Jugend erfreut kein sorglos leichtes Spiel, keine fröhliche Ruhe, wie unsere Väter, uns hat frühe der Ernst des Lebens gefaßt. Im Kampfe sind wir geboren, im Kampfe werden wir, überwunden oder triumphierend, untergeh'n. Denn aus dem Zauberrauche unserer Bildung wird sich ein Kriegs-Gespenst gestalten, geharnischt, mit bleichem Totengesicht und blutigen Haaren; wessen Auge in der Einsamkeit geübt, der sieht schon jetzt in den wunderbaren Verschlingungen des Dampfes die Lineamente dazu aufringen und sich leise formieren. Verloren ist, wen die Zeit unvorbereitet und ungewaffnet trifft [...]. Denn aus ihren Fugen wird sie noch einmal kommen, ein unerhörter Kampf zwischen Altem und Neuem beginnen, die Leidenschaften, die jetzt verkappt schleichen, werden die

---

[53] Vgl. Gerhard Schulz: „Die Zeit fliegt heut entsetzlich". Der Erzähler Eichendorff und die Geschichte. In: Michael Kessler/Helmut Koopmann: Eichendorffs Modernität. Tübingen 1989, S. 155–170. Dazu paßt die 1829 entstandene Schilderung Pückler-Muskaus, nach der die Pariser Omnibusse bis aufs Dach besetzt waren und durch die Boulevards hin- und herjagten (in: Karsten Witte (Hrsg.): Paris, a.a.O., S. 92–96).

[54] Walter Benjamin: Paris, die Hauptstadt des XIX. Jahrhunderts. In: Schriften V/1, Das Passagen-Werk, a.a.O., S. 45–60.

Larven wegwerfen und flammender Wahnsinn sich mit Brandfackeln in die Verwirrung stürzen, als wäre die Hölle losgelassen, Recht und Unrecht, beide Parteien, in blinder Wut einander verwechseln"[55]. Die Bedrohung, verdichtet in kollektiven, archetypischen Vorstellungen (den Allegorien des Kriegsgespenstes, der chaotisch wuchernden Menschenmassen, der wahnsinnigen Furien), läßt erkennen, daß die Wunden der Revolution noch lange nicht verheilt waren. Im Gegenteil, die Juni-Aufstände des Jahres 1830 machten eine erneute ‚Emeute' (so Heinrich Heine 1833) wahrscheinlich. 40.000 Flüchtlinge lebten schon in der Stadt, bald darunter die Deutschen Monsieurs Heine und Börne.[56]

Nur scheinbar unterscheidet sich deshalb das Parisbild, wie es 1819 E.T.A. Hoffmann in seiner Erzählung aus der Zeit Ludwigs des XIV. gab, von dem in Eichendorffs wenige Jahre zuvor erschienenen Roman. Hoffmanns Darstellung gibt sich nicht bis in alle Schichten des Textes ausgewogener, ambivalenter, auch wenn Paris wohl der Schauplatz eines Verbrechens, aber auch Ort des Geistes und der gebildeten Gesellschaft ist, in der eine *femme de lettres* noch fähig ist, durch Verse, Sinnsprüche und Erzählungen Politik zu machen und der empathetischen Vernunft zu ihrem Recht zu verhelfen. Doch lassen wir uns nicht täuschen: Das glanzvolle Zeitalter des Sonnenkönigs beschreibt als Kehrseite – da es ja bereits der Vergangenheit angehört – umso deutlicher den Verfall der Stadt und seiner Sitten, die vielleicht schon seit den Tagen der Scuderi, als der erzürnte

---

[55] Joseph Freiherr von Eichendorff: Werke in sechs Bänden, hrsg.v. Wolfgang Frühwald u.a. Frankfurt a.M. 1993, Bd. 2, S. 380f. Bei den zahlreichen Übereinstimmungen der Ansichten zwischen Eichendorff und Tieck mag es verwundern, daß Eichendorff später in der „Geschichte der poetischen Literatur Deutschlands" die Weltverachtung, den Haß, den Egoismus und die Genialität des Tieckschen Protagonisten verurteilte (vgl. die im Anhang zum „William Lovell" zusammengestellten Dokumente, a.a.O., S. 715). Eichendorff störten wohl aufgrund einer Identifizierung Tiecks mit seinem Helden die gefährlich-atheistischen Tendenzen des Romans. Tiecks Gegenargument findet sich im Testament Andreas': „Du gehörst zu jenen Lesern, die in allen Büchern nur sich selber suchen, und nicht die Fähigkeit besitzen, sich in fremde Körper hineinzudenken" (ebd. S. 608).

[56] Günter Oesterle (op.cit.) nennt folgende Zahlen: 1830 waren 7.000 Deutsche in Paris, 1840 30.000 und acht Jahre später 60.000.

„Pöbel"[57], schwankend zwischen Sensationsgier und Wut, Rache an Cardillacs unschuldiger Tochter und ihrem Anverlobten nehmen wollte, im Niedergang waren.

III.

Wie sehr dieses von Tieck im „William Lovell" sechs Jahre nach der Französischen Revolution, von Eichendorff in seiner Prosa noch Jahrzehnte später entworfene Bild von Paris das Urteil und die Sicht der Zeit trafen, belegt der Vergleich der fiktionalen Literatur mit den Korrespondenzen Heinrichs von Kleist, die er auf seiner Reise im Jahre 1801 aus Paris an seine Braut, an Verwandte und Freunde schrieb. Briefe waren damals ja weit mehr als nur persönliche Botschaften; sie finden sich als bevorzugtes Verständigungsmedium der Aufklärung und der Romantik in Zeitschriften, Stadtverlautbarungen oder publizierten Reisebriefen, wurden, auch wenn sie von Privatpersonen geführt wurden, einem größeren oder kleineren Kreis zugänglich gemacht. Die auffälligen Parallelen in Diktion und Sujets, die es bei Görres, in Briefen Campes, Arndts, Seumes bis zu denen Heines und Börnes gibt, belegen einmal mehr, daß die Paris-Kritik im Kontext von Erzählungen und Romanen (wobei Tieck sehr publikumswirksam gleich das ‚authentischere' Genre des Briefromans wählt) demselben Diskurs angehörte und sich über Gattungsgrenzen, Standeszugehörigkeit und persönlichen Einschätzungen hinaus entwikkelte. Zusammen betrachtet lassen sie nicht nur auf ein gemeinsames Repertoire von Stadtsichten und Stadtansichten schließen, sondern bekunden darüberhinaus die bereits genannten strukturellen Parallelen, die den Blick auf die Großstadt bestimmten. Auch Kleist bemüßigte sich, nicht nur eine Verbindung zwischen den materiellen Zuständen der Stadt und der Verfassung ihrer Bewohner zu ziehen, sondern darüberhinaus eine Verbindung zwischen sich als Reisendem und dem fremden Ort herzustellen. Auf diese Weise brachte er seinen Beobachtungsstandpunkt ein, artikulierte diskrepante psy-

[57] E.T.A. Hoffmann: Das Fräulein von Scuderi, a.a.O., S. 249.

chische und ökonomische Befindlichkeiten und kontrastierte so das Objekt seines Urteils mit den eigenen Vorstellungen. Stadtbeschreibungen waren deshalb immer zugleich Seelenbild – der dort lebenden Menschen ebenso wie der Reisenden. Gerade bei Heinrich von Kleist, dessen schriftstellerische Anfänge sich wesentlich in und mit seinen Briefen vollzogen, bestätigen sich diese zwischen Dokumentation, Fiktion und Selbstfindung changierenden Funktionen der Reiseliteratur. Bekannte, kollektive Vorstellungen der Stadt wurden aktiviert, um das Typische aufzuspüren, aber auch, um sie als Anlaß für eigene Standtortbestimmungen zu nehmen.

Kleist reiste zu einem wichtigen Zeitpunkt in die französische Metropole: es war das Ende der Kant-Krise, und er ging nach Paris, um naturwissenschaftliche Studien aufzunehmen („Ich bin an lauter Pariser Gelehrten addressirt“[58]), die er jedoch – sofern sie überhaupt jemals ernsthaft erwogen wurden – bald einstellte. Bei Rousseau, der ihm nebst seiner Schwester Ulrike der wichtigste Reisebegleiter war, fand er die Argumente für seine Enttäuschung angesichts der Wissenschaften („Ach mich ekelt vor dieser Einseitigkeit!“[59]), der Entfremdung der Menschen („Ach, ich trage mein Herz mit mir herum, wie ein nördliches Land den Keim einer Südfrucht“[60]) und dem oberflächlichen Umgang der Stadtbewohner („Genießen! Genießen!“[61]). Als Kleist drei Jahre später 1803/04 wiederholt und aus immer noch nicht ganz geklärten Umständen[62] in der französischen Hauptstadt weilte, war Paris nicht zuletzt der Ort, wo der Autor sein „Guiskard“-Drama ver-

---

58 Heinrich v. Kleist: Briefe, a.a.O., S. 233.

59 Ebd. S. 257. Ganz ähnliche Wissenszweifel finden sich in Tiecks Roman, wo Lovell ebenfalls vehement seine Skepsis gegenüber den Wissenschaften äußert: „wir haben den Betrug mit Einem dreisten Schritte enträtselt, aber was haben wir damit gewonnen? Die Gestalten sind verschwunden, aber unser Blick dringt doch nicht durch den Vorhang“ („William Lovell“, a.a.O., S. 50).

60 Heinrich v. Kleist: Briefe, a.a.O., S. 256.

61 Ebd.

62 Vgl. Hilde M. Brown: Kleist in Paris, 1804. In: Seminar 13(1977), S. 88–98; Peter Goldammer: Kleist in Paris im Jahre 1804. In: Beiträge zur Kleistforschung 1989, S. 37–46, sowie die entsprechenden Anmerkungen der Herausgeber der Briefe Kleists (Klaus Müller-Salget u. a. (Hrsg.), a.a.O., S. 824–828).

nichtete.[63] Die Themen seiner Nachrichten aus Paris bestätigen die Aversion gegenüber der Metropole, wie wir sie bei Tieck und Eichendorff fanden. Schon vor der Ankunft stand das negative Urteil fest: „Noch habe ich von den Franzosen nichts, als ihre Greuel u ihre Laster kenengelernt – Und die Thoren werden denken, man komme nach Paris, um ihre Sitten abzulernen!"[64], schreibt er am 28. Juni aus Straßburg an seine Braut Wilhelmine von Zenge. Ähnliche Urteile ließen sich in den Reisebriefen finden, die Görres, der sich Ende 1797 bis Juli 1801 in der Stadt aufhielt, die Jens Baggesen, die die Boisserées, Friedrich Schlegel, Savigny oder Uhland aus der Metropole schrieben. Man sollte deshalb die wenigen, doch umfangreichen Kleistschen Briefe aus Paris nicht mit dem Ziel lesen, hier etwas ganz und gar Selbsterlebtes über die Stadt und ihre Bewohner zu erfahren. Schon aufgrund der Parallelen zwischen den echten Korrespondenzen Kleists und der Schönen Literatur, vor allem aber aufgrund der Wiederholungen in den Briefen selbst wird man kaum den Fehler begehen, hier allzu Persönliches zu vermuten. Vielmehr darf von einer dominant topischen Struktur von Kleists Paris-Briefen ausgegangen werden, wie es auch Ingrid Oesterle überzeugend aufzuzeigen gelang.[65] Sujets, ja ganze Passagen wiederholen sich bis in die Formulierungen hinein. Darüberhin-

---

[63] Vgl. dazu Iris Denneler: Legitimation und Charisma. Zu „Robert Guiskard". In: Walter Hinderer (Hrsg.): Kleists Dramen. Neue Interpretationen. Stuttgart 1981, S. 73–92; die Überlegungen zu Kleists Paris-Reise von Theo Stammen: Kleist als politischer Denker. In: Freiburger Universitätsblätter 91(1986), S. 59–76, sowie die von Helmut Sembdner gesammelten Zeugnisse zu den Umständen des „Guiskard"-Autodafés (gemeinsame Wohnung mit von Pfuel, Streit, Verlassen der Wohnung, Pfuels Suche Kleists in der Morgue etc.) in: ders.: Heinrich von Kleists Lebensspuren. Bremen 1967, Nr. 115, 118, 119a und 120.

[64] Heinrich v. Kleist: Briefe, a.a.O., S. 234.

[65] ... und die dennoch von „Privatbriefen" sprechen möchte (Werther in Paris? Heinrich von Kleists Briefe über Paris. In: Dirk Grathoff (Hrsg.): Heinrich von Kleist. Studien zu Werk und Wirkung. Opladen 1988; S. 97–116; hier S. 100), welche von den öffentlichen Briefen eines Campe, Arndt oder Seume abzusetzen seien. Auch plädiert die Verf. für eine „literarische Eigenständigkeit" und eine vom „Telosbezug auf die Dichtung" entlastete Lektüre dieser Korrespondenz (ebd. S. 97f). Die Übergänge zur Dichtung sind jedoch eher fließend. Zahlreiche Zeugnisse der Briefliteratur, zu deren berühmtesten die von Börne gehören, waren zunächst an eine Privatperson

aus bleibt ein Großteil der Aufzeichnungen der Selbstreflexion und den Erziehungsbestrebungen gegenüber der Braut gewidmet, so daß die Stadt und ihr Ambiente zeitweise völlig ausgeblendet werden („künftig etwas von Paris")[66]. Auch wenn man sich Ingrid Oesterles synoptischem Vergleich von Goethes „Werther" mit Kleists Parisbrief an Wilhemine von Zenge[67] vom 16. August 1801 nicht in allem anschließen mag, so hat ihre Untersuchung doch das Grundsätzliche dieser Korrespondenzen nachdrücklich herausgearbeitet: den diskursiven Kontext, zu dem der empfindsame Ton des Kleistschen Briefes ebenso gehört wie die typischen, negativen Charakterzüge, mit der die Stadt geschildert wird *und* ihre Funktion für die schriftstellerische Selbstfindung Kleists. Die Verfasserin konnte zeigen, wie und auf welche Weise Kleists Auffassung vom Dichten und seine (ablehnenden) Schilderungen des „stolze[n], ungezügelte[n], ungeheure[n] Paris"[68] schließlich konvergierten. Sinnentleerte, oberflächliche Vergnügungen, Verrohung, gesellschaftliches Geschwätz und Maske – es sind dieselben Kennzeichen großstädtischen Lebens, wie sie Tieck, Kleist oder Eichendorff für ihre Schriftstellerexistenz ablehnten.[69] Während zur gleichen Zeit Schiller noch immer hoffte, daß „der Kopf das Herz bilden"[70] könne, beklagten Kleist und die Romantiker die Dominanz des allzu kalten Verstandes über die Empfindungen. In seinem Brief vom 18. Juli 1801 verurteilte Kleist gegenüber Karoline von Schlieben am Beispiel von Paris die kalte Konvenienz des Adels und den Verlust der Emotionalität durch die Ratio gleichermaßen: „Das Herz ist hier so unbrauchbar wie eine Lunge"[71].

---

gerichtet und wurden dann zur Veröffentlichung bestimmt. Ingrid Oesterle selbst zieht immer wieder Parallelen von Kleist zur fiktionalen Literatur, insbesondere zu Tiecks Roman „William Lovell" (a.a.O., S. 107).

66 Heinrich v. Kleist: Briefe, a.a.O., S. 248.

67 Zumindest ebenso deutlich erscheinen mir „Werther"-Anklänge in Kleists Briefen an Karoline von Schlieben.

68 Heinrich v. Kleist: Briefe, a.a.O., S. 235.

69 Ein Hinweis, daß es sich bei dieser Novelle Eichendorffs trotz der zeitlichen Rückverlagerung um einen zeitkritischen, aktuellen Text handelt.

70 Friedrich Schiller: Philosophische Briefe. In: Werke, hrsg v. Julius Petersen u. Hermann Schneider. Weimar 1953ff (= Nationalausgabe, NA); hier NA 20, S. 107.

71 Heinrich v. Kleist: Briefe, a.a.O., S. 237f.

Es scheint, die Stadt in ihrer Größe und Hektik habe die moderne Gefährdung des Selbst erst hervorgebracht und provoziert. Dazu gehören die zerstörerische Anonymität, Luxus und Verelendung ebenso wie Liberalität und Freiheit, die allerdings das Gefühl der Entfremdung innerhalb des sozialen Miteinanders eher noch verstärkten. Von der visionären Sicht der Stadt bis zu den Bildern drohenden Untergangs war es dabei stets nur ein kleiner Schritt – auch die höfischen Dekadents in Eichendorffs „Entführung" bezeichnen deutlich eine Endzeit, die durch allerlei Gesellschaftspiele (dazu gehört das Jagen in den Paris nahen Schlössern und Wäldern) kaum kaschiert wird. In der eben genannten Kleist-Studie zitiert Ingrid Oesterle auch einen Brief Ludwig Görres' an seinen Freund Jens Baggesen, der, ebenfalls um die Jahrhundertwende verfaßt, die Ambivalenzen der Stadt deutlich benennt: „Die Wissenschaft schlägt dort um in Empirie, die Kunst in Mode, die Sittlichkeit, die Liebe in Galanterie"[72]. Kleist schreibt an Karoline von Schlieben: „In den Hauptstädten sind die Menschen zu gewitzigt, um offen, zu zierlich, um wahr zu sein. Schauspieler sind sie, die einander wechselseitig betrügen"[73]. Ganz ähnlich heißt es bei Tieck: „Wie mich alles hier anekelt! – Man spricht und schwatzt ganze Tage, ohne auch nur ein einzigmal zu sagen, was man denkt; man geht ins Konzert, ohne die Absicht zu haben, Musik zu hören; man umarmt und küßt sich, und wünscht diese Küsse vergiftet. Es ist eine Welt voller Schauspieler und wo man überdies noch die meisten Rollen armselig darstellen sieht"[74].

Kritik an solchen Zuständen war nicht nur durch die bereits erwähnten Schriften Rousseaus populär („Rousseau ist immer das 4[t] Wort der Franzosen"[75], schreibt Kleist), der der beharr-

---

72 Zitiert nach Ingrid Oesterle, a.a.O., S. 109.

73 Kleists Brief vom Juli 1801, a.a.O., S. 237.

74 Ludwig Tieck: William Lovell, a.a.O., S. 50f. Die Parallelen zwischen Kleists Briefen und Tiecks Roman sind der Forschung seit langem bekannt. Schon 1908 machte Wilhelm Herzog (in: Euphorion 15, S. 713–716) auf die Parallelitäten aufmerksam, ohne jedoch die entscheidende Vermittlungsinstanz, Rousseau und seine Schriften, zu erwähnen. Vgl. dagegen den jüngsten Stand der Forschung in: Klaus Müller-Salget u.a. (Hrsg.), a.a.O., S. 765.

75 Heinrich v. Kleist: Briefe, a.a.O., S. 241.

lichste Erforscher des öffentlichen Lebens der Stadt im 18. Jahrhundert war und dieses Leben zugleich als ein Krebsgeschwür verabscheute;[76] auch Montesquieus „Lettres persanes" oder das ebenfalls von Ingrid Oesterle ins Bewußtsein gebrachte „Tableau de Paris" von Louis-Sébastian Mercier von 1781 bis '88, worin die Aufklärung bereits unüberhörbar an der Erfüllbarkeit ihrer Ansprüche zweifelt, hatten es artikuliert. Schon in Merciers schnell zum Bestseller avancierten ‚Augenblicksphysiognomie'[77] der Stadt, die von den großen Attraktionen erstmals zum Beiläufigen, Alltäglichen und Übersehenen vordrang und die das ‚Wilde' der Großstadt in ihre offene Form integrierte, finden wir die später so wohlbekannten Klagen über die Abstumpfung der Sinne durch allzuschnell wechselnde Ereignisse, über die kalte, empirische Beobachtung des Ortes anstelle des empathetischen, menschlichen Miteinanders und die Invektiven gegenüber allen Arten von Zerstreuungen (eben den „frostigen langweiligen Lustspiele[n]", wie es Tieck beschrieb)[78]. Karlheinz Stierle und Volker Klotz wiesen mit ihren Untersuchungen zum Mythos von Paris bzw. zur erzählten Stadt ausführlich auf die Affinitäten hin, die zwischen den ästhetischen Qualitäten von Merciers Stadtansichten und dem Thema bestanden: wie nie zuvor hatte Mercier das Polyphone, ja Kakophone der Großstadt eingefangen, Synchronie und Disparität in die Form des Werkes selbst geholt, das sich schon damals nicht mehr zu einer ‚Harmonie der Großstadt' synthetisieren ließ.

---

[76] Dazu Richard Sennett: „Jean-Jacques Rousseau betrachtete den Kosmopolitismus nicht als hohe Stufe der Zivilisation, sondern als monströsen Auswuchs. Gründlicher als irgendein anderer seiner Zeitgenossen untersuchte er die große Stadt, gleichsam als hätte er ein Krebsgeschwür vor sich. Paris stand im Mittelpunkt seines Interesses, doch Rousseau war überzeugt, daß die theatralischen Züge des Pariser Lebens auf die übrigen Hauptstädte Europas übergreifen würden [...]." Dennoch war der Ertrag von Rousseaus Überlegungen beträchtlich: „In seinen Attacken gegen die Vermischung von Bühne und Straßenleben gelangte er zu der ersten umfassenden Theorie der modernen Stadt als einer spezifischen Ausdruckswelt" (a.a.O., S. 137).

[77] So Karlheinz Stierle, a.a.O., S. 107.

[78] Ludwig Tieck: William Lovell, a.a.O., S. 51.

Für Kleist kulminierten die widerstreitenden Kräfte der Großstadt in dem großen Feuerwerk anläßlich des Friedensfestes am 14. Juli 1801. Dafür hatte er extra seine Anreise beschleunigt und auf der Reiseroute „die Schweiz im Stiche" gelassen, um „direct nach Paris zu gehen"[79]. Vier Tage nach dem großen Ereignis, am 18. Juli 1801, beklagte er gegenüber Karoline von Schlieben, ganz im Gefolge Rousseaus, die geistige Verarmung und Leere gegenüber einem ländlichen, noch in der Natur verwurzelten und zurückgezogenen Leben. In der Großstadt herrsche die „kalte Kruste der Convenienz"[80], das Herz sei in der Stadt „so gut als todt", die Menschen „zu zierlich, um wahr zu sein"[81] und alle Vergnügungen bloße Zerstreuung. Wenige Wochen später, in jenem schon erwähnten Brief vom 16. August an Wilhelmine von Zenge, wurde Kleist ausführlicher: „Jedes Nationalfest kostet im Durchschnitt zehn Menschen das Leben [...]. Aber ein Menschenleben ist hier ein Ding, von welchem man 800000 Exemplare hat", schreibt er verbittert. „Verrat, Mord und Diebstahl sind hier ganz unbedeutende Dinge, deren Nachricht niemanden affiziert"[82]. Kleist versuchte – auch darauf hat Ingrid Oesterle hingewiesen – sich ob dieser Wirklichkeitsbedrängnisse in den Schonraum des Musentempels zu flüchten: „Geschwind laufe ich nach dem Louvre, u erwärme mich an dem Marmor, an dem Apoll von Belvedere, an der mediceischen Venus"[83], berichtet er Louise von Zenge, und, fast identisch, Adolphine von Werdeck[84]. Doch Kunst und erzieherische Denksportaufgaben an Wilhelmine von Zenge halfen Kleist wenig. Weder gelang es dem Paris-Reisenden, der ‚traurigen Stadt' etwas abzugewinnen, noch trotz eindringlicher Vorstellungen und Beschwörungen den Plan eines archaischen Landlebens zu verwirklichen, das er, zurückgezogen auf einen Bauernhof in der Schweiz, zusammen mit Wilhemine zu führen gedachte. Kleist, der sich ursprünglich für ein Jahr auf Paris eingerichtet hatte, verließ schon nach vier Monaten – weil ihm das

---

[79] Heinrich v. Kleist: Briefe, a.a.O, S. 234.
[80] Ebd. S. 235.
[81] Ebd. S. 237.
[82] Ebd. S. 265.
[83] Ebd.
[84] „Geschwind gehe ich nach dem Louvre...", ebd. S. 255.

„ganze französische Wesen so schlecht [gefiel]"[85] – die Stadt. Gefestigt hatten sich für Kleist jedoch durch seine Paris-Beobachtungen charakteristische Denkformen (wie das berühmte Bild von der Eiche und dem Sturm) und eine von Rousseau geprägte Zivilisationskritik, der die drei letzten Briefe an Wilhelmine, an Freund Brokes und an Adolphine von Werdeck ausschließlich gewidmet sind. Und auch die Kantkrise schwelte weiter, fand sie doch durch Kleists neuerliche Zweifel an Wissen und Wissenschaft, zu der sich noch eine profunde Sprachskepsis gesellen sollte, neue Nahrung.[86] Wie sehr er mit dem Klischee vom freien Landleben, für das die Stadt schon immer ihren eindringlichen Kontrastpart spielte, ein romantisches Lebensgefühl aussprach, läßt sich an der Einschätzung des Tieckschen Romanhelden Mortimer erkennen, der über den Diener Willy schreibt, er sei „eins von den geliebten Wesen Rousseaus, von keinen Wissenschaften veredelt und verdorben, von keiner Gelehrsamkeit klüger und dummer gemacht, von Schüchternheit und Prätension gleich weit entfernt"[87].

Es lohnt sich, Richard Sennetts Ausführungen zum Verfall und Ende des öffentlichen Lebens in diesem Kontext ausführlich zu studieren, die neben den Zusammenhängen zwischen Kosmopolitismus und Großstadtpsychologie den Funktionszusammenhang mit Rousseaus Verdikt gegen das Theater (die sich mit einer Kritik am Stadtleben als einer Bühne und dem Verfall der Sitten verband) überzeugend herausarbeiteten. Die Stadt, das ist der Ort, wo *vor allem* man Fremden begegnet. Deshalb kam es darauf an, sich zu inszenieren, bei den zahlreichen, flüchtigen Begegnung ein gewandter Schauspieler und Selbstdarsteller zu sein. Doch, je näher man sich auf öffentli-

---

[85] So die Schwester Ulrike in einem Rückblick 1828 (nach: Helmut Sembdner: Heinrich von Kleists Lebensspuren, a.a.O., Nr. 58). Umso mehr schreibt Ulrike der Freundschaft Kleists mit der Familie Werdeck den Umstand zu, daß Kleist sich bereden läßt, 1803 erneut mit den Werdecks nach Paris zurückzukehren, das – und sie wiederholt es nochmals – „ihm damals so zuwider war" (ebd. Nr. 113).

[86] Vgl. Iris Denneler: „Denn nie besser ist der Mensch, als wenn er es recht innig fühlt, wie schlecht er ist" – Kleists Bankrotterklärung des Erhabenen. In: Études Germaniques 4(1995), S. 715–732.

[87] „William Lovell", a.a.O., S. 44.

chem Parkett kam, desto größer wurde auch der Drang, sich zurückzuziehen, Geselligkeit zu vermeiden. Als schließlich im Wandel vom Ancien Régime zur bürgerlichen Gesellschaft das Private zum einzigen Ort der Authentizität wurde und Selbstenthüllung als Maßstab für Wahrheit galt, schien es undenkbar, daß man wie einst sehr wohl zwischen Rolle und Sein unterscheiden wollte. Kalt, verführerisch und gefährlich wie eine herzlose Geliebte ist dem rousseauistisch inspirierten Menschen die fremde Stadt, der Lovell zunächst unrettbar in Gestalt der raffinierten Französin Louise Blainville verfällt – einer *femme fatale* im Gefolge der klugen Merteuil und der Milford – die die Rolle eines Naturkindes trefflich zu *spielen* versteht. Lovell schätzt sie in seiner amourösen Verblendung als „ein einfaches Kind der Natur, ohne alle Prätention und Verstellung“[88], was ihn seine englische Herzensdame zunächst – das heißt, genau so lange wie er sich in der Stadt der Verführungen und der Sinnlichkeiten aufhält – vergessen macht.

Für Kleist, das bezeugen die Analysen der Paris-Korrespondenzen, bedeutete das Briefe-Schreiben weniger Dialog als Einübung in die Schriftstellerei. Bücher zu produzieren, so ließ er aus der französischen Hauptstadt verlauten, sei ihm fortan das wichtigste, zumindest solche, wie er sagte, die nicht für Geld verfaßt würden. Ökonomie waltete dennoch: Ganz offensichtlich wiederholen die Briefe immer wieder dieselben Ereignisse, sind eher Schreibanlaß als persönlich bezogene Mitteilungen (über das Friedensfest und die 800.000 Einwohner von Paris berichtete Kleist gleich dreimal, an Karoline von Schlieben, an Adolphine von Werdeck und an Louise von Zenge). Paris war für Kleist – aber nicht nur für ihn – das Sujet, von dem er

---

[88] Ebd. S. 68. Blainville schreibt ihrem Vertrauten Rosa, einem innigen „Verehrer ihres Verstandes“ (ebd. S. 66), dem sie so klug als kalt das Spiel um Liebe, Macht und Begehren enthüllt, die ganzen literarischen Vorbilder dieser zweiten, künstlichen Natur auf: „*Lovell* ist mit seiner Naivität allerliebst [...]; ein Franzose würde über die Art der Rolle lachen, die ich itzt spiele [...]. Ich bin so empfindsam, wie Rousseaus Julie, ein wenig melancholisch, eine kleine Teinture aus Young und eine so langeweilige Vernunft- und Moralschwätzerin, als die Heldinnen der englischen Romane [...]; er hält mich in Gedanken für ein Ideal Richardsons“ (ebd. S. 76f).

sich Interesse erhoffen durfte[89] und mit dem er lang vernachlässigte Briefpartnerinnen wie Adolphine von Werdeck („Sechs Jahre!")[90] erneut zu binden suchte. Wie sehr die Epistel aus Paris Abschriften glichen, ahnten die Adressatinnen wohl nicht. So berichtet der Verfasser in einem Brief an Karoline von Schlieben, daß, sobald er die Augen schließe, Dresden wie „in der Mitte eines Amphitheaters" vor ihm liege[91], und: Koblenz sei ihm schlichtweg ein „Dichtertraum". In gleicher Weise wie Dresden sieht Kleist im Brief an Adolphine von Werdeck die Stadt Mainz wie „in der Mitte eines Amphitheaters"[92] vor seinem geistigen Auge liegen und auch Koblenz bleibt wörtlich ein „Dichtertraum"[93]. Über die Schwester Ulrike, dieser „Heldenseele in einem Weiberkörper"[94], berichtet Kleist von Schlieben am 18. und Adolphine von Werdeck am 28. Juli. Der erste Brief schließt mit dem Bericht, wie der Reisewagen stürzte.[95] Auch Wilhelmine von Zenge wird dieses Abenteuer mitgeteilt,[96] allerdings nicht als Postskriptum, sondern, mit gehöriger Gefühlsinsistenz, eingeleitet mit „Weißt Du wohl, daß Dein Freund einmal dem Tode recht nahe war?"[97]. Die Schlußzeilen: „Ach, Wilhelmine, die Menschen sprechen mir von Alkalien und Säuren, indessen mir ein allgewaltiges Bedürfniß die Lippe trocknet"[98],

[89] Das ist bis heute so geblieben. Die zahllosen Anthologien, die Paris im Titel führen und recht wahllos den Namen der Stadt mit berühmten Persönlichkeiten kombinieren, bezeugen, wie zugkräftig der Mythos von Paris noch immer ist und wie sehr dabei kollektive Bilder aufgerufen werden, die – so jedenfalls der Eindruck – einer funktionalen Einbettung in einen größeren, textuellen Zusammenhang gar nicht bedürfen (so etwa in den bereits erwähnten „Contes parisiens. Parisgeschichten", op. cit. oder der Anthologie von Karsten Witte, op.cit.).

[90] Heinrich v. Kleist: Briefe, a.a.O, S. 248.

[91] Ebd. S. 238.

[92] Ebd. S. 251.

[93] Ebd. S. 252.

[94] Vgl. ebd. S. 253 (im Original kursiv).

[95] Vgl. ebd. S. 240.

[96] Vgl. ebd. S. 242 und 246.

[97] Ebd. S. 245. Nach der Überlieferung von Koberstein (1860) ging es aber „ohne weiteres Unglück ab, als daß sie und ihre Sachen, darunter viele Bücher und Landkarten, völlig durchnäßt wurden" (s. Helmut Sembdner: Heinrich von Kleists Lebensspuren, a.a.O., Nr. 61).

[98] Heinrich v. Kleist: Briefe, a.a.O, S. 248.

wiederholt der Briefeschreiber eine Woche später gegenüber Adolphine von Werdeck wörtlich. Wörtlich auch die Übereinstimmung „Ich gehe durch die langen, krummen, engen, mit Koth und Staub überdeckten, von tausend widerlichen Gerüchen duftenden Straßen [...]" im Brief vom 29. Juli an Adolphine von Werdeck[99] und am 16. August an Louise von Zenge[100], der lakonisch die von Richard Sennett so überzeugend geschilderte Flüchtigkeit großstädtischer Begegnung festhält: „ich sehe Einen fragend an, er sieht mich wieder an, ich frage ihn ein Paar Worte, er antwortet mir höflich, ich werde warm, er ennuyirt sich, wir sind einander herzlich satt, er empfiehlt sich, ich verbeuge mich, u wir haben einander vergessen"[101]. Als Wilhelmine schließlich am Ende der Paris-Reise mit dem Brief vom 10. Oktober 1801 erstmals von dem Plan erfährt, in der Schweiz ein Rousseausches Leben zu führen, und beim nächsten Mal durch gezielte Fragen auf die Freuden des Landlebens eingeschworen wird („Glaubst Du daß sich die Leute in der Stadt *lieben*"[102]), hat auch Karoline von Schlieben schon die Klagen über „die kalte Kruste der Convenienz"[103] anhören und sich im gleichen pädagogischen Duktus („Welches ist das *höchste* Bedürfniß des Weibes? [...]: die Liebe ihres Mannes"[104]) Monate zuvor fragen lassen müssen: „den Mann erkennt man an seinem Verstande; aber wenn man das Weib nicht an ihrem Herzen erkennt, woran erkennt man es sonst?"[105]. Die schriftliche Beantwortung der Frage blieb *ihr* allerdings erspart.

Stadtkritik, so zeigt sich nicht zuletzt bei der Betrachtung von Kleists Briefen, war beides in einem, Adelskritik und Aufklärungskritik, zumindest insoweit das rein verstandesmäßige

---

[99] Ebd. S. 255.
[100] Ebd. S. 265.
[101] Ebd.
[102] Ebd. S. 277.
[103] Ebd. S. 235.
[104] Ebd. S. 277.
[105] Ebd. S. 235. Sembdners „Lebensspuren" (a.a.O., Nr. 109b) berichten auch 1803 von der immer noch gleichen Intention Kleists: ... „er will mich auch bessern, denn er hat mir meine Schwächen sehr vorgehalten" (so Karoline von Schlieben an Freund Heinrich Lohse).

Denken die Utopie eines ganzheitlichen Menschen – wie es die Romantiker aber auch Schiller mit seiner ästhetischen Erziehung erhofften – ausschloß. Ein solcher Menschheitsentwurf rückte umso mehr in den Bereich einer Utopie, je mehr das technisch Nutz- und Machbare gerade für die städtische Erwerbstätigkeit und das städtische Zusammenleben zum bestimmenden Prinzip wurde, letztendlich aber nur der ideologischen Absicherung der neuen, in den Kapitalismus mündenden Wirtschaft diente. Bildung, durch die Kleist sein Lebensglück zu erlangen hoffte und die er enthusiastisch seiner Braut empfahl, sie wurde zur zwiespältigen Errungenschaft, wenn ihr Aufklärungsanspruch nicht praktisch wurde, sondern sie durch den Rückzug auf die reine Theorie gerade der ökonomischen Praxis als Legitimation diente. Wissenserwerb war deshalb immer schon, wie bei Rousseau und eben auch bei Schiller in dessen früher Phase, mit Zweifeln durchsetzt.

Kleist beklagte in einem Schreiben an die Schwester vom 12. November 1799: „Bei dem ewigen Beweisen u Folgern verlernt das Herz fast zu fühlen; u doch wohnt das Glück nur im Herzen, nur im Gefühl, nicht im Kopfe, nicht im Verstande. Das Glück kann nicht, wie ein mathematischer Lehrsatz bewiesen werden, es muß empfunden werden, wenn es da sein soll“[106]. Der Vergleich von gefühltem Glück und seine Deduktion aus dem Verstande überrascht nicht, hatte doch die Aufklärung versucht, eben diesen Glücksanspruch quasi mathematisch aus dem Gesetz der Vernunft, das auch das der Moral war, abzuleiten. Der Mensch als fühlendes Wesen in seiner Natur widersetzte sich dem systematischen Zugriff, je vehementer man sich seiner in einem quasi inquisitorischen Forschungsdrang bemächtigen wollte.[107] So wundert es nicht, wenn Kleist in dem bereits zitierten Brief vom 15. August 1801 aus Paris, wo die Académie Française eine überaus einflußreiche, alle Gesellschaftsschichten prägende Institution war, schreibt, daß ihm

[106] Heinrich v. Kleist: Briefe, a.a.O., S. 45

[107] Erinnert sei an Moses Mendelssohns „Briefe über die Empfindungen“, wo zu lesen war: „Der tiefsinnige Mathematiker, der die verborgensten Wahrheiten ergrübelt, bessert seine Seele. Allein die Sinne nehmen an der Freude keinen Antheil“ (zitiert nach Christian Begemann: Furcht und Angst im Prozeß der Aufklärung. Frankfurt a.M. 1983; hier S. 297).

„alle Sinne" bestätigten, „was längst mein Gefühl mir sagte, nämlich daß uns die Wissenschaften weder besser noch glücklicher machen", und, so fährt er fort, „ich hoffe daß mich das zu einer Entschließung führen wird"[108].

Was hier Pose, was Selbststilisierung, was Selbstkritik, was gesellschaftliche Analyse und was soziales Unbehagen war, läßt sich nicht immer unterscheiden. Generell neigte Kleist angesichts seiner desolaten privaten Lage eher dazu, Kritik zu übertreiben und sich dem gängigen *On dit* anzupassen. Seine auf Wirkungskalkül hin geschriebenen Briefe entbehren nicht der pharisäerhaften Züge. Die weltanschaulichen Positionen dominieren häufig die Berichte von der Reise und lösen den empiristischen Anspruch des aufgeklärten Blickes nicht immer ein. Eichendorff dagegen, trotz aller für einen Junker recht beachtlichen Vorbehalte gegen das höfische Leben, war dennoch von der Nonchalance, der sprachlichen Eleganz der Adelsschicht und der Liberalität ihres Umgangs angetan. Das hinderte den melancholischen, heimatlosen Adligen nicht daran, die Schattenseiten seiner Klasse, ihre Langeweile, den Sittenverfall und die Verantwortungslosigkeit mit aller Deutlichkeit zu zeichnen. In „Der Adel und die Revolution" entwickelte Eichendorff seine Kritik entsprechend zweier Paradigmen: der Historie und einer Typologie des Adels. Geschichte wie Klasse, so sah er es, hätten ihren Höhepunkt überschritten und befänden sich in einer Epoche der Dekadence: die Zeiten der rechtschaffenen Landjunker seien vorbei; den dominierenden städtischen Hof kennzeichneten *ennui*, Dekadenz, leere Gesellschaftsspiele und Konventionen, Glanz und Verschwendungssucht. Deutlich kehren die Stichworte des Eichendorffschen Essays – die Rede vom „verzweifelten Experimentieren[109], die verkommenen Werte der Aufklärung als nurmehr modische Anstandssachen (gleichsam als „moderne Gasbeleuchtung ihrer Salons"[110]) – in der 1836/37 geschriebenen Erzählung „Die Entführung" wieder. Entsprechend den drei Klassen von Adligen – 1. den Landjun-

[108] Heinrich v. Kleist: Briefe, a.a.O., S. 259.
[109] Joseph v. Eichendorff: Der Adel und die Revolution. In: Werke 5, S. 407.
[110] Ebd. S. 408.

kern, 2. den Exklusiven, Prätentiösen, die sich durch übermäßigen Anstand, Langeweile, Konservativismus und französische Gartenkunst ebenso auszeichnen, wie sie nur Zeitgeist spielen, und 3. den Extremen mit ihrer frivolen Libertinage, mit ihren Verschwendern wie St. Germain oder Cagliostro und ihrer Neuerungssucht – steht Paris für die als dritte Gruppe beschriebene Gesellschaftsklasse. Hier ist alles Maskerade, Schein und hohle Konvention. Man trifft sich in Paris, um zu verführen und seine Verführungskünste zu inszenieren. Doch das Leben ist alles andere als berauschend. Mitten in Luxus und Pracht der Residenz, in welcher alles „in Spiegelwänden tausendfach verdoppelt"[111] erscheint, entpuppen sich Courtoisie und Prachtentfaltung als leere Farce, als mechanisches Spiel des Begehrens, dem als bloße Wette die existentielle Brisanz, in seiner Radikalität auf Leben und Tod aber die Verantwortung fehlt. Unter den Helmen (als Zeichen der Klassik) und den phrygischen Mützen (als Zeichen der Französischen Revolution) kommen die verstaubten Haarbeutel der feudalen Gesellschaft zum Vorschein und enthüllen für einen Moment den leeren Glanz einer untergegangenen Welt. Gegenwärtig sei alles kraftlos und leer. Der König habe „alles zahm gemacht", statt Engagement existieren nur noch „Grillen"[112].

Die politische Codierung und Aktualität dieser Invektiven dürfte den Zeitgenossen Eichendorffs nicht entgangen sein: das Bild des Hofes hat deutlich Züge zu dem Louis-Philippes, der eine paradigmatische Funktion in der Diskussion um Funktion und Aufgabe der Herrschenden einnahm. Diese wurde, nach dem Untergang des Ancien Régimes noch einmal 1838 wiederaufgegriffen. Ein Jahr nach dem Erscheinen von Eichendorffs „Entführung" hielt Alphonse de Lamartine in einer Kammerrede der Regierung den geschichtsträchtigen Satz „Frankreich langweilt sich" entgegen – und traf damit die Stimmung vieler Jahre. Eichendorff prangerte in „Der Adel und die Revolution" unmißverständlich an, daß die Weltmacht Paris zur Geldmacht geworden sei, barer Materialismus herrsche, daß dort der Adel seine Aufgabe verloren habe, das Edle und

[111] Joseph v. Eichendorff: Die Entführung. In: Werke 3, S. 479.
[112] Ebd. S. 483.

Schöne zu verteidigen. Aufklärung war längst zur Leerformel geworden und man spielte nurmehr Vornehmsein. Auch Diana, diese für Eichendorff so typische, weibliche Grenzgängerin[113], stellt diese Gesellschaft in Frage, doch diese reagiert nicht: „Wahrhaftig, mir träumte, der Tag mache der Nacht den Hof, er duftete nach Jasmin und Lavendel, blond, artig, lau, etwas lispelnd, mit kirschblütenen Manschetten und Hirtenflöte, ein guter, langweiliger Tag – Man lachte, keiner bezog es auf sich."[114]

Eichendorff sah wie Rousseau, daß am Hofe das Natürliche zur äußersten Raffinesse und Paris als Stadt zum Symbol dieses Niedergangs geworden war. Rousseau hatte in seiner 8. Confession über den wie Mehltau sich ausbreitenden *ennui* geschrieben: „Ich war so gelangweilt von Salons, Springbrunnen, Bosketten, Gartenbeeten und den noch langweiligeren Besitzern alles dessen; ich war so übersättigt von Broschüren, Klavieren, L'Hombrespiel, Theaterverwicklungen, törichten Bonmots, fader Ziererei, kleinen Schwätzen und großen Soupers. Wenn ich einen verstohlenen Seitenblick auf einen einfachen, armseligen Dornbusch, eine Hecke, eine Scheune, eine Wiese warf, wenn ich durch ein Dörfchen kam und den Duft eines Omelettes roch, wenn ich von weitem den ländlichen Kehrreim der Lieder der Ziegenhirtinnen hörte, dann wünschte ich Schminke, Bänder und Ambra zum Teufel"[115]. Wer auf Bukolik in der Großstadt dennoch nicht verzichten wollte, bekam auch das. Kleist berichtet an Louise von Zenge, daß man in Paris – wie übrigens auch der Landgraf von Hessen-Kassel – die Natur als kunstvoll imitierten Erlebnisraum, als *event*, wiederentdeckt und zurückgeholt hatte: „Man bezahlt [...] am Eingang 20 sols für die Erlaubniß, einen Tag in patriarchalischer Simplicität zu durchleben [...] Gegen die Mittagszeit [...] sucht jeder sich eine Hütte, der Eine die Hütte eines Fischers, der Andere die eines Jägers [...]. Fünfzig Laquaien, aber ganz natürlich gekleidet, springen umher, die Schäfer- oder Fischerfamilie zu bedienen.

---

113 Vgl. Iris Denneler: Gesellinnen der Dichter? Weibliche Lebensformen zwischen Imagination und Wirklichkeit. In: Aurora, Jahrbuch der Eichendorff-Gesellschaft 59(1999), S. 115–134.

114 Joseph von Eichendorff: Die Entführung. In: Werke 3, S. 483.

115 Jean-Jacques Rousseau: Diskurs über die Ungleichkeit, hrsg. von Kurt Weigand. Hamburg 1955, S. XIf.

Die raffiniertesten Speisen und feinsten Weine werden aufgetragen [...]. Dann ist es Nacht, ein Ball unter freiem Himmel beschließt das romantische Fest, und jeder eilt nun aus der Natur wieder in die Unnatur hinein“[116].

Der Attraktivität von Paris tat das – ganz im Gegenteil – keinen Abbruch. Ihr Faszinosum ließ trotz oder gerade wegen solcher Pervertierung nicht nach. Neue Bilder, Mythen und Legenden entstanden, teil politisch motiviert, teils transportiert durch die Berichte der Reisenden und dort ansässig Gewordenen, zu deren berühmtesten im 19. Jahrhundert Hebbel und Uhland, vor allem aber Börne und Heine gehörten. Wie sehr sich in dieser Hinsicht die Topoi der Kritik im neuen Säkulum dann doch veränderten, zeigen die Briefe Börnes, die eines der spektakulärsten Presseereignisse des Vormärz waren, da sie, wie Wolfgang Menzel gleich nach Erscheinen des ersten Bandes 1831 schrieb, viele „majestätsverbrecherische Gedanken“[117] enthielten. Willibald Alexis reagierte geradezu angewidert auf Börnes „bodenlosen Revolutionsgeist“[118].

Das Paris des 19. Jahrhunderts galt vor allem als der Ort der permanenten Revolte, der geistigen Liberalität und der Progressivität, es war spätestens seit den Jungdeutschen ein lebendiger Ort des ‚Ideenkommerzes‘[119] und der pausenlosen Umwälzung. Dort ging es mehr als andernorts um Freiheit, Bildung, Kultur, Kunst und Gerechtigkeit in ganz Europa. Der 1786 in Frankfurt geborene Sohn eines Bankiers hatte sich früh für politische und ökonomische Fragen interessiert, dann Medizin studiert, anschließend Jura und Nationalökonomie und war schließlich Beamter geworden. Zunächst schrieb Börne journalistische Artikel in diversen Zeitungen, bis er 1830, im Jahr der Julirevolution, nach Paris ging, das ihm zum Exil wurde. Seine zwischen 1831 und 1834 in sechs Bänden erschienenen einhundertfünfzehn „Briefe aus Paris“ sind wohl Teil der echten Korrespondenzen mit Jeanette Strauß-Wohl in Frankfurt, doch

[116] Heinrich v. Kleist: Briefe, a.a.O., S. 269.

[117] ... aber, fährt er dennoch lobend fort, „in beneidenswerten Ausdrücken“ (vgl. das Nachwort von Alfred Estermann zu: Ludwig Börne: Briefe aus Paris. Frankfurt a.M.1986, S. 759–772; hier S. 759).

[118] Ebd. S. 761.

[119] Vgl. Günter Oesterle, op.cit.

wurden sie bereits – ganz in der Tradition der Gelehrtenbriefe des 17. Jahrhunderts – im Bewußtsein baldiger Publikation verfaßt.[120] Die Briefe zeigen sich als durchaus redaktionell überarbeitet und stilistisch durch Sentenzen, tagebuchartige Eintragungen, Pointen, Aphorismen und Kleinbeobachtungen in Form gebracht, was sie ebenso publikumswirksam machte wie die der damaligen Journale entsprechenden Mode amüsanter Plaudereien über Gesellschaft, Theater, Musik, Literatur, Prominenz und Skandale. Nichtsdestoweniger wurde Börnes Ton gegenüber seinen Zeitgenossen zunehmend radikaler: „Im untersten Geschosse wohnend, gedrückt von den sieben Stockwerken der höhern Stände, erleichtert es ihr ängstliches Gefühl, von Menschen zu sprechen, die noch tiefer als sie selbst, die im Keller wohnen. Keine Juden zu sein, tröstet sie dafür, daß sie nicht einmal Hofräte sind“[121].

Ebenfalls als politischer Flüchtling, doch keineswegs in Eile, kam Heinrich Heine im Jahr 1831 über Hamburg, Hannover, Kassel, Frankfurt, Heidelberg nach Paris, und er erlebte in den dreiundzwanzig Jahren seines Aufenthalts die Änderung des Parisbildes vom revolutionären Mythos zur Operettenstadt, zu einer Kapitale, die sich mittlerweile vom Blick auf Versailles endgültig befreit hatte.[122] Es war die Stadt der Freiheit, der Intellektuellen, der Zuwanderer, die die Kolonisten integrierte, die Exil und – in den berühmten Salons wie dem der Mme d'Agoult, dem von Jaubert und George Sand – nicht nur Heine eine geistige Heimat bot.[123] Doch auch für den auf den jubelnden Ton gestimmten Heine blieb Paris eine Stadt der Polyvalenzen, mit ihren eigenen Topoi des Lobes wie des Hasses: „Es ist schon theuer genug, in Paris zu leben“, schrieb Heine in einem Brief an Julius Campe vom 16.11.1849, „aber in Paris sterben ist noch unendlich theurer. Und dennoch könnte ich jetzt daheim in

[120] Aber auch Lessing wußte diese Form in den „Briefen zur Erziehung des Menschengeschlechts“ zu schätzen.

[121] Zitiert im Nachwort von Alfred Estermann zu: Ludwig Börne, a.a.O., S. 772.

[122] Vgl. Herbert Günther: Deutsche Dichter erleben Paris, a.a.O.; dort zu Heine S. 22–44.

[123] Vgl. dazu Jacques Leenhardt: Eine Ästhetik des Randgebiets. In: Manfred Smuda (Hrsg.): Die Großstadt als ‚Text'. München 1992, S. 91–100.

Deutschland oder in Ungarn so wohlfeil gehenkt werden!"[124]. Frankreich war, obwohl er sich nie naturalisieren ließ, für Heine *das* „geweihte Land der Freiheit"[125]. Paris hatte sich zum Refugium entwickelt, nicht nur für Flüchtlinge, sondern vor allem auch für Künstler und Literaten, die zum Flair der Stadt beitrugen und deren Flair wiederum *sie* in die Hauptstadt lockte.[126]

IV.

„Die Lust, Paris zu skizzieren, erstirbt doch immer wieder im Bewußtsein, wer alles es schon getan hat und dazu meisterlich"[127]. Solche Einsichten hielten Mitte des 20. Jahrhunderts Max Frisch allerdings keineswegs davon ab, in sein Tagebuch gerade über das große Fest des Volkes am „Quatorze Juillet" zu schreiben – in einer durch Ironie meisterhaft gewahrten Balance von Beobachtung und episodenhaft pointierter, ästhetisch transformierter Wirklichkeit: „[...] die Clairons blinken, jedes mit einem Wimpel daran, der Tambourmajor hat einen verzierten Stab, den er bravourös in die sommerlichen Lüfte wirbelt, zirkushaft. Ich habe gewartet, bis es losging: Le jour de gloire est arrivé [...]. Auf dem Platz der Bastille finde ich ein großes und wogendes Gemenge, ein klingelndes, flitterndes, hupendes,

---

124 Zitiert nach Joseph A. Kruse (Hrsg.): Heine in Paris, a.a.O., S. 90.

125 So preisen es jedenfalls die „Reisebilder" (s. Joseph A. Kruse (Hrsg.), a.a.O., S. 91). Noch 1947 wird Peter Weiss diese Freiheit, die Paris dem Exilanten gewährt, als „absolut" empfinden: „ich konnte mich darin verlieren und ich konnte mich darin wiederfinden, ich konnte alles aufgeben, alle Bestrebungen, alle Zusammengehörigkeit, und ich konnte wieder beginnen zu sprechen" (in: Karsten Witte (Hrsg.), a.a.O., S. 365–370).

126 Vielleicht können die Aufsätze über die in Paris lebenden Juden, über Mode und Moderne und über Nietzsches Antwort auf die Pariser Positivisten und Experimentalisten, die sich in dem von Thomas Koebner und Sigrid Weigel herausgegebenen Band „Nachmärz" (Opladen 1996) finden, die Lücke zwischen diesem und dem nächsten Kapitel ein wenig schließen helfen.

127 Und Max Frisch fährt in seinem „Tagebuch 1946–1949" fort: „Am Vormittag war ich an der Seine, Bücher blätternd, wie es Millionen vor mir getan haben. Es gibt nichts in dieser Stadt, was nicht Millionen vor mir getan haben" (Frankfurt a.M. 1965, S. 274).

summendes, dröhnendes Tingeltangel [...]. Ich denke an Ernst Jünger [...], man denkt immer an Maler"[128]. Wahrscheinlich dachte Frisch auch an Lesage und Hugo, an Balsac und Zola, an Eugen Sue und all die *Contes parisiens*, die wie die vielen Anekdoten und Viten über Künstler und Literaten zum schillernden Mythos der Stadt beitrugen, über deren Glanz und spiegelnde Lichteffekte Walter Benjamin genauso enthusiasmiert schrieb wie vor ihm schon Frank Wedekind, Gottfried Benn oder Joseph Roth und nach ihm Max Bense, Friedrich Sieburg, Peter Weiss und Wolfgang Koeppen. Ja, „Paris war ein Gemälde der Impressionisten, schon ehe die Maler kamen"[129]. Paris war vor allem ein Versprechen, ein Evokationsraum, nicht nur *für* Kunst und Künstler, sondern auch *dank* des von ihnen entworfenen Imaginären, durch welches die Stadt als Ort und Sujet bis in die Gegenwart attraktiv blieb. Nur wenige reagierten so enttäuscht wie Theodor Fontane, so tief verunsichert wie Rilke („Paris hat für mein geängstigtes Gefühl etwas unsäglich Banges", die Stadt ist „sehr groß und bis an den Rand voll Traurigkeit")[130] oder so desillusioniert wie Walter Mehring („Paris verklingt/ La Gloire, l'Ésprit/ Der Kolibri/ Welkt abgeschminkt // Verlassen grinst/ Und leichenblaß/ Der Montparnasse/ – ein Hirngespinst...")[131].

Zumindest seit Mitte des 19. Jahrhunderts war die Stadt das Mekka der Künstler, hießen die Gäste nun Friedrich Hebbel oder Frank Wedekind (der hier seine „Lulu" schrieb), Iwan Goll, Paul Celan oder Gottfried Benn, Joseph Roth oder Georg Grosz, Karl Sternheim, Siegfried Kracauer, Kurt Tucholsky oder Harry Graf Kessler. Wie in den Jahrzehnten zuvor, sahen sich vor allem die Durchreisenden und Fremden berufen, die Ansichten der Stadt zu verbreiten. Der distanzierende Blick, den die Kunst einzunehmen strebt, kam dabei nicht nur den Stadtansichten zugute, er war in seiner selbstreflexiven, metadiskursiven Struktur zugleich der adäquate Standpunkt der Moderne.

---

[128] Tagebuch 1946–1949, a.a.O., S. 272.

[129] Wolfgang Koeppen: Reisen nach Frankreich. In: Werke IV, S. 639. Vgl. zu den Paris-Texten der genannten Künstler: Herbert Günther: Deutsche Dichter erleben Paris, op.cit., sowie: Karsten Witte (Hrsg.), op.cit.

[130] Zitiert nach Herbert Günther, a.a.O., S. 97.

[131] s. Karsten Witte (Hrsg.) op.cit. S. 273.

Und er wurde es erst recht im 20. Jahrhundert. Das alte Schema der Peregrinatio lieferte unverändert aktuell das Modell des Fremd- und In-der-Fremde-Seins, vielleicht sogar des In-der-Welt-Seins überhaupt;[132] zugleich war das Befremdliche nicht nur etwas, was verunsicherte und erschreckte, sondern gerade von den Künstlern gesucht, ja bewußt provoziert wurde. Die detotalisierte Totalität etwa der Koeppenschen Romane, die bedienten und destruierten Klischees, mit denen Erzähler und Protagonisten auf Erfahrungen reagieren, aber auch erinnernd sich ihrer versichern, prägten nicht nur die Schöne Literatur, sondern auch den Blick des modernen Reisenden. Der Wechsel der Schauplätze, das assoziative Verfahren, die Fragmentationen der Wahrnehmung sind dabei nicht allein Reaktionen auf die Größe und Unüberschaubarkeit der Stadt, ihres Labyrinths und ihrer Flut von immer neuen Reizen, sondern ebensosehr die grundsätzliche Wahrnehmungsstruktur des modernen *homme de lettres*. So verunsichert dieser Beobachter gegenüber seiner eigenen Schreibtätigkeit war, das Fremde konnte – gerade als Spiegel der eigenen Entfremdungserfahrungen – zur Utopie, zur Hoffnung auf ein anderes, neues Leben werden: „Kraft könnte immer eine Reise geben", äußerte Koeppen in einem Gespräch mit Christian Linder, „schon drei Tage Zürich. Ach, eine Woche Paris"[133] ...; und in gleichem Sinne bekannte er in Hinblick auf seinen Münchner Wohnsitz: „Ja, die Großstadt gibt mir Frieden".[134]

Wolfgang Koeppen unternahm auf Anregung des Südwestdeutschen Rundfunks seit Mitte der 50er Jahre mehrere ausgedehnte Reisen ‚nach Rußland und anderswohin', zu denen auch, nach seiner Amerikafahrt 1958, im April und Mai des Jahres 1959 eine Reise nach Frankreich gehörte. Koeppen, der sich einmal gegenüber Alfred Estermann, seinem späteren Nachlaß-Biographen, als ‚unorganisierten Reisenden' und

---

[132] *peregrinus* bedeutet ja nicht nur: fremd, Ausländer, Umherreisender, sondern die Radix *per steckt auch in: experiment, far, ferry.

[133] s. Gespräch mit Christian Linder. In: Einer der schreibt. Gespräche und Interviews, hrsg. v. Hans-Ulrich Treichel. Frankfurt a.M. 1995, S. 57–77; hier S. 68.

[134] Ebd. S. 76.

‚planlosen Voyeur'[135], bezeichnete, verfaßte die Aufzeichnungen zunächst als Radio-Essays für den Hörfunk. In Buchform erschienen die Frankreichreisen wie auch die vorherigen Notizen kurze Zeit nach der Sendung im Verlag seines Freundes und Verlegers Henry Goverts.[136]

Teils von der Kritik als Neuanfang begrüßt (so von Walter Jens), teils als eine Verlegenheitslösung angesichts der Schweigepause nach den Anfang der fünfziger Jahre rasch hintereinander erschienenen Romanen empfunden, hatte Koeppen in seinen Reisebeobachtungen dennoch nichts anderes im Sinn, als in seinen fiktionalen Texten: die Suche nach sich selbst im Fremden. „Später erkannte ich", lesen wir in „An Ariel und den Tod denken. Warum ich reise", „daß ein Aufenthalt, irgendwo in der Welt, es leichter machte, von sich zu sprechen. Es sind andere Spiegel, vor die man sich stellt"[137]. Auch in den Reiseberichten agierte der (meist völlig in den Hintergrund tretende) Beobachter als (Kunst-)Figur, konstruierte Alter Egos, Doppelgänger, Sprecher, denen er Bekanntes und Befremdliches anvertraute.[138] Mehr als alles andere interessierte Koeppen das Irritierende, das Verunsichernde, das sich dem Sinn Verweigernde, welches er gleichwohl durch die Folie kultureller Muster zu begreifen suchte. Die Welt wollte gelesen sein, die Zeichenhaftigkeit der Städte gedeutet – und dies erforderte das vertraute, kollektive Bildungswissen als interpretativen Hintergrund.[139]

Koeppen sah seine Aufzeichnungen als „Beobachtungen", zuweilen auch als „Kulissenbeschreibungen"[140]. Schon des-

---

[135] Alfred Estermann (Hrsg.): Auf dem Phantasieroß. Nachwort, op.cit. S. 684.

[136] Reisen nach Frankreich. Stuttgart 1961.

[137] s. Wolfgang Koeppen, Werke V, S. 279.

[138] So sehr sind diese Reiseessays von einer realen Person (nicht von der *persona*) entfernt, daß man mitunter erstaunt, wenn plötzlich das Auto streikt oder das Hotelzimmer, in Frankreich ausgestattet mit dem so „selbstverständlich zur Verfügung gestellten Mobiliar der Leidenschaft wie des vernünftigen Ehestandes" (Werke IV, S. 473) mit einer Gefährtin, nämlich der seines Lebens und Reisens (Marion) geteilt wird.

[139] Vgl. Hans Blumenberg: Die Lesbarkeit der Welt. Frankfurt a.M. 1981.

[140] So in einem Gespräch mit Horst Bienek (in: Einer der schreibt, a.a.O., S. 20–29; hier S. 26).

halb ist eine Trennung seines Werks in fiktionale und nonfiktionale Literatur, in Romane und Reiseberichte kaum sinnvoll.[141] *Alle* Texte Koeppens erweisen sich als Beschreibungen von bereits Beschriebenem, sind, wie es Bernd Uske in seiner 1984 entstandenen Untersuchung gegenüber dem Gesamtwerk Koeppens geltend machte, ein ‚Sich-Verhalten' im und zum Text.[142] „Ich reise gern, bin gern in fremden Ländern, sehr gern Ausländer. Das entspricht meinem Wesen, der Haltung des Beobachters"[143], gestand Koeppen seinem Gesprächspartner Horst Krüger. Nicht ganz glücklich deshalb, die Reise-Essays in der Gesamtausgabe unter ‚Berichte und Skizzen' veröffentlicht zu sehen. Denn auch als Reisender begriff sich Koeppen als Medium, gerade dann, wenn er – was häufig geschieht – völlig hinter das Geschriebene und Erfahrene zurücktritt, so daß, ähnlich wie in den Romanen, wo der Erzähler verschwindet oder zumindest in seiner Rolle zwischen allwissendem und subjektivem Ich-Erzähler changiert, auch hier die Wirklichkeit vom Beobachter unmerklich, aber desto insistenter ästhetisch bearbeitet wird.

---

141 Das belegen auch die Reiseaufzeichnungen „Nach Rußland und anderswohin", die als „Empfindsame Reisen" deutlich literarischen Vorbildern (Sterne, Svevo, Thümmel, Otto Julius Bierbaum…) verpflichtet sind. Der letzte, kurze Text dieser Sammlung, „Landung in Eden", der das Amerikabuch präludiert, ist unzweifelhaft eine Erzählung.

142 Bernd Uske: Geschichte und ästhetisches Verhalten. Das Werk Wolfgang Koeppens. Frankfurt a.M. 1984. Aus dieser Haltung erwachsen auch die gegenüber Christian Linder geäußerten Schreib-Skrupel: „Unmöglich, den Teil für das Ganze zu nehmen. Das geht nicht mehr […]. Die immerwährende Information, die Public Relations des Todes, das Fernauge im Bett läßt den Erzähler verstummen, sein Publikum liegt betäubt, wie könnte einer My Lai beschreiben, wenn der Leser My Lai am Abend in seinem Fernsehsessel mit seinem Wurstbrot gegessen hat. Ich kann nur noch diesen Mann beim Bier, seine Frau, die Hände in Spüli und den gleichgültigen Blick auf den Abwasch und das Entsetzen gerichtet betrachten. Oder ich kann nur noch von mir berichten, der ich versuche, den Menschen zu begreifen, sein Bier, seine schmutzigen Teller, meinen Nächsten, meinen Feind […]. Im Meer der unerhörten Ereignisse ertrinken Autor und Leser" (in: Einer der schreibt, a.a.O., S. 78).

143 Gespräch mit Horst Krüger in: Einer der schreibt, a.a.O., S. 30–40; hier S. 31.

So ist – und hier koinzidieren einmal mehr Sujet und Genre – das erzählerische und essayistische Werk nicht nur strukturell eng mit den Reise-Erfahrungen verbunden. Das Thema selbst war ein schon lange vor den Reise-Essays arrondiertes Gebiet: „Als Friedrich zum erstenmal über eine Grenze in ein anderes Land reiste, waren ihm Grenzen nicht fremd", beginnt der erste Roman Koeppens, „Eine unglückliche Liebe" (1934). In „Die Mauer schwankt" (1935) findet der Held sein Schicksalserlebnis auf einer Italienreise, und Siegfried Pfaffrath reist nach Rom, um sein Werk aufgeführt zu sehen. Vor allem in diesem letzten Roman gleichen ganze Abschnitte Reiseberichten, die sich fast wörtlich mit den späteren Passagen aus dem „Neuen römischen Cicerone" decken. Vor „Tod in Rom" aber hatte Koeppen bereits in den Feuilletons aus frühen Jahren Berlin und andere Städte erkundet („Kurfürstenstr. 111", „Besuch im Schloß", „Verona 18 Uhr 46") und später das Reisethema explizit reflektiert („An Ariel und den Tod denken. Warum ich reise", „Ich bin gern in Venedig, warum"). Selbst in den „Porträts der Meister" oder den Rezensionen („Wenn Dichter reisen") sind Reiseerfahrungen erkennbar. Eine dieser Skizzen schildert Koeppens Begegnung mit Hemingway in Paris, kurz vor der Zeit des spanischen Bürgerkriegs: „Es war gegen Morgen, im Juni oder im Juli, und Paris war fahl um diese Stunde. Der billige algerische Wein stockte schwarz in den Gläsern. Die Gespräche der Gestrandeten des Montparnasse waren verstummt. Auf der Terrasse des Cafés hockte die Angst. Wir alle waren Flüchtlinge, auch wenn wir vielleicht nach Berlin zurückkehrten. Hemingway schien aus dem Taxi nicht zu steigen, sondern zu fallen. Wir stützten ihn. Wir bewunderten ihn. Er sank auf den Stuhl wie ein Sack. Wir beneideten ihn sehr"[144].

Ganz ähnlich wie es der Autor in seiner Nachkriegstrilogie „Tauben im Gras", „Das Treibhaus" und „Tod in Rom" virtuos entwickelt hatte – die Einbindung des Personals in Mythen, Legenden, Märchen, kulturellen Topoi und kollektiven Symbolen – so reiste auch der moderne Wanderer Koeppen mit einer immensen Bildung im Gepäck. Wie stets in seinen Berichten aus fernen Gegenden und Ländern wird hier nicht nur das Erfah-

[144] Wolfgang Koeppen, Werke VI, S. 283f.

rene unablässig literarisiert, sondern schon die Wahrnehmung selbst zeigt sich von kollektiven Mustern, ikonographischen Topoi und Leitmotiven geprägt. Zu letzteren gehören die Blumenbeethüte der amerikanischen Damen auf der Fahrt durch die USA, die aus den Lautsprechern jubelnden Chöre in der Sowjetunion ebenso wie die düstere Melancholie Spaniens, der Ernst der Griechen oder, auf der Frankreichreise, die immer wieder beschworene Lieblichkeit des Landes. Koeppens Stil, der in seiner Eleganz und Artistik neben Arno Schmidt zu den großen Ausnahmen der Nachkriegsliteratur zählt, bemächtigte sich der dargestellten Wirklichkeit; in seiner Reiseliteratur ebenso wie in seinen Romanen und Erzählungen („Ich lebe literarisch, darüber kann man sich amüsieren, nur ich nicht“[145]). Umgekehrt spiegelt sich Wirklichkeit im Duktus des Dargestellten, ist Welt in Sprache aufgehoben. So finden sich die charakteristische, parataktische Syntax, der serielle Textaufbau, die Lyrismen, die virtuose Rhetorik, Allusionen, Zitate, Ironie (meist in Form der Groteske) und die Fülle mythologischer und literarischer Reminiszenzen in den fiktionalen wie in den, mit ‚Gebrauchstexten‘ nur unzureichend umschriebenen literarischen Formen der Koeppenschen Reiseberichte, der Essays oder seiner Beiträge für Zeitungen und Zeitschriften. Und dennoch, gerade wegen solcher Komplexität gelang dieser „zarteste[n] und biegsamste[n] Prosa, die unsere Literatur [...] zu bieten“ hat, das Wunder einer Vermittlung, nämlich, wie Hans Magnus Enzensberger nach dem Erscheinen von „Nach Rußand und anderswohin“ begeistert schrieb, immer wieder „die Welt zugegen“[146] sein zu lassen.

Anders als in den Romanen destruierte Koeppen allerdings die Mythen-Reminiszenzen in seinen Reiseaufzeichnungen nicht, sondern nutzte sie als wiedererkennbare Konzepte: eine Art geistiger Heimat in der Fremde – letzte Absicherung eines verunsicherten, schreibenden Ich, wohl auch die äußerste Er-

[145] Gespräch mit Christian Linder in: Einer der schreibt, a.a.O., S. 57–77; hier S. 61.

[146] Hans Magnus Enzensberger: Ahnung und Gegenwart 1958. In: Ulrich Greiner (Hrsg.): Über Wolfgang Koeppen. Frankfurt a.M. 1976, S. 89–91; hier S. 89.

möglichung von Sinn. Wie sehr Koeppen gerade auf Reisen auf das kollektive Gedächtnis angewiesen war, mit diesen Mustern seine Sicht der Dinge bestätigte und negierte, wohl auch bewältigte (häufig beides gleichzeitig aus kritischer Distanz), zeigt eine Episode der Frankreichreise, die im Gegensatz zu den sonstigen Gepflogenheiten, den Verfasser nicht kaschiert, sondern den Reisenden sehr anekdotisch lebendig werden läßt:

Als ein Mechaniker das im französischen Fréjus streikende Automobil reparieren soll, stellt uns Koeppen ihn nicht als Handwerker, sondern als Denker vor – ganz in der Tradition der großen Aufklärung und Philosophie, ein Nachfahre Descartes, der das Problem mit Hilfe der Ratio zu lösen unternimmt. „Ich fragte ihn, ob er die Schaltung reparieren könne. Er sagte, er kenne das System nicht, aber er werde darüber nachdenken. Ich nahm meinen Koffer, und der Mann, der nachdenken wollte, schleppte meinen Wagen ab [...]. Am nächsten Morgen dachte der Garagenmann noch immer über mein Auto nach. Ich vertraute ihm weiterhin und besichtigte Fréjus". Nach allerlei Besichtigungstouren zeigt sich der Garagist jedoch noch immer mit tiefer Reflexion beschäftigt. „Er schien mir inzwischen blaß geworden und abgemagert zu sein, und mein Wagen war noch immer kaputt, doch von keinem Werkzeug berührt. Vielleicht sei es nur eine Schraube, meinte der Grübler, vielleicht auch etwas Schlimmes". Doch die Lösung nahte: „Mein Vertrauen zum französischen Handwerk wurde endlich aufs schönste gerechtfertigt: Probieren Sie, fahren Sie, sagte mein Freund, es war eine Schraube! Der Wagen ließ sich wieder schalten, und der für das Nachdenken geforderte Lohn war bescheiden"[147]. Eine sicherlich outrierte Episode, die gerade deshalb die Hörer zu Verschworenen macht, zu Mit-Lesern eines kulturellen Textes, der älter und beziehungsreicher ist als das aktuell Erfahrene. Hans-Ulrich Treichel und Hermann Schlösser, deren ausgezeichnete Studien im übrigen Koeppens Werk beispielhaft erschlossen, haben die Reiseberichte gerade deshalb kritisiert: in diesen Texten bediene, so Treichel, der Autor die herrschenden Diskurse, entgehe häufig dem Klischee nicht, verleibe sich das Fremde durch Einbindung in das gemeinsam Gewußte ein, an-

[147] Wolfgang Koeppen, Werke IV, S. 526–529.

statt es in seinem Unverstandensein zu akzeptieren und zu beschreiben. Was bleibe, sei ‚Flucht', ‚Beschaulichkeit', bloßes ‚Szenario'.[148] „Das ‚Ich', das in Koeppens Reiseberichten auftaucht", so ganz ähnlich Hermann Schlösser, „hat ganz offensichtlich keine Entwicklung. Im Innern dieser Figur ändert sich durch Reisen nichts"[149]. Die Folge, so die Interpreten: statt neuer Erfahrungen, Wirklichkeits- und Sprachverlust. Aber läßt sich solche Aporie überhaupt vermeiden? Muß man, um die Objektivität von Erfahrungen beanspruchen zu können, nicht wie Treichel mit einem sprachunabhängigen Wirklichkeitsbegriff (‚Faktum', ‚das Geschichtliche') operieren?

Koeppen selbst hat das Inszenierte seiner Berichte nie verleugnet und auf vielfältige Weise versucht, der sprachbedingten Horizontverengung zu entkommen. Daß eine Bestätigung vorgegebener Bedeutsamkeiten und Bedeutungszusammenhänge sich für den Reisenden nicht zwangsläufig einstellen muß, zeigt unter anderem die ständige Klage des Gourmets Koeppen über die schlechte französische Küche, dieser „ganzen ehrgeizlos gewordenen französischen Zunft"[150]: „Das Sauerkraut ist mäßig, der Schinken ist versalzen, das geschmorte Kaninchen hat sich mit schlechtem Fett vermählt, der rote Wein ist die beizende Rache Algeriens am französischen Mutterland, aber man tafelt mit guten Manieren und betonter Genüßlichkeit, als hätte jeden die Sage von der guten französischen Küche um den Verstand gebracht"[151]. Mal beklagt sich Koeppen über das Essen in der „internationalen Allerweltsküche", die in der Metropole „mittelmäßig städtisch, uncharakteristisch"[152] war, über „Schleimtiere", die als „geschmorte Gummistückchen"[153] auf

[148] Hans-Ulrich Treichel: Fragment ohne Ende. Eine Studie über Wolfgang Koeppen. Heidelberg 1984 (= Reihe Siegen 54). Vgl. auch die ebenfalls reservierte Einstellung von Josef Quack zu Koeppens Reiseberichten (Wolfgang Koeppen. Erzähler der Zeit. Würzburg 1997).

[149] Hermann Schlösser: Reiseformen des Geschriebenen. Selbstdarstellung und Weltdarstellung in Reisebüchern Wolfgang Koeppens, Rolf Dieter Brinkmanns und Hubert Fichtes. Wien 1987, S. 34.

[150] Werke IV, S. 534.

[151] Ebd. S. 472.

[152] Ebd. S. 490.

[153] Ebd. S. 493.

den Tisch kamen, über die „phantasiearme[n], lieblose[n] Speisefolgen“[154], mal über einen alten Kellner, der jeden Gang serviert „wie zu einem Fest, doch das Kotelett ist klein und zäh. Viel zuviel Lärm um ein Omelett“[155]. Nicht zuletzt nerven die „heißen, fettriefenden Kartoffelschnitzel“, sie „durchnässen das Papier der Tüte, feuchten die Finger, verschmieren den Mund“[156]. Nur selten geschieht es – und dann wird Koeppen geradezu andächtig –, daß das Essen gut war.[157] Ebenso enttäuschend für den erklärten Frankreich-Liebhaber ist die zur biederen Konfektion verkommene Haute Couture („die Preise waren hoch, die Angebote überraschend unmodisch. Die streitbaren Erben des großen Dior erreichten New York, aber sie kamen nicht bis Straßburg“[158]) oder die „Revuetheater, die alten Luststätten hinter der Börse und den Markthallen, dem Ost- und dem Nordbahnhof“, die den „unwiederbringlichen Zauber der Verführung verloren“[159] haben. Doch noch in seiner Enttäuschung schwingt ein Teil von Respekt mit, mit welcher Nonchalance, welchem Selbstwertgefühl und Sinn für Tradition die Franzosen ihre doch so profan gewordenen Genüsse zelebrieren.

Nicht zufällig verfaßte Koeppen eine Eloge auf den Küchentheoretiker Rumohr, in der er den Autor als einen Puristen und Revolutionär lobte, der „gegen die täuschenden Saucen, die frivolen Vermischungen in der Kasserolle“ kämpfte, und lieber den „unverfälschten Braten, das von fremden Geschmackszusätzen freie Brot, den Salat, der nach dem Salatblatt schmeckt“[160], schätzte. Dennoch, wie es scheint, war der „kleine Himmel der nicht mit Geld gesegneten Feinschmekker“[161] schon im Paris der fünfziger Jahre rar. Dies alles mag

---

[154] Ebd. S. 499.
[155] Ebd. S. 543.
[156] Ebd. S. 652.
[157] „Eine Leberpastete, mit Käse überbackenen Tomatenreis […], ein großes Stück Käse, Kirschen nach Verlangen und dazu einen halben Liter algerischen Rotwein“ (ebd. S. 506).
[158] Ebd. S. 474.
[159] Ebd. S. 597. Vgl. dagegen das ‚unterirdische Paradies‘ der Revuen und Jazzkeller, von denen Joseph Roth 1926 zu berichten weiß (in: Karsten Witte, a.a.O., S. 283–288).
[160] Werke VI, S. 92.
[161] Werke IV, S. 619.

mancher für nicht sehr originell halten. Schließlich gehören die Klagen über schlechtes Essen und Massenabfertigung schon zum Topos touristischer Reiseberichte.[162] Und doch werden Koeppens Aufzeichnungen, die nie als wirklich intime Journale über Länder und Menschen geplant waren, dank der sprachlichen Eleganz und den immer wieder eulenspiegelhaft eingenommenen, nonkonformistischen Blicken des Flaneurs zu sehr persönliche Ansichten eines ins Schauen verliebten Zeitgenossen, der trotz aller Bildungsreminiszenzen und literarisierter Erfahrungen zu zeigen vermochte, was selbst man „immerzu versäumt"[163].

Es ist gerade diese Mischung, der Umschlag von Erfahrung ins Bild (*et vice versa*), die überhaupt – jedenfalls insofern man Koeppens Auffassung einer ausschließlich sprachlich erfassbaren Wirklichkeit teilt – die Erzählbarkeit der Eindrücke garantiert.[164] Erst diese dialektische Bewegung ermöglicht die sinnerschließende Annäherung ans Fremde, Transitorische, wohl auch jenen zugleich distanzierten *und* empathetischen Blick, den der Flaneur zu kultivieren suchte. So scheute sich der ausländische Besucher nicht – trotz des wiederholt geäußerten positiven Urteils eines durch und durch dem *Savoir vivre* und der Bürgerlichkeit anheimgegebenen Landes –, auf Befremdliches aufmerksam zu machen, etwa politisch Stellung zu beziehen und wiederholt gegen die Algerienpolitik Frankreichs zu opponieren: „Niemand, der durch de Gaulles Frankreich reist, wird meinen, sich in einem Land am Vorabend des Faschismus zu befinden, keine Aufmärsche, keine Erregungen, keine Versammlungen, keine Saalschlachten. Die Atmosphäre ist bourgeois, alle Gespräche sind unpolitisch, das Wetter ist schön. Aber diese Bürgerruhe, dieses sonderbare französische Biedermeier, diese geduldige Hinnahme der Entmachtung des Parlaments, das stumme Anhören der Sprüche und unlösbaren Wi-

---

162 Vgl. Hans Magnus Enzensberger: Eine Theorie des Tourismus. In: ders.: Einzelheiten, Bd. 1. Frankfurt a.M. 1962, S. 179–205.

163 Hans Magnus Enzensberger: Ahnung und Gegenwart 1958. In: Ulrich Greiner: Über Wolfgang Koeppen, op.cit.; hier S. 90.

164 Etwa, wenn er die Concierge eines Hotelquartiers dem „Leviathan" Julian Greens entspringen läßt oder Kommissar Maigret an der Theke eines Bistros stehen sieht (s. Werke IV, S. 486 und 643).

dersprüche des Generals, der ausbleibende Protest der Volksstimme gegen das Verbot von Zeitungsartikeln und Broschüren und die ganze farblose Einmütigkeit und lächerliche Kritiklosigkeit der Presse geben den zweifellos vorhandenen rechtsextremen Tendenzen [...] vielleicht eine finstere Chance"[165]. Ebenso unmißverständlich beginnt Koeppen seine Frankreichreise mit einem Rückblick auf den Zweiten Weltkrieg, eine Erinnerung, die noch einmal beim Besuch der Städte Metz („Noch immer ist die Stadt eine Festung")[166] und Verdun („nähert man sich Verdun, hört man Maschinengewehrfeuer, und Flugzeuge dröhnen in der Luft")[167] erwacht und als *eine* Erklärung für seine pessimistische Haltung gegenüber der politischen Entwicklung im Deutschland der Nachkriegsjahre wie für seine Frankophilie gleichermaßen gelten darf.

Man hat Koeppen vorgeworfen, in seinen „Reisen nach Frankreich" künstlerisch schon nicht mehr auf der Höhe der vorhergehenden Essays gewesen zu sein, das Muster seiner empfindsamen Reisen nurmehr bedient zu haben. Vergessen wird dabei: Auch nach „Tauben im Gras" hatte Koeppen Überdruß empfunden, Überdruß an der Romanform,[168] der den Autor nun angesichts des Reisegenres erneut überkam. Frankreich war in der Tat die letzte derartige Veröffentlichung. Von der in den achtziger Jahren unternommenen Schiffsreise von Singapore über Odessa nach Genua wurden nur einige Skizzen und ein imaginärer Ausflug nach Petra zu Papier gebracht.[169] Koeppen wollte allem Anschein nach das Reisen nicht weiter

---

[165] Ebd. S. 519.

[166] Ebd. S. 545.

[167] Ebd. S. 549. Das erinnert an den vielzitierten Beginn von „Tauben im Gras" (1951): „Flieger waren über der Stadt, unheilverkündende Vögel. Der Lärm der Motoren war Donner, war Hagel, war Sturm. Sturm, Hagel, Donner, täglich und nächtlich, Anflug und Abflug" (Werke II, a.a.O., S. 11).

[168] Vgl. die entsprechenden Äußerungen gegenüber Michael Krüger (in: Einer der schreibt, a.a.O., S. 38).

[169] s. Alfred Estermann (Hrsg.): Auf dem Phantasieroß, op.cit. S. 631ff, sowie das Gespräch mit Marcel Marin, in dem Koeppen von der Schiffsreise von Singapore nach Genua erzählt, deren Bericht Siegfried Unseld ‚zum totlachen' fand, Koeppen selbst aber nur grotesk, schließlich langweilig und für eine literarische Bearbeitung uninteressant: „Das Schiff ist sozusagen

als Vorwand für das immer schwieriger sich gestaltende Schreiben benutzen. Immer skeptischer gegenüber dem Wort und seiner schmerzlich empfundenen Wirkungslosigkeit, hatte der Autor die Hoffnung verloren, durch das Reisen einen Gegen-Impuls für seine Schreibhemmungen zu erhalten. „Ich bin mutlos vor dem großen Unvermögen, auszudrücken, was mich bewegt […], der sinnlose[n] Sinngebung des Sinnlosen“[170], bekannte er 1972 gegenüber Christian Linder. Die Form des Reiseberichts selbst jedoch, offen für die Grenzgänge zwischen Autobiographie und Roman, war bis zuletzt (was sein Nachlaß jetzt belegt)[171] lebendig und produktiv. Bis zum Schluß spielte der Autor mit dieser Grenze zwischen Erfahrung und Ästhetisierung der Wirklichkeit; und er tat es gerade in seinen Berichten aus Paris, der designierten Hauptstadt der Zeichen. Etwa wenn er ‚Polizist‘ durch „Schutzmann“ ersetzt, vom „Mietwagen“ anstelle des Taxis oder von den „Schattenbildern“ anstelle des Kinos spricht; wenn er den ‚debussyischen‘ Blick auf die Pariser Peripherie mit schillernd-perlenden Lautspielen einfängt („Pan […] herrscht über Spaziergängerwäldchen, Familienwiesen, Nixenteichen, Lustlisieren, Fabriken, Lagerplätzen, Gleisen, Kanälen“[172]), oder wenn er in den Versicherungsangestellten, die er aus dem Fenster seines Hotelzimmers erblickt, Nornen erkennt, junge „Schicksalsgöttinnen“, die „im bleichen Licht“ einer Versicherungsgesellschaft sitzen, be-

untergegangen, bevor es abgefahren ist“ (in: Einer der schreibt, a.a.O., S. 252–261; hier S. 260).

170 In: Einer der schreibt, a.a.O., S. 78–83; hier S. 80. Ein Jahr zuvor äußerte sich Koeppen gegenüber Ekkehart Rudolph ähnlich: „Es sind große Gefahren da […], die dann das Unglück vollenden […]. Ich habe an Möglichkeiten, das zu verhindern, geglaubt, diese Möglichkeiten waren Freiheit, Unterrichtung, Information, Erziehung zum Denken, Erziehung zur Kritik, Erziehung zum Ungehorsam, zur Selbständigkeit. Aber ich glaube nicht mehr daran“ (ebd. S. 41–53; hier S. 52).

171 Vgl. die von Alfred Estermann (Auf dem Phantasieroß, op.cit.) mitgeteilten Entwürfe unter dem Titel „Nachtgedanken“ aus den Jahren 1987–1993 (S. 662–664, das Projekt „Das Schiff“ betreffend) sowie die Fragmente aus „Zwart Water“ (S. 742ff) von 1978, die Überarbeitungen von „Wer bereitet den Raben die Speise“ von 1983 (S. 749ff) und die „Tasso“-Fragmente von 1984 (S. 755ff).

172 Wolfgang Koeppen, Werke IV, S. 591.

schäftigt, „das Leben, das Unglück und den Tod in eine einträgliche Gleichung zu bringen"[173].

Daß mitunter die Rückreise entlang der Loire und ihrer Schlösser oft wie allzurasch abgehakt erscheint, Bedeutendes nur genannt, nicht vergegenwärtigt wird, mag mit dem lästigen Auftragscharakter dieser Texte und dem verbundenen Zwang zur Vollständigkeit zusammenhängen. Am Schluß jedoch, in der Begegnung mit der Metropole, werden Tempo und schnelle Schauplatzwechsel zur angemessenen, signifikanten Form: es ist Paris, die Stadt, die ihn vorantreibt, ihre rasch wechselnden Bilder und Verheißungen, ihre simultanen Eindrücke, die Fülle der sinnlichen Attraktionen und Verweise: „immer sind es Träume, die an die Seine führen. Die Luft ist für alle Zeit von den Impressionisten gemalt, die Leuchtfeuer des Abends stammen von Picasso und Miró, die Natur ringsum ist domestiziert und auf das anmutigste zerstört, Monets Frühstück im Grünen und Maupassants fröhlich-traurige Ruderpartie ereignen sich immer noch [...]"[174]. Der Traum von der Stadt verhindert allerdings nicht, daß wenig später die Enttäuschung dieser Bilder einsetzt: „Wie auf das Haupt geschlagen" fühlt sich der Beobachter nach einer Stadttour, als er die „Erinnerung an tausend Romane" zu sehen erhoffte und nun erschöpft „im Babel der kleinen Gemüsehändler" gelandet ist.[175] Erst später, „auf dem Platz Concorde oder auf einer Brücke über der Seine wird der Besucher den schönen Akkord vernehmen, den großen Glockenschlag Paris"[176].

So sehr sich Koeppen hinter dem neutralen ‚Besucher' versteckte, er ist immer als ein sehr bewußtes und urteilendes Ich erkennbar, das für uns die Zeichen der Großstadt aufspürt, thematisiert und deutet. So geschehen in den USA, in Rußland und den Niederlanden, in Rom, London oder Zürich. Vor allem aber für Paris, jener Stadt, die wie Walter Benjamin meinte, am innigsten mit dem Buch und der Schrift verbunden ist,[177] bot sich

---

173 Ebd. S. 473.
174 Ebd. S. 590.
175 Ebd. S. 593.
176 Ebd.
177 Walter Benjamin: Paris, die Stadt im Spiegel. In: Schriften IV/1, a.a.O., S. 356.

Koeppens typische, allegorisierende und pandämonische Sichtweise an. Bereits 1933, während eines früheren Aufenthalts, hatte der junge Korrespondent des Berliner Börsen-Couriers Paris als „eine Stadt der Überlieferung, der heiligen Tradition“[178] beschrieben, „eine bürgerliche Stadt“[179], in der die Ideale der *ideae clarae et distinctae*, des *Savoir vivre* und einer gefestigten, vertrauenserweckenden Bourgeoisie noch hoffnungsfroher stimmten als zuhause: „In Paris geht man den Problemen der Zeit – wahrscheinlich aus Scheu, sich den Abend zu verderben – noch mehr als bei uns aus dem Wege“; noch im „Bestreben[s] auszuweichen“, zeige sich eine „charmante Sicherheit des Lebensgefühls“[180]. Paris war auch ein Vierteljahrhundert später, nach zeitweisem Exil in Holland, nach Krieg, Bombardement und Kellerloch, für Koeppen immer noch die Stadt der Freiheit und Freiräume, der literarisierten Plätze und namhaften Cafés wie dem Deux Magot, dem Hôtel de Paris, dem Flore, es war das Paris der Antiquare und Bouquinisten, der Studenten und ‚Scholaren‘ auf dem St.-Michel, die Stadt Hemingways und Rameaus, Alphonse Daudets und Mme de Sévignés, Victor Hugos und Georges Simenons, der Künstlerkolonien um die Place des Vosges und der Architekturdenkmale von Le Nôtre. Cocteau, Collette, Verlaine und Proust, Rousseau der Zöllner und Picasso, Brillat-Savarin und Descartes – Paris wurde auch eine zeitunabhängige Begegnung in der Beschwörung von Namen und Örtlichkeiten[181]. „Als das Volk die Bastille am 14. Juli 1789 stürmte, befreite es vier Betrüger, zwei Ver-

[178] Wolfgang Koeppen, Werke V, S. 73. Der Text erschien erstmals am 4. Juni 1933 im Berliner Börsen-Courier.

[179] „Paris in diesem Frühjahr“ (in: Werke V, S. 75).

[180] Ebd. S. 77.

[181] s. vor allem die Faubourg-Schilderungen (S. 628) oder die der Place des Voges und dem Künstlerviertel (S. 623). Koeppens Paris-Berichte, so sehr sie den Plätzen und Straßen folgten, sind stets solche Spaziergänge zu Stätten und Schauplätzen des kollektiv Erinnerten gewesen. Über Heinrich von Kleist meinte Koeppen in einem seiner „Porträts der Meister“ befremdet, dieser sei in Paris bloß dem „Phantom Germania“ nachgeeilt, „als hätte er dieses Frankfurt nie verlassen, wäre nie in Paris gewesen, durch das er freilich spaziert war wie ein braver Seminarist, entschlossen, rein zu bleiben, ohne besondere Empfindungen an einem 14. Juli auf dem Bastilleplatz“ (s. Werke VI, S. 72). Dagegen betont er in seinem Porträt von Balzac

rückte und einen verlorenenen Sohn", beginnt Koeppen *seine* Schilderung des Friedensfestes, um dann im Präsens fortzufahren: „Man tanzt noch immer an diesem denkwürdigen Tag, und nun auf der Place de la Bastille in einer großstädtischen Bebauung, der allein die Erinnerung die Weihe gibt. Bei Licht wirkt der Bastillenplatz grau und stimmt melancholisch [...], erst am Bastillefest, wenn sich Girlanden und Fahnen die Säulen hinaufziehen und man von der kleinen Plattform einen Blick auf einen großen Jahrmarkt, auf einen kreisenden Tanzsaal, eine wogende See wirbelnder Köpfe hat, unter Musik und Geschrei, sieht man, daß der nun schön angestrahlte Genius der Freiheit Flügel breitet und sich über Paris erhebt"[182]. Koeppen berichtet auch dann noch von einer solchen, durch literarisierte Bilder gefilterten und deshalb einzig gegenwärtigen Wirklichkeit, wenn er bereits das Gegenwärtige als Symbol des Untergegangenen begreift: „Ich lebe dann inmitten der Hauptstadt und doch in Vineta"[183].

Obwohl Max Frisch, der Freund seit den Züricher Tagen, nicht nur seinem Tagebuch, sondern auch einer seiner Romanfiguren die Klage in den Mund gelegt hatte, daß es für uns „heutzutage (außer Rußland) keine terra incognita mehr" gebe, um dann die skeptische Frage anzuschließen, „Wozu also die Erzählerei!"[184], schrieb Koeppen gerade *aufgrund* solcher kollektiven Bilder, die ihm erst die Beobachtungen kleiner Abweichungen, Bedeutsamkeiten im Unbedeutenden, ja bisweilen sogar unerwartete, sinnliche Epiphanien, die ‚Begegnung ohne Namen' bescherten. Es darf als sicher gelten, daß Koeppen von Butors „Voyage et l'Écriture" angetan war, in der der Franzose das Reisen mit dem Schreiben wahlverwandt erklärt („La lecture comme voyage", „Le voyage comme lecture", „Voyage et livre" ...)[185] und auf die imaginäre, erkenntnisfördernde Kraft

die Identität des Dichters mit der Stadt: „Er war Paris, er war Frankreich, und er war sein Jahrhundert" (ebd. S. 108).

182 Werke IV, S. 647f.

183 Ebd. S. 645.

184 Max Frisch: Stiller. Frankfurt a.M. 1966, S. 220.

185 Michel Butor: Le Voyage et l'Écriture. In: Répertoire IV. Paris 1974, S. 9–30.

des Findens und Wiederfindens abhebt. Das gilt nicht nur für den Schreibenden.

Weil in den Reise-Essays trotz mythologischer Unterfütterung, trotz anekdotenhafter Zuspitzung und deutlicher Literarisierung gleichzeitig das von Käte Hamburger für die Wirklichkeitsaussage verantwortliche Trio von Autor-Ich-Erzähler *für uns*, die Rezipienten, wirkungsmächtig bleibt, werden wir als Leser selbst zur Distanz gezwungen, werden aufgefordert, die Bewegung zwischen Beschreibung und Bild, zwischen Stadtansicht und den metasprachlichen, poetologischen Reflexionen mit- und nachzuvollziehen. Einer der bekanntesten „Stiller"-Sätze lautete bekanntlich: „Kann man schreiben, ohne eine Rolle zu spielen. Man will sich selbst ein Fremder sein"[186]. Einem solchen ‚Dividuum' war Koeppen zeitlebens auf der Spur – als sich verweigernder Schriftsteller und als weltgewandter Pilger. Vor allem durch die reale Erfahrung als Reisender versuchte er, die Wunden seines existentiellen Essayismus, die Fragmentation des Lebens zu heilen, indem er sich – zumindest zeitweise – dem episodenhaften Genre der Reiseberichte anvertraute. Die eingangs gestellte Frage nach dem Stellenwert dieser Aufzeichnungen – ob Feuilletons, Verlegenheitslösung, Vorbereitung zu einem Roman[187], ob autobiographische Skizzen oder Teil der dichterischen Prosa – enthebt sich in *dem* Moment, wo wir uns über den Status des Ich, das spricht, klar geworden sind. Stets auf der Suche „nach einer Romanfigur, die ich selbst bin"[188], war für Koeppen die Fremde der Normalzustand. Doch nur, wenn wir uns selbst fremd zu werden verstehen, wird das Andere nicht unbedingt als befremdlich empfunden.[189] „Ich könnte auch dies sein", überlegte Koeppen bei seinem Gang durch die engen Gassen des mittelalterlichen Paris

---

186 Max Frisch: Stiller, a.a.O., S. 391.

187 Wolfgang Koeppen: „Ich habe manchmal diese Reisen als eine Materialsammlung für spätere Romane [...] empfunden, als ein Notizbuch" (s. Gespräch mit Ekkehart Rudolph in: Einer der schreibt, a.a.O., S. 51).

188 Interview mit Alfred Estermann. In: Einer der schreibt, a.a.O., S. 144–154; hier S. 151.

189 Das Andere ist, wie Adolf Muschg einmal ausführte, auch das „versäumte Eigene". In: Die Erfahrung vom Fremdsein. München 1987, S. 23.

mit seinen Bettlern, Huren und Gestrandeten, ein „Anachoret der Straße“[190].

Koeppen, der planlos Reisende, der unablässig Neugierige und ins Schauen Verliebte, der Spaziergänger zwischen Grand-Hotel und Absteige, der noch Ende der 50er Jahre als *flâneur* reiste – eine Existenzweise, die Paris erst eigentlich hervorgebracht hat – ihn erschreckten solche Heterogenitäten nicht. Im Gegensatz zu den Besuchern des 18. und frühen 19. Jahrhunderts zeichnete sich für ihn auf dem Stadtplan keine Mega-Polis ab, sondern viele kleine Arrondissements, die die gemütliche Provinzialität einer französischen Kleinstadt besaßen. Am Ende der vielzähligen Geschichten, die in Paris die Welt spiegeln, ist die Stadt vielleicht trostlos, aber die Bilder über sie machen glücklich: „Die hohen Schulen von Paris lehren das Wissen, aber Paris lehrt das Glücklichsein“[191]. Dieses Gefühl, zuhause zu sein, verläßt ihn auch in den dubiosesten Herbergen nicht: „Der Fahrstuhl wohnt in einem Kunstschmiedegehäuse wie des chinesischen Kaisers Nachtigall, er ist als Schönheit entworfen und sehr zu bewundern, wenn er ruht. Das Zimmer ist dunkel und, genaugenommen, ein Bett mit einem Umgang. Das elektrische Licht fließt in niedriger Spannung durch blinde Glastrauben“. Doch „es ist ein schöner, es ist ein gemütlicher, nur leider etwas hochnäsiger Palast“[192]. Wer wie Koeppen (und sei es ebenfalls nur augenzwinkernd) in Paris glaubt, noch den echten Professorengestalten zu begegnen, mit „schwarzen Schlapphüten und unter den Armen die abgewetzten bücherschweren Mappen“[193], der weiß auch: „Humanität wie die Freiheit sind diesen wahren Lehrern kein Lippenbekenntnis“[194]. Selbst wer schlecht ißt und lebt in einem kleinen Zimmer, ist „nicht elend! Er lebt in Paris und noch immer auf dem großen Markt der Ideen. Er denkt mit allem Stolz Descartes‘, daß er ist, weil er denkt“[195].

[190] Werke IV, S. 604.
[191] Ebd. S. 614.
[192] Ebd. S. 595.
[193] Ebd. S. 602.
[194] Ebd. S. 617.
[195] Ebd. S. 609.

Paris war für Koeppen zu dem wohl herausragendsten Ort einer literarisierten Verständigung geworden, selbst Schrift, durch die man spazieren konnte und die der empathetische Voyeur am Ende nur mit einer dreifachen Versicherung seiner Hingabe zu huldigen vermochte: „man liebt die Stadt und liebt Frankreich und liebt sie ganz und gar“[196].

V.

Liebe als Erfahrung der Fremde, als Aufbruch zu einem unbekannten Ort, aber auch als Erschrecken vor dem Unbekannten, Befremdlichen – die hermeneutischen Qualitäten des Reisens sind in Klaus Voswinckels Roman „Sonntag, Paris“, der den Abschluß unserer Paris-Lektüren bilden soll, zur tragenden Handlungsstruktur geworden. Wie in den zuvor und danach entstandenen Romanen („Das Buch aus der Ebene“ 1981, „Lapidu“ 1979, „Stein und Meer“ 1989 und „Helen. Mediterane Botschaften“ 2000), ein durch Symbolik, Namen, Titel weitverzweigtes textuelles Netz von Querverweisen und Konstellationen, geht es auch in „Sonntag, Paris“ um das Überschreiten von Grenzen: zwischen Realität und Traum, Wirklichkeit und Wunsch, zwischen Welt und Sprache, gesuchter Ich-Entgrenzung und Gefahr des Selbstverlustes. War der erste Roman des 1943 geborenen Autors und Filmemachers, „Lapidu“, für den er 1980 den Literaturpreis der Stadt München erhielt, noch der Ich-Form verpflichtet – tagebuchartige Aufzeichnungen der „Geschichte einer Reise“, die den Helden in einer Art *road-movie* auf der Suche nach einer geheimnisvollen Frau und zugleich nach seiner eigenen Geschichte schickte – so kennzeichnet die späteren Texte (für die der Autor die Gattungsbezeichnung Roman vermeidet) die Auflösung einer eindeutigen Perspektive. Die offene Form schafft Brüche, Grenzüberschreitungen auch der Sprache, die bisweilen – was Zeilenumbruch, Wortspiele und Neologismen angeht (der Autor promovierte über Paul Celan) – der Gefahr des Manierismus nicht immer entgeht. Das Produktive dieses Auseinanderfallens fester Bezugspunkte, des Sich-

---

196 Ebd. S. 658.

fremd-Werdens und der Suche nach Identität, ist jedoch am überzeugendsten in Voswinckels Paris-Roman gestaltet worden.[197] In dem 1985 erschienenen Großstadtroman hat der Autor die von ihm bevorzugten abgelegenen Schauplätze (Apulien in „Lapidu", „Stein und Meer" und „Helen"; eine fast surreale Wüstenlandschaft im „Buch aus der Ebene") zugunsten einer Topographie aufgegeben, in der der Ort selbst zu einem „Evokationsraum"[198], zum Symbol und Strukturträger des Buches wurde. Voswinckels Roman weht fünf Jahre durcheinander und setzt sie in einer Woche wieder neu zusammen. Der Text wird inhaltlich und formal zu einem Gewebe von Beziehungen, einem Sprachgitter, in dem Métro-Schächte wie Adern den imaginären Riesenleib der Stadt durchziehen, von der der Erzähler und Protagonist selbst ein Teil wird: „Wir [= Claire und Eric] sitzen im Café, das selber die Umgrenzungen unseres Körpers hat, die Wände als Außenhaut"[199]. Innerhalb dieses Labyrinths inszeniert der Autor die reale und symbolische Inbesitznahme seiner Umgebung, das Entziffern sowohl einer Sprachlandschaft wie des großen Mysteriums der Liebe und der Geliebten: „Wunsch, aus sich herauszutreten, zu laufen, ein anderer zu sein [...]. Ich will in das Innerste des Labyrinths zurück und daraus hervorgehen. Schönes Straßennetz von Paris"[200].

Der Roman, der sich bereits durch die Umschlaggestaltung – er zeigt das Foto eines Hofeinganges mit der Inschrift „Passage du Désir" – in die Tradition von Benjamins Passagenwerk und der modernen Sprachtheorie begibt, entwickelt sich ähnlich

---

[197] Zu den positiven Rezensenten gehören Urs Bugmann (NZZ vom 26.6.1982), die Verfasserin selbst (Der Tagesspiegel vom 7.7.1985) und Ingrid Heinrich-Jost (zu „Das Buch aus der Ebene", FAZ vom 14.9.1981). Verrisse dagegen von Roman Hess zu „Lapidu" (Die Weltwoche vom 29.8.1979) oder H. Londron zu „Sonntag, Paris" (Die Presse vom 17./ 18.4.1985), zum Teil mit denselben Argumenten (‚fehlende Psychologie', ‚artifizielle Sprache'), die jedoch unterschiedlich bewertet werden (als modern oder als Mangel an sozialer Verankerung, als poetisch oder „ungenau, holprig" – so Christina Weiß in ihrer Rezension zu „Sonntag, Paris", FAZ vom 6.4.1985).

[198] Reinhold Werner: Lichtbrechungen. Klaus Voswinckels Roman „Sonntag, Paris". In: Süddeutsche Zeitung vom 12.6.1985.

[199] Klaus Voswinckel: Sonntag, Paris. Frankfurt a.M. 1985; hier S. 57.

[200] Ebd. S. 61.

wie viele andere moderne Paris-Berichte (denen allen wohl die von Günter Oesterle als „lektürebestimmte Selbstverständigung"[201] bezeichnete Funktion zukommt) im Banne kollektiver Vorstellungen, deren wirkungsmächtigste und konstanteste der Mythos von Frankreich als dem Ort des Begehrens, der Sinnlichkeit und des gesteigerten Genusses ist. Hier haben wir idealtypisch jenen von Volker Klotz entworfenen Roman vor uns, der in die Topographie von Paris seine Handlung konkret und metaphorisch einschreibt, ja, der von der Stadt erst eigentlich geschrieben wird. Die Stadt als ästhetisches Objekt enthüllt sich in der Schilderung der vielen Gänge, in Plätzen, Straßen und bekannten Treffpunkten wie dem Deux Magot, dem Café du Dôme, der Universität oder der Ile de France, in der mit Namen wie Debussy, Monet, Jarry[202], mit Giacometti, Modigliani und Picasso, mit Sartre, Merleau-Ponty und Audiberti[203] überreichen künstlerischen Vergangenheit der Metropole, aber auch in der Begegnung mit berühmten Zeitgenossen wie Julia Kristeva, bei der Claire und Eric Semiotik studieren.

Die seit den Anfängen der Paris-Entdeckung typische Mischung aus sinnlicher Wahrnehmung, ästhetischer Erfahrung und historischer Reflexion infiziert die Poetologie des Romans selbst, der den poststrukturalen Leitbegriffen der *dissémination* und *déconstruction* folgt: „Ich bin nicht der Schreibende, schrieb Eric [...], ich bin der Geschriebene"[204]. Weil in diesem Konzept das souveräne, schreibende Subjekt – man hört die Stimme Michel Foucaults – nicht mehr existiert, mißtrauen Autor und Erzähler (wie dieser ebenfalls Schriftsteller) der eindeutigen Perspektive, einer eindeutigen Geschichte. Kunstvoll wechselt der Blick zwischen der auktorialen Verfügung über die Figur und unvermittelt einbrechenden Ich-Passagen, wird Handlung nicht nur chronologisch, sondern assoziativ vorangetrieben, das Weiße zwischen den Zeilen und Buchstaben für die Entdekkung neuer semantischer Konstellationen genutzt. Wortzwischenräume werden zu Passagen, indem das Druckbild mit Ab-

201 Günter Oesterle, op.cit. S. 354.
202 Vgl. „Sonntag, Paris", a.a.O., S. 110.
203 Vgl. ebd. S. 65.
204 Ebd. S. 108.

sätzen und Lücken die freien Plätze und Durchbrüche der Stadt nachzeichnet – Einkerbungen zugleich und Sinnbild für den Riß zwischen Ich und den andern. Wie vieles in diesem Roman ist bisweilen das Konzeptionelle, Theoretische überbetont: Claire LaLune[205] (anagrammatisch verbunden mit Eric Mitnacht), die Blauäugige, wird der zweiten, vier Jahre später erfahrenen Liebe zur dunklen Florance Lautrec gegenübergestellt; ihre Freunde und Bekannte folgen mit ihren Namen den Kapiteln, die die Geschichte in sieben Wochentage einbindet. Dabei begegnen Leo Sonntag und Arno Sabato, Michel Gründonnerstag und Ileana Samstag, dazu weitere, durch Namen und Symbolik verbundene Akteure wie Sarah Mandel oder Napoleon. In der Mitte, mittwochs, treffen sich die Paare, die ‚grammatischen Beziehungen' werden neu geschrieben, das fragile Geflecht der Bindungen neu geknüpft. Es folgen Hoch-Zeit und Passion, die an einem Freitag endet. Davor wird großes Theater gemacht, mit Frühlingsgewitter à la Klopstock, „Werther" und Gespräche à la Godard, auf einer zauberhaften Landpartie, draußen vor den Toren Paris'. Realität, die Referenz der Rede, löst sich im Spiel der Signifikanten auf (Claire-clair-Éclaire-Eric), ein surreales Lama steht plötzlich mitten in der Stadt auf der Place Furstemberg, anagrammatisch verwandt dem Salamander, der Brücke von Alma und der Gestalt Sarah Mandels. So scheinen die Buchstaben – entgegen ihrer als *dissémination* begriffenen Arbitrarität – doch eine Gegenkraft zur Entgrenzung der Liebe zu bieten, eine Rettung des sich verströmenden Subjekts durch die Ordnung der Signifikanten, die es doch eigentlich laut Theorie gar nicht mehr geben dürfte.

Es ist dieselbe paradoxe Situation, in der Voswinckel schreibt, in die früher auch schon andere Autoren der Moderne geraten waren, als sie ihre Sprachskepsis nur mittels Sprache artikulieren konnten. Fritz Mauthner schrieb trotz seiner Sprachaversion, ja seines Sprachhasses vielbändige Werke, und Hofmannsthal rettet sich, trotz aller Einbrüche zwischen Welt und Sprache, in seinem Chandos-Brief in eine geradezu

---

205 Man denkt natürlich sofort an das populäre Lied: „Au clair de la lune, mon ami Pierrot. Prête-moi ta plume, pour écrire un mot...", das ebenfalls den Zusammenhang von Schrift, Feder, Phallus, Frau beschwört.

sprachmystische Lobpreisung der Schrift. Auch Voswinckel beschwört wortreich den Zerfall der Sprache (weshalb man ihm Trivialphilosophie und Leere vorgeworfen hat)[206] und scheint – obwohl über ein halbes Jahrhundert später post-struktural infiziert – derselben Alchemie sprechender Namen und magischer Buchstaben zu vertrauen (Napoleon, der Eroberer aus „Sonntag, Paris", der zeitweise vielleicht in Claire, die er Helen nennt, sein Exil gefunden hat; Mira und der Protagonist Stein aus „Stein und Meer"; die metaphorischen Beziehungen zwischen Stein/*lapis* und dem Titel „Lapidu"; die durch das Alphabet verbundenen Namen im „Buch aus der Ebene", der den Mythos – und das eigene Werk – alludierende Name Helen im jüngstem, 1999 erschienenen Buch Voswinckels). So subjektlos, wie es das dekonstruktivistische Konzept vorgibt, so gebeutelt von den vorgegebenen, unzulänglichen Zeichen (die Sprache, die Stadt), ist dieses schreibende Ich keineswegs. Das Begehren, das Imaginäre findet im Wort seinen Halt.

Sehr bewußt sucht der Erzähler die Verwirrungen des Gefühls, die Konstellation *à quatre*, die Überführung der Kontingenz des Begehrens in eine Ordnung der Paare und der Schrift, vielleicht sogar in die Form eines gerade noch möglichen Romans. Während Eric den Ausführungen Kristevas über Freud, Lacan und die Entstehung der Sprachen lauscht, fallen ihm besonders jene Sätze zur Kraft der Literatur ins Bewußtsein, in welchen sie die Aufgabe der Literatur darin bestimmt, „die sprachliche Ordnung der Welt in sich auseinanderzusprengen, die Trennung rückgängig zu machen [...], das große Gefängnis Sprache in die Luft zu sprengen, mit allen Mitteln der Zartheit"[207]. So wird die Poetologie zu einem Liebesprogramm (und umgekehrt), die „Umschrift der Welt"[208] überführt in den Körper der Frau, der zugleich der Körper der Stadt ist: „Ich will in das Innerste des Labyrinths zurück, und daraus hervorgehen. Schönes Straßennetz von Paris. Fremdartig wie du bist in deinen drei wildgewachsenen Zungen, deutsch-griechisch-franzö-

[206] So Roman Hess und Urs Bugmann in ihren Rezensionen, op.cit.
[207] „Sonntag, Paris", a.a.O., S. 55f.
[208] Ebd. S. 56.

sisch“[209]. Und weil die Sehnsucht nach der Frau die Sehnsucht nach „Mehr, Meer“[210] (ein Weininger-Zitat) ist, verwundert es nicht, daß auch irgendwann einmal der Hafen von Paris gefunden wird, der dann bruchlos in die Topographie von Venedig (zugehörig der Florance-Geschichte) übergeführt werden kann. Dank der Vieldeutigkeit der Worte, dem Prinzip der Verdoppelung und des Doppelsinns, das Voswinckel hier wie in seinen anderen Romanen verfolgt, werden ‚Erschöpfung‘, ‚Erfahrung‘, ‚Körper‘, ‚Verkehr‘, ‚Tod‘ und ‚Leben‘ vielschichtig deut- und ineinander überführbar. „Erzähl, Claire. Wie viele Mal kam ich auf dir zu Tode? Und wechselte das Leben... Wie oft fanden wir eine andere Zeit wieder [...]. Sie strömte da in den Raum um uns. Manchmal denke ich auch: sie ist die Quelle des Schreibens“[211]. Am Ende von „Lapidu“ ließ Voswinckel seinen Erzähler verkünden, er wolle „das Alphabet der Beziehungen neu erlernen“[212]. Sechs Jahre später will in „Sonntag, Paris“ der Protagonist die Linien des steingewordenen Leibes Stadt zu verstehen suchen, sie als Schrift erkennen, schauend das Kontingente, Zerrissene in einer Art Sprachepiphanie aufheben und so die Trennung von Signifikant und Signifikat zu einer produktiven Passage umschreiben, die man ekstatisch, phallisch ausfüllen kann.[213]

Miteinbezogen in diese Aufhebung von Grenzen ist die Zeit, die ein weiteres Strukturelement des Romans bildet: keine lineare Geschichte wird erzählt (die allerdings auch existiert: Ankunft, Aufenthalt, Abreise), keine Syntax des Erzählens baut sich auf, sondern ein vom Schreibenden getragenes paradigmatisches Bewußtsein, eine Übereinanderschichtung von vier

[209] Ebd. S. 61.
[210] Ebd.
[211] Ebd. S. 137f.
[212] Klaus Voswinckel: Lapidu. Die Geschichte einer Reise. Frankfurt a.M. 1979, S. 281.
[213] Daß hier von Lacan inspirierte Theorien einfließen, belegen Passagen wie die über die patriarchalische Ordnung der Gesellschaft: „Unsere Kultur des Maßes und der Begrenzung – entstanden aus der Begrenztheit der männlichen Potenz. Die Gesetze, Aufteilungen des Raumes, Tabuzonen (und -zeiten), sie haben ihre Macht ums so mehr gegen die Ausuferung der Frau entfaltet“ („Sonntag, Paris“, a.a.O., S. 137).

Jahren, zwei Paaren und zwei Orten: jetzt, das ist vier Jahre später im Vergleich zum Paris mit Claire; jetzt, das ist Gegenwart mit Florance, teilweise in der französischen Hauptstadt, teilweise in Venedig spielend – Wiederholung und Variation der alten Passion: „vier Jahre später werde ich mit jemand anderem in diesem Raum sitzen, und ich werde mich heftig zurückerinnern, ohne noch zu wissen, wo nun die Zukunft nach vorn geht und die Gegenwart nach hinten“[214]. Eric entdeckt und erobert (auch das zugleich eine Liebesmetapher) die Welt in dem freiheitsgewährenden, zeichengesättigten Ort von Paris: „Vielleicht ist die Sprache nur eine Metapher für das, was wir eigentlich wollen“, ihr „Verlangen, die Welt zu berühren [...], sich ihr sprechend anzuverwandeln mit Zeichen, Schrift, Einkerbungen [...]. Wir vergessen die Welt über der Sprache (haben sie an die Sprache immer selbstgefälliger verraten) und können sie nur zurückgewinnen, wenn wir das Unglück der über sie verstreuten Zeichen wieder bis in unsere Augen holen“[215]. So wird der Versuch, diese Dreiecks- bzw. Viereckgeschichte zu leben, zum Versuch, den revolutionären Parolen von Liberté und Égalité einen individuellen Sinn zu geben. Doch so, wie dabei die Freiheit der Sprach-Konstruktion und die Freiheit der Liebesbeziehungen das System sprachlicher Normen und bürgerlicher Konventionen nicht total sprengen können, so erweist sich auch die proklamierte Transzendierung der Vernunft als Mythos. „Wir nämlich, sagte Eric, wir sind seltsame Analphabeten unserer Gefühle. Es ist doch absurd, wie wir die Welt aufteilen – die Welt, die Lieben. Wir denken immer noch in der Sprache unserer überkommenen Moral, zwingen unsere Schritte, ohne es zu wollen, in eine längst ausgeleierte Gesetzessprache hinein [...], als seien wir unfähig, eine neue Sprache für unser Gefühl zu finden“[216].

Was Klaus Voswinckel mit diesem Psychologie wie Historie vermeidenden Roman dennoch gelang, war, die Großstadt

---

214 Ebd. S. 57.

215 Ebd. S. 96.

216 Ebd. S. 181. Jedoch gibt sein Gesprächspartner Napoleon (der als Liebhaber kurze Zeit später Florance erobern wird) auch zu bedenken: „Aber vielleicht ist es auch absurd, wie man das einmal Getrennte wieder vereinen will“ (ebd. S. 181).

selbst zum Text werden zu lassen, einem Palimpsest, in dem Wirklichkeit, Schrift und Bild übereinander liegen. Die Sprache ist zum Akteur des Textes, die Akteure sind zu indikatorischen Zeichen innerhalb der Stadt geworden. Die sinnliche Stimulation, die gerade Paris auslöst („Ich lebe inmitten eines erotischen Traums, schrieb er [= Eric] am späten Abend auf einen Zettel")[217] – bildet den Impuls für das Prinzip der Grenzüberschreitung und Vermischung, das „Sonntag, Paris" strukturiert: Homologien, Fluktuation und Paradigmen sind das genuine Konstruktionsprinzip dieses Textes, der die Stadt als dezentrierte Schrift begreift, Liebe und Beziehungen als Signifikantenspiel inszeniert. Es ist ein poststrukturales Bewußtsein, das diesen Roman entwirft und vorantreibt. Eine ‚Archäologie unserer Träume' wollte „Stein und Meer"[218] sein; „Das Buch aus der Ebene" arbeitet schon durch seine Umschlagsgestaltung mit dem Bild der Spur(-en im Sand). Für Voswinckel bedeutete Schreiben, eine „Schriftspur der Veränderung" zu entwerfen, das Verschieben der Phantasie und das Aufbrechen unserer Wahrnehmung, unserer eingefahrenen Denkkategorien. „Gut, ja. Realität. Rêve (Traum), dachte er. Rêvalité"[219]. Diese Zwischenzustände, die rauschhaften ‚Traumlichkeiten' werden nicht nur von Voswinckels Protagonisten[220] aufgesucht, sie werden nicht nur für den Text, von dem der Autor selber Teil ist, produktiv gemacht (auch das erinnert an Koeppens „Ich bin auf der Suche nach einer Romanfigur, die ich selbst bin"[221]) – die Stadt selber ist ein reales *und* metaphorisches Gebilde, ein großes Schriftzeichen, dessen Leib mit Reklame, Namen, Zeichen tätowiert ist, Signifikanten, die in- und aufeinander verweisen. Nie geht es Voswinckel um die Stadt an sich, vielmehr versucht

[217] Freilich gibt es als Konkurrenz zu Paris auch die andere Stadt der Liebe: Venedig (ebd. S. 147). Zum Venedig-Bild vgl. Bernard Dieterle: Die versunkene Stadt: sechs Kapitel zum literarischen Venedig-Mythos. Frankfurt a.M. 1995.

[218] s. Umschlagtext des Buches.

[219] „Sonntag, Paris", a.a.O., S. 226.

[220] Vgl. etwa die Szene mit Hamid in der Spielhölle, wo Wirklichkeit und Erinnerung, die Stadt und ihre Zeichenhaftigkeit, Traum, Realität und virtuelle Welten auf typische Weise transgredieren.

[221] Gespräch mit Alfred Estermann. In: Einer der schreibt, a.a.O., S. 151.

er in Gestalt des Helden, den Bewußtseinsveränderungen nachzuspüren, die das ‚Lesen' dieses Stoffes auf ihn ausübt. Der so zum Roman gewordene (Liebes-)Roman[222] bleibt, trotz aller realen Schauplätze, trotz aller echten Namen und historischen Gestalten so wirklich-unwirklich wie der weiße Raum zwischen den Zeilen, wie das metaphorisch und real zu lesende Titelfoto. Im letzten Kapitel, wieder einem Sonntag, verläßt der Held den Kreis. Erics fast frühromantisch-utopischer Liebesversuch gegen die Trennung der Welt endet in Trauer und ‚hoffnungslosem Elend'. Überfordert flieht der von Claire verlassene Protagonist die Stadt. Sie zeigt am Morgen illusionslos ihren Dreck, ihren Abfall. Und dennoch: ein neuer Tag beginnt, nüchterner, kälter; und trotzdem zeichnet hoffnungsvoll eine Möve, Botin des Meeres, eine geheimnisvolle Schriftspur an den Horizont. *Paris se lève*, Herausforderung, Versprechen, Enttäuschung, Heimat – ein Traum, was sonst. Paris scheint noch heute für den modernen Menschen vielleicht einer der wenigen Orte, wo, wie Peter Handke drei Jahre vor Voswinckel in seiner Erzählung „Die Laternen auf der Place Vendôme" schrieb, „der grabüberspannende Himmel dem Fußgänger die ewige Untröstlichkeit zugleich als Asyl gab"[223].

VI.

Paris als Topographie und Topos – die Stadt zeigt sich in der Passage vom 18. zum 20. Jahrhundert trotz solchen Lobpreises als unsicheres Terrain. Das Prinzip der Fragmentarisierung, dem schon das „Tableau" Merciers gefolgt war,[224] die Unorientiertheit und Anonymität, machten die Großstadt Paris zu einem

---

[222] Auch Wolfgang Koeppen spielte mit dem Doppelsinn von ‚Roman'. Gegenüber Horst Bienek äußert er zu seinem ersten Buch: „Ich habe die „Unglückliche Liebe" nicht wieder gelesen [...]. Nicht nur, weil *sie* mein erster Roman war" (in: Einer der schreibt, a.a.O., S. 20, Hervorh. I.D.). Ebenso gegenüber Heinz Ludwig Arnold: „Ich glaube, jedes Buch ist der Roman des Verfassers" (in: Einer der schreibt, a.a.O., S. 84–115; hier S. 93).

[223] In: text & kritik 24/24a(1976) Peter Handke, S. 1.

[224] Vgl. Karlheinz Stierle: Baudelaires „Tableaux Parisiens" und die Tradition des ‚Tableau de Paris'. In: Poetica 6(1974), S. 285–322; hier S. 288.

Ort der Ambivalenzen und Kontraste, einem Labyrinth aus Macht, Geld, Armut, Hektik, einem Treffpunkt der Welt, einem Gefängnis, einer Absteige, einem neuen Athen. Paris – Hölle und Paradies zugleich.[225] Die Physiognomie der Stadt, ihre der Partikularität, dem Tempo und der Simultaneität verpflichtete Wahrnehmungsperspektive, die zu den formalen, offenen Möglichkeiten des Romanerzählens so große Affinitäten aufzuweisen scheint, blieb bis in die Gegenwart, trotz aller geschichtlichen Reminiszenzen und kulturgeschichtlichen Verankerungen, trotz aller lesbaren Zeichen eine Herausforderung: die genuine Fremde, eine nicht-formbare, widerständige Realität. Sie wäre auch aufzuspüren in Handkes Roman „Die Stunde der wahren Empfindung" von 1975, in der der Protagonist Keuschnig – einmal im Traum von der Möglichkeit heimgesucht, ein Mörder geworden zu sein – durch Paris streicht, das trotz des ‚komplizierten Seelenbruchs' seines Helden ein präziser Schauplatz mit identifizierbaren (und deshalb für den Leser immer auch idenfikatorischen) Straßen und Passagen bleibt.

Am Ende unserer Stadterkundungen ist das Terrain Paris so faszinierend, abweisend, verlockend wie zuvor. Schlichtweg „Schwindel" für den einen[226], „Palmyra, in der der Purpur wuchs"[227] für den anderen. Immer jedoch ist es eine Herausforderung, über sie zu schreiben. Die Ambivalenzen, die zum Topos der Paris-Aversion wie des Paris-Lobes gehören, machen die einstige ‚Hauptstadt der Welt' zu einer durch und durch *ästhetischen* Metropole, einem Ort des Scheins, der Distanz, der Affektion. In Paris sah die Moderne sich zum ersten Mal mit dem Schauplatz eines mehr oder minder anonymen Kollektivs und einer anonymen Bedrohung konfrontiert, aber auch am Ort individueller Selbstfindung und größtmöglicher Freiheit. Inzwischen wurden andere Stadt-Mythen geboren: New York, Brasilia, Singapore. Doch in der Attitüde des distanzierten Stadt-Beobachters – die mit dem des Intellektuellen, des Schriftstellers und dem des Flaneurs verwandt ist – fand das mehrdimensionale, zeitgenössische Subjekt seine moderne Form und seine

---

[225] Vgl. Siegfried Jüttner: Großstadtmythen. In: DVjs op.cit.
[226] So Fontane (in: Karsten Witte op.cit. S. 283).
[227] So Gottfried Benn (ebd. S. 278).

Lebensbedingungen.[228] Keiner hat so emphatisch wie Walter Benjamin diese Stadt mit einem Buch verglichen[229] und ihren Geist der Schrift verwandt erklärt. Sind auch die leidenschaftlichsten Galane von draußen gekommen[230], so hinterließen sie doch ihre Liebeserklärungen. Einen Versuch, ihren Spuren zu folgen, ist die Reise zu der ehemaligen Hauptstadt der Welt allemal wert – im richtigen Leben wie in der Wirklichkeit der Literatur. Paris lädt uns zum Lesen ein, sie ist, wie Ludwig Börne einst schrieb, noch immer „ein aufgeschlagenes Buch [...] zu nennen“[231].

---

228 Vgl. Ilja Srubar: Zur Formulierung des soziologischen Blicks. In: Manfred Smuda, op.cit. S. 37–52.

229 „Paris ist ein großer Bibliothekssaal“ („Paris, die Stadt im Spiegel“, op.cit. S. 356).

230 Vgl. ebd. S. 358.

231 Zitiert nach Karsten Witte (Hrsg.), a.a.O., S. 406.

Schiller als Essayist –
Unsichere Vernunft, deformierte Subjekte

I.

Daß alle Theorie nicht nur grau, sondern auch rosig die Welt verklären hilft, ist nicht nur eine Binsenweisheit, die Psychologen gerne unterschreiben; auch in manchem Dichterwerk sind die Absichten, die zu Theorien und ästhetischen Konzepten führen, mitunter in sehr subjektiven Bedürfnissen zu suchen. Müh' und Not mit den politischen Zuständen, mit sich und seinem gesundheitlichen Zustand, mit der Praxis des Theaters und den finanziellen Kalamitäten hatte auch der sich selbst so ungern als ‚Klassiker' titulierende Schiller. Das zeigen vor allem seine theoretischen Schriften, wie sie überwiegend in den neunziger Jahren entstanden. Sie beweisen nicht nur einen klugen Kopf, der scharfsinnig die Aporien idealistischer Philosophie bedachte, sondern sie waren immer auch subjektive Diagnosen seines geistigen und vor allem körperlichen Zustandes.[1] Schiller war das nicht entgangen. Bereits Mitte November 1788 schrieb er an Freund Körner: „Was du von den sogenannten Taschenspielerkünsten der Vernunft sagst, die Kunstgriffe, wodurch man der Wahrheit gleichsam zu entrinnen sucht, um ein System zu retten, finde ich sehr gut gesagt"[2]. Was ‚gut gesagt' war, war zugleich der Grund seiner wachsenden Verunsicherung. Welche Wirkung dies zeigte und wie dennoch das System – zumindest das seinige (ein mitnichten konsistentes Gedankengebilde) – gerettet werden konnte, davon soll im folgenden die Rede sein.[3]

---

[1] Nobert Oellers läßt deshalb – wohl nicht zufällig – seine jüngsten Untersuchungen: Friedrich Schiller. Zur Modernität eines Klassikers (Frankfurt a.M. 1996) mit einem Kapitel über den ‚kranken Klassiker' („Mein Kopf ist ganz wüste") beginnen.

[2] Friedrich Schiller: Brief v. 14.11.1788. In: Werke, hrsg. v. Julius Petersen u. Hermann Schneider. Weimar 1953ff (= Nationalausgabe, NA); hier NA 25, S. 135.

[3] Der Aufsatz deckt sich, in leicht überarbeiteter und aktualisierter Form,

Schillers Schreiben war stets Einspruch, Widerspruch, nicht nur gegen Kant, wie man heute weiß.[4] Seine essayistischen wie poetischen Schriften entwickelten sich kontrafaktisch zu einer mehr oder minder als desolat empfundenen Gesellschaft, deren Hauptmängel, Erschlaffung und Verwilderung – Termini, die er von Rousseau übernahm – für ihn sehr konkrete Beschreibungen des gesellschaftlichen Zustandes waren. Aber sie waren es nicht nur. Die Vehemenz, mit der Schiller gegen Schwächen, Chaos und Zerstörung argumentierte, verrät auch etwas über ihre biographischen Wurzeln. Hans Mayer wies bereits 1966 in seiner Untersuchung zu den theoretischen Schriften Schillers auf diesen unterschwelligen Diskurs hin: „Schillers Philosophieren entspringt stets der Augenblickslage", schrieb Mayer, dennoch sei „in diesen Abhandlungen, auch noch in den späteren Briefen über die ‚Ästhetische Erziehung des Menschen', so auffällig oft von Absichtslosigkeit, Zwecklosigkeit, freiem Handeln als unwillkürliches Tun die Rede, daß man beim Lesen mißtrauisch werden muß"[5]. Bei Schiller, der so energisch von der Herrschaft des Verstandes sprach, erwuchs der Impuls zur schriftstellerischen Tätigkeit deutlich außerliterarischen Antrieben:

mit Teilen vor allem des vierten Kapitels aus meiner Untersuchung: Die Kehrseite der Vernunft. Zur Widersetzlichkeit der Literatur in Spätaufklärung und Romantik (München 1996). Hinzuweisen ist insbesondere auf die inzwischen erschienenen umfassenden Untersuchungen von Helmut Koopmann (Hrsg.): Schiller-Handbuch. Stuttgart 1998; Norbert Oellers/Axel Gellhaus (Hrsg.): Schiller. Köln 1999; Peter-André Alt: Schiller. Leben – Werk – Zeit. 2 Bde. München 2000; Götz-Lothar Darsow: Friedrich Schiller. Stuttgart 2000.

4 Vgl. Hans Feger: Schillers ästhetische Suche nach einem Grund. Zur Divergenz der Rolle der Einbildungskraft bei Kant und Schiller. In: DVjs 69(1995), S. 28–70. Feger schreibt u.a.: „Nicht die Selbstermächtigung der Vernunft, sondern die ‚Sorge' [und der Verf. verweist hier auf die „Kalliasbriefe"], daß der reine Selbstvollzug einer machthabenden Vernunft sich von seinem natürlichen Ursprung lossagt, motiviert den Perspektivenwechsel von der *Gesinnungsethik* Kants zur *Verantwortungsethik* Schillers" (ebd. S. 38). Speziell zu den Unterschieden zwischen Kants „Kritik der Urteilskraft" und Schillers Konzeption des Erhabenen vgl. Daniel Müller Nielaba: Die ‚Gewalt' der ‚Vergleichung', in: Jb.d.dt.Schiller-Gesellschaft 1999, S. 222–240.

5 Hans Mayer: Der Moralist und das Spiel. In: Schillers Werke, Bd. 4. Frankfurt a.M. 1966, S. 809–825; hier S. 811.

zum einen war es die Reaktion auf seine angeschlagene gesundheitliche Verfassung, zum andern war es der Reflex auf politische Zustände, insbesondere die Französische Revolution und ihre Utopien, die so offensichtlich gescheitert und von denen der Autor, gerade weil er so große Hoffnungen in ihre Ideale gesetzt hatte, enttäuscht worden war. Natürlich hat man sich vor einer „eilfertigen Vermischung von Leben und Kunst zu hüten"[6], wie Peter-André Alt jüngst wieder warnte. Die Erfahrungswelt ist zu registrieren, jedoch weder als ‚Ferment' noch als ‚Rahmen', sondern als Sediment der schriftstellerischen Arbeit, das heißt im Werk selbst und seiner Sprache.

Gegen das Krisenbewußtsein der Zeit, gegen den Terror der Revolution und gegen den des eigenen Körpers hatte Schiller seine ideale Welt der Vernunft und des Schönen entwickelt. Vor dem Hintergrund der materiellen Not, der produktiven ‚Trockenheit', die ihn zwischen dem „Don Karlos" und dem „Wallenstein" fast zwölf Jahre verstreichen ließen und jener ‚Krankheit' der Zeit lesen sich manche Äußerungen der philosophischen Schriften wie Bulletins einer fast unmenschlichen Willensanstrengung gegen die Verfallserscheinungen des Körpers, aber auch des *siècle des lumières*. Die geschichtliche Situation und der leibliche Verfall machten, so Mayer, nicht nur wegen der Unproduktivität dieser Jahre die theoretischen Schriften Schillers zu einer „Ersatzhandlung"[7]. Der versteckte Diskurs, der deutlich die Kehrseite der Vernunft verrät, offenbart sich bei Schiller – wie auch bei seinen Zeitgenossen Kleist oder Kant – als Widerstand der Texte selbst, ihrer Figuren, Handlungen, ästhetischen wie gedanklichen Inkonsistenzen. Keine allzeit gültige, hieb- und stichfeste Philosophie schuf Schiller mit seiner Ästhetik, aber Ausdruck und Zeugnis einer Krise. „Allein *Kenntnis der geschichtlichen Konstellation* vermag – ebenso wie Kenntnis der psychischen Umstände –", so Mayer, „das Spannungsverhältnis zu deuten, aus dem diese scheinbar so objektive Ästhetik hervorgehen sollte"[8]. Allerdings hat die Rezeption als Klassiker

---

[6] Peter-André Alt, Bd. 2, a.a.O., S. 24.
[7] Hans Mayer, Der Moralist und das Spiel. In: Schillers Werke, Bd. 4, a.a.O., S. 814.
[8] Ebd. S. 812.

seinen Lesern lange Zeit diese verstörende Erkenntnis abgenommen und Schiller, wie andere Dichter- und Denkerkollegen, vor einer dekonstruierenden Lektüre geschützt.

Schiller sah sehr deutlich und mit bewundernswerter Klarheit hinsichtlich der unliebsamen Konsequenzen, daß der Entschluß zur Aufklärung kein Erkenntnisproblem war, sondern ein Problem des Willens. Und der war, in seinen praktischen Ansprüchen, abhängig von der menschlichen Natur, ihren Trieben und Wünschen. Es gab eben so vieles „in den Gemütern der Menschen [...] was der Aufnahme der Wahrheit, auch wenn sie noch so hell strahlte, im Wege steht“, schrieb er an den Herzog von Schleswig-Holstein-Sonderburg-Augustenburg[9]. Das von Kant entwickelte, rigoristische Moralkonzept, das eine Handlung nur dann als moralisch akzeptierte, wenn sie unabhängig vom sinnlichen Wohlgefühl ausgeführt, also nur um des Guten willen vollzogen wurde, kollidierte mit dem beschränkten Vermögen des Menschen, der eben auch und gerade Sinnenwesen war. Für Schiller waren es deshalb nicht objektive Hindernisse, die sich einer Erziehung des Menschengeschlechts entgegenstellten, sondern subjektive. Das, was Kant den ‚Mut‘ nannte und als Entschluß zur Aufklärung voraussetzte („Ermanne Dich,...“, wie der Autor sehr patriarchalisch das ‚Sapere aude‘ übersetzte), ist nach Schillers Überzeugung von unseren Trieben und Bedürfnissen gesteuert und gehorcht nicht ohne weiteres den Postulaten der Vernunft und der Sittlichkeit. Das war das erste, dringlichste Problem der Schillerschen Ästhetik. Zum zweiten aber wurde Schiller, von der erzieherischen Funktion der Kunst überzeugt, zunehmend klar, daß sie diesen utopischen Charakter nur einlösen konnte, wenn sie sich in einem von der Gesellschaft (genauer, in einem von Arbeit und Entfremdung) unabhängigen Raum entfaltete. Was die Aufklärung so vollmundig mit Freiheit und Autonomie der Kunst bezeichnete, zwang den hoffend-hoffnunglosen Idealisten Schiller zu einer lebenslangen Doppelstrategie. Natur ist einerseits, so beschrieb Rudolf Grimminger diese Spannung, „der Moralität entgegengesetzt, also der Zustand der Unvernunft; zum anderen

9 Augustenburger Briefe, abgedruckt in: Jürgen Bolten (Hrsg.): Schillers Briefe über die ästhetische Erziehung. Frankfurt a.M. 1984, S. 50.

von Arbeit entlastet, also ein Zustand der Freizeit. Sie ist eine Eigenschaft gesellschaftlichen Handelns, das vom Zwang der Produktivität frei und im übrigen unsittlich ist. Natur betrifft einen Stil der gesellschaftlichen Kommunikation und Interaktion, der allein unter dem Diktat von Triebbedürfnissen steht"[10]. War also „*gut* aus *Instinkt*"[11] sein, wie es in den „Philosophischen Briefen" hieß, nichts wert, so funktionierte das Gutsein aus bloßem Entschluß zur Sittlichkeit auch nicht. Genau an diesem Punkt erhielt Schillers Versöhnungspotential des Schönen seine Funktion, denn wo sonst, als im freien Raum des Spiels, gewännen wir jene emotionale Stärkung, aber auch einen Begriff vom Gesetz der Moralität, die gegenüber Affekten und Trieben triumphiert.

Eine kritische Lektüre von Schillers Schriften muß jedoch gerade diese Verheißung als Wunschvorstellung in Frage stellen. Denn am Ende aller Schillerschen Überlegungen war das Spiel keine Utopie mehr, sondern gutgemeinte Beschwörung, und Freiheit die Selbstunterwerfung unter eine richtende Vernunft. Statt klassische Gesundheit, Krankheiten wohin man blickt.

So häuften sich, auf dem Sezier- wie auf dem Schreibtisch, die Übel der rationalen Vernunft: quälende Zweifel, Irrtümer, Skeptizismus. Dennoch verleugneten diese ‚Krankheiten' ihre Abhängigkeit von jenem Anderen der Natur nur allzugern. *Eine* Grenze jedoch war unüberwindbar, und Schiller kannte sie sehr wohl: die Sterblichkeit des Menschen. „Die Vernunft ist eine Fakel in einem Kerker"[12], heißt es, ziemlich illusionslos, in den „Philosophischen Briefen". Doch nicht nur die Endlichkeit des Menschen, die Schiller in seiner vorkantischen Epoche so deprimiert hatte, setzt uns Grenzen; das Denken selbst macht unglücklich, krank. Das moralische Urteil, das ausschließlich als Zwang gegen die Natur gerechtfertigt sein soll, „demüthigt uns"[13]. Trotzdem war Schiller schließlich bereit, gerade diesen

[10] Rolf Grimminger: Die ästhetische Versöhnung. Ideologiekritische Aspekte zum Autonomiebegriff am Beispiel Schiller. In: Jürgen Bolten (Hrsg.), a.a.O., S. 161–184; hier S. 166.
[11] Friedrich Schiller: Philosophische Briefe. NA 20, S. 114.
[12] Ebd. S. 112.
[13] Friedrich Schiller: Ueber das Pathetische. NA 20, S. 217.

Zwang als Freiheit zu deklarieren und dem ,Gemüth' Erweiterung zuzuschreiben, da, wo es „nach außen Gränzen findet“[14]. Die Ohnmacht des Individuums gegenüber den Ansprüchen seines Leibes und die Ohnmacht gegenüber den Unterdrükkungsmechanismen der Gesellschaft wurde ihm schließlich als Größe verkauft, die es für den Mangel an Handlungs- und Entscheidungsspielräumen entschädigen sollte. Die Souveränität, die der Mensch kraft der Ratio über sich zu haben glaubte, seine ,Monarchie in der Geisterwelt', kompensierte seine reale politische und körperliche Ohnmacht. Das gequälte, leidende, kleingehaltene Ich erträumte sich gottähnliche Allmachtsphantasien in einem Gefühl der „unwidersprechlichen Vollmacht“[15]. Robert Walser-Phantasmagorien des 18. Jahrhunderts.

Schiller hatte die Abkehr von den politischen und poetischen Positionen des Sturm und Drang mit einer Phase dichterischer Ohnmacht bezahlt. Die Ersatzhandlung der theoretischen Schriften und die Umsetzung eines didaktischen Konzepts von Kunst bei gleichzeitigem idealistischem Anspruch war dennoch mehr als ungesichert. Man ahnt: wo viel erklärt werden mußte, gab's viel zu verteidigen. So gesehen verschleiert nichts die Tatsache, daß Schiller, wie viele seiner Zeitgenossen, immer größere Schwierigkeiten mit der so schwer legitimierbaren Vernunft und ihren idealistischen Zielen hatte. Vor allem das Muster des Erhabenen, die kontraphobische Verkehrung all dessen, was uns bedroht, in das, was uns stärken soll, mußte Mitte der neunziger Jahre als unbefriedigend beiseite gelegt werden. Zu fragen blieb, ob die Kunst wenigstens Versöhnung simulieren könne. Schiller besann sich auf seine Erfahrungen als Künstler, um die „Kraftlosigkeit“, „Rohigkeit“ und den „heillosen Geschmack“[16] des Publikums zu verbessern. Aus dem Plan, für das Publikum zu schreiben, wurde das Konzept, gegen das Publikum zu argumentieren. Als Schiller 1795, wie er gegenüber Goethe äußerte, seine „philosophische Bude“ schloß, ließ er of-

---

[14] Ebd. S. 209 (im Original gesperrt).

[15] Friedrich Schiller: Philosophische Briefe. NA 20, S. 112.

[16] Friedrich Schiller in einem Brief an Gottlieb Fichte vom 4. August 1795 (in: Dichter über Dichtung, Bd. 1: Von den Anfängen bis 1795, hrsg. v. Bodo Lecke. München 1969, S. 542).

fen, ob sie immer noch „dem Bedürfnis des Zeitalters nicht so entlegen sei"[17] oder ob sie zur fragwürdigen Gesundbeterei geworden war. Die Theorie blieb, auch in allen Anstrengungen Schillers, eine unsichere Sache. Hans Mayer kam bezüglich Schillers ästhetischer Schriften zu dem wehmütigen Resümee: „Theoretische Antithetik kommt dabei zutage, allein es fehlt dem heutigen Leser an jeglicher Evidenz. Dies alles, mitsamt den Begriffen der Rührung und der Erhabenheit, des Willkürlichen und des Unwillkürlichen, der ästhetischen Moralität und der moralisierenden Ästhetik, bleibt bemerkenswert nur als Gegenposition einer großen Individualität gegen sich selbst: gegen die Krankheit, gegen die geschichtlichen Vorgänge, für die man sich insgeheim – durch das eigene prosaische Frühwerk – mitverantwortlich fühlt"[18].

Dennoch, das Unternehmen, die ‚Kenntniß der Krankheit' als Vorstufe einer individuellen und gesamtgesellschaftlichen Gesundung zu begreifen, schärfte nicht nur Schillers Aufmerksamkeit gegenüber Verhältnissen, Normen und Werten, sondern bestimmte auch in entscheidendem Maße die Entwicklung seines poetologischen Konzepts, das, gerade weil es so fraglich erscheint, in seinen Brüchen bedeutsam und brisant bleibt. Die entsprechende Kunstauffassung, geschrieben unter den Zeichen einer rationalistischen Philosophie, enthüllte nicht direkt, doch umso deutlicher in der Metaphorik ihrer Sprache, auf welche Weise die ordnende und richtende Vernunft funktionierte.

Wie später nie mehr explizierte Schiller in seinem Konzept einer ästhetischen Erziehung in außergewöhnlich deutlicher Form den Zusammenhang von individueller und zeitgeschichtlicher Krise.[19] In den Briefen an den Prinzen Friedrich Christian von Schleswig-Holstein-Sonderburg-Augustenburg verdrängte

---

[17] Augustenburger Briefe. In: Jürgen Bolten (Hrsg.), a.a.O., S. 42.

[18] Hans Mayer: Der Moralist und das Spiel. In: Schillers Werke, Bd. 4, a.a.O., S. 820.

[19] Wobei es interessant ist aufzuzeigen, inwieweit sich die Briefe an den Herzog von Augustenburg durch ihre Aufnahme in die „Horen" und dem selbstauferlegten Zwang, sich dort allem Politischen und Zeitgeschichtlichen zu enthalten, veränderten und entschärften. Vgl. u.a. Dieter Borchmeyer: Aufklärung und praktische Kultur. Schillers Idee der ästhetischen

der besorgte Zeitgenosse jedoch trotz seiner scharfsichtigen Analysen, welche Rolle der kritische Verstand selbst dabei als Herrschaftsapparat spielte. Dessen richtende und strafende Funktion, die vor allem im Duktus der Überlegungen herauszuhören ist, steht in eigenartigem Gegensatz zu der auf Versöhnung und Harmonie angelegten Botschaft des Entwurfs. Nicht nur die instrumentalisierte Vernunft, gegen die er sich wandte, auch die idealistische Philosophie der Kunst führte zur Gewissensinquisition und Unterdrückung alles Leiblichen. Ganz ohne Quälerei, Leiden und Selbstvernichtung sollen wir – man lese Schillers Überlegungen zum Schönen und Erhabenen – von unserer Menschenwürde nämlich gar nichts ahnen: „Man gelangt [...] zur Darstellung der moralischen Freyheit nur durch die lebendigste Darstellung der leidenden Natur“, heißt es in „Ueber das Pathetische“[20]. „Pathos muß da seyn, damit das Vernunftwesen seine Unabhängigkeit kund thun und sich *handelnd* darstellen könne“.[21]

Anfang des Jahres 1793 war Schiller allerdings nicht gewillt, den Glücksanspruch des Einzelnen ausschließlich negativ zu begründen. Er steuerte den Doppelweg einer ästhetischen *und* politischen Erneuerung an. Die war dringend notwendig, denn „der Lauf der Begebenheiten im Politischen, und der Gang des menschlichen Geistes im Literarischen hat dem Genius der Zeit eine solche Richtung gegeben, die ihn je mehr und mehr von der *idealisierenden* Kunst entfernt“[22]. Nach den Ereignissen von 1789, vor allem seit Beginn des *Terreur* in Frankreich sah Schiller einen beträchtlichen Teil Europas in ‚Barbarei und Knechtschaft‘ zurückgeworfen. Es schien, als könne die verwilderte bzw. erschlaffte Moralität nur noch durch repressiven Zwang zurückgehalten werden. Man sehe es doch allenthalben: die Philosophie habe wohl „Licht in die Finsternis“ gebracht und die „Säulen des Aberglaubens“ erschüttert, doch schmeichle man sich mit dem „lieblichen Wahn“, dadurch auch geistige und poli-

Erziehung. In: Helmut Brackert/Fritz Wefelmeyer (Hrsg.): Naturplan und Verfallskritik. Frankfurt a.M. 1984, S. 122–147; hier S. 127.

20 Friedrich Schiller: Ueber das Pathetische. NA 20, S. 196.

21 Ebd.

22 Augustenburger Briefe. In: Jürgen Bolten (Hrsg.), a.a.O., S. 39.

tische Freiheit zu erringen. „Ich bin soweit entfernt an den Anfang einer Regeneration im Politischen zu glauben", schrieb Schiller, „daß mir die Ereignisse der Zeit vielmehr alle Hoffnungen dazu auf Jahrhunderte benehmen"[23]. Damit war für ihn die Richtung der Veränderungen klar: sie mußte bei der Persönlichkeitsstruktur des Einzelnen beginnen. Doch dabei gab es das Problem, daß der Mensch als sinnliches Wesen „durch Triebe geleitet [war], die ohne Aufhören geschäftig sind, seine rationale Freiheit zu unterdrücken"[24]. Was also tun? Die ästhetische Erziehung des Menschen war der Versuch einer Antwort.

II.

Schiller, seit seiner Jugend erfahren mit den Zwangsapparaten politischer Macht, glaubte, eine Verbesserung der Zustände nicht direkt, das heißt revolutionär, sondern durch Veränderung des Individuums leisten zu können, und zwar, indem die Kunst die Aufgabe übernahm, zwischen der Natur (die Schiller durchweg dem „Gebiet der Thierheit"[25] zugehörig verstand) und der Vernunft zu vermitteln, so daß „der höhern Natur des Menschen und dem göttlichen Teil seines Wesens, seiner Vernunft und seiner Freiheit, ein Anteil daran verschafft wird"[26]. Daß die „Gesetze der Freyheit"[27] jedoch wieder nur um den Preis von Herrschaft zu erhalten waren, verleugnete die Rede vom ‚Anteil', galt es doch, das Konzept der ästhetischen Versöhnung – auch gegen die von Kant explizierte rigorose Trennung von Sinnen- und Geisteswesen, Neigung und Sittlichkeit[28] – auszubreiten.

---

23 Ebd. S. 50.

24 Ebd. S. 55.

25 Friedrich Schiller: Ueber das Pathetische. NA 20, S. 205 (im Original gesperrt).

26 Augustenburger Briefe. In: Jürgen Bolten (Hrsg.), a.a.O., S. 45. Unter Natur verstand Schiller hier das innere Wesen des Menschen. Schiller gebrauchte ‚Natur' in anderen Kontexten für Sinnlichkeit, Trieb, alles Fremdbestimmte (einschließlich der äußeren Natur).

27 Friedrich Schiller: Ueber das Pathetische. NA 20, S. 205.

28 Vgl. Hans Feger (op.cit.) sowie Peter-André Alt unter Hinweis auf die ‚Schöne Seele': „Gegen Kant und Reinhold betont Schiller die Vereinbarkeit

Schiller begriff in dieser Zeit seine essayistische Tätigkeit durchaus als vorrangig vor seiner literarischen, und er sah sie als Teil der gesellschaftlichen Praxis. Im Brief vom 13. Juli 1793 an den Herzog von Augustenburg hieß es geradezu feierlich: „wäre der außerordentliche Fall wirklich eingetreten, daß die politische Gesetzgebung der Vernunft übertragen, der Mensch als Selbstzweck respektiert und behandelt, das Gesetz auf den Thron erhoben, und wahre Freiheit zur Grundlage des Staatsgebäudes gemacht worden, so wollte ich auf ewig von den Musen Abschied nehmen, und dem herrlichsten aller Kunstwerke, der Monarchie der Vernunft, alle meine Tätigkeit widmen"[29]. Mit der Zeit allerdings wurde diese Praxis zunehmend auf die Hervorbringung der Werke selbst beschränkt. In einem Schreiben an Fichte vom 3. August 1795 sinnierte Schiller, der doch mit dem „Geisterseher" wahrlich den Publikumsgeschmack bedient hatte, resigniert über den Graben, der Autor und Publikum trennt: „Es giebt nichts roheres als den Geschmack des jetzigen deutschen Publikums, und an der Veränderung dieses elenden Geschmacks zu arbeiten, nicht meine Modelle von ihm zu nehmen, ist der ernstliche Plan meines Lebens. Zwar habe ich es noch nicht dahin gebracht, aber nicht weil meine Mittel falsch gewählt waren, sondern weil das Publikum eine zu frivole Angelegenheit aus seiner Lecture zu machen gewohnt ist, und, in aesthetischer Rücksicht zu tief gesunken ist, um so leicht wieder aufgerichtet werden zu können"[30]. Mit dem Erfolg einer ästhetischen Erziehung sah es folglich düster aus. Am Ende seines Lebens war Schiller schließlich geneigt, lieber Kohlen auf sein Haupt zu streuen, als seine alten Ideale aufzugeben: „Das Publikum braucht nichts als Empfänglichkeit und diese besitzt es", bekräftigte er im Vorwort zur „Braut von Messina". Nicht das Publikum ziehe die Kunst herab, „der Künstler zieht das Publikum herab".[31] Das Gelingen der Kunst hatte sich endgültig auf

des Handelns aus Neigung mit den Maßstäben der Sittlichkeit (Bd. 2, a.a.O., S. 107).

29 Augustenburger Briefe. In: Jürgen Bolten (Hrsg.), a.a.O., S. 40f.

30 In: Dichter über Dichtung, Bd. 1, a.a.O., S. 535.

31 NA 10, S. 7.

sie selbst beschränkt. Der Künstler blieb mit seinem autonomen Geschöpf allein.

Doch gerade dieser Mangel an gesellschaftlichen Bezügen, Bezüge, die doch in der Anfangsphase seines Schaffens so deutlich zu erkennen waren, brach als Widerstand und ‚anderer' Diskurs hervor. Besonders in den „Ästhetischen Briefen", worin die politische Intention schließlich in eine Theorie der Erziehung zur Kunst münden sollte, ist, schon weil Schiller den historischen Prozeß vom Ideal des Schönen trennen mußte, die ursprüngliche Lesart als Leerstelle aufzuspüren. „So unvermittelt Schillers Gesellschaftskritik und seine Ästhetik am Ende nebeneinanderstehen", schrieb Rolf Grimminger über Schillers Konzept der ästhetischen Versöhnung, „ebenso unvermittelt verhält sich die historische Praxis zu ihrer ästhetischen Utopie. Kultur wird zur Illusion, die die Mängel der geschichtlichen Existenz versöhnend überdeckt und deshalb ihre feste Position in der Gesellschaft gewinnt". Gleichwohl stellt sich der Bezug zur Praxis, nicht zuletzt durch die Intensität des Beiseitegedrängten, wieder ein, allerdings nun „von aller Kritik gereinigt"[32].

Schiller beantwortete nicht erst Mitte der neunziger Jahre die Frage nach der Funktion der Kunst mit ihrem Versöhnungspotential; was sich änderte, waren die Wege, auf denen er sich diese Wirkung erhoffte. Sah er am Anfang das ästhetische Medium als Mittel zur Erreichung dieses versöhnend-vermittelnden Zweckes an, so wurde die Kunst am Ende zum Selbstzweck. Den im Gegensatz zu Kant nicht apriorisch, sondern historisch verstandenen Widerspruch von Natur und Vernunft[33] löste Schiller in zunehmendem Maße kontrafaktisch – als Widerstand innerhalb eines autonomen Bereichs, der garantierte, daß Kunst nicht aus zweckrationaler ‚Arbeit' entstehen und nicht zweckrational rezipiert werden soll. Nur insofern Kunst Spiel ist, das heißt, einen nicht-gesellschaftlichen Bereich abseits von Herrschaft, Autorität und Entfremdung besetzt, kann in ihr die Erziehung zur Freiheit möglich werden. Ist die sinnli-

32 Rolf Grimminger: Die ästhetische Versöhnung. In: Jürgen Bolten (Hrsg.), a.a.O., S. 177.

33 Nachzulesen in „Etwas über die erste Menschengesellschaft nach dem Leitfaden der Mosaischen Urkunde". NA 17, S. 399–413.

che Natur wohl in stetem Widerstreit zu dem, was der Verstand von uns fordert, so gibt es doch einen Ausweg, dem kontingenten und verunsichernden Sinnlichkeitspotential zu entkommen: gegen das Nicht-Disziplinierbare unserer Natur hilft die Kunst, und gegen die affektiven Anteile der Kunst die Form, die mit Kunstgriffen wiederherstellen soll, was der Stoff an Ordnung aufzulösen strebt.

Schillers Überlegungen zum Erhabenen und Pathetischen artikulierten den Zwiespalt zwischen einer Welt, die, wie er es empfand, toll und unharmonisch war, und dem Wunsch des Individuums, wenigstens in seinen Idealvorstellungen diesem allgegenwärtigen Wahn zu entkommen, durch eine – und man kann sich das Paradoxe dieser Denkbewegung nicht oft genug bewußt machen – freiwillige Anerkennung von Macht und Gewalt. Der Schrekken, der einem angesichts von Natur und Schicksal in die Glieder fährt und – sofern nicht unmittelbar bedrohlich – die eigenartige Angstlust des Erhabenen auslöst, läßt sich in der Kunst durch das Pathos s(t)imulieren, die den Terror der Gewalt, Vernichtungsängste und Bedrohung im hohen Ton einer artifiziellen Sprache auflöst.

Als sinnliches Wesen, so argumentierte Schiller, ist der Mensch passiv und damit leidend, er hängt vom Funktionieren seiner Triebe ab, ist unterworfen den Zufälligkeiten des Geschicks. Erst die Überwindung dieses Naturzwanges garantiert Freiheit, die umso strahlender erscheint, je größer die Widerstände sind, die der Held überwinden muß. Das war weniger politisch-praktisch gemeint als poetologisch. Denn die Freiheit, die wir als Freiheit der Einbildungskraft, der Phantasie (als einem ursprünglichen Freiheits*trieb*) alle kennen, bereitet unmittelbar Angst; sie ist ein Abgrund, der erst in der ästhetischen Sphäre verfügbar, erlebbar und damit auch erlernbar gemacht werden kann.[34] Die ästhetische Konsequenz, so Schiller in „Ueber das Pathetische", war, daß der Dichter Leiden so darstellen mußte, daß es nicht der letzte, dramaturgische Zweck, sondern eine Stufe im Funktionsgefüge von Freiheit war. Dies gelänge, so meinte er, vorzüglich dann, wenn eine Handlung, die aus

34 Vgl. Hans Feger (a.a.O., S. 60) oder – mit Dieter Borchmeyer (a.a.O., S. 127) – die ästhetische Erziehung ist eine „List der Vernunft".

Pflicht geschehe, Leid nach sich ziehe.[35] Denn nun war das Leid nicht passivisch (wie das Er-leiden von sinnlichen Trieben und Bedürfnissen, von Schmerz oder Lust), sondern Folge einer Willensanstrengung, also einer Bewegung des Geistes, die aus dem Opfer einen Akteur, mithin ein handelndes, freies Wesen machte. Der leidende Held führt uns vor, wie man mit körperlichen Schmerzen fertig wird. Und das Angenehme: „das ästhetische Urtheil [läßt uns] frey“[36] und Zuschauer und Leser bleiben von solchen Anforderungen verschont. Im wirklichen Leben aber erfahren wir, daß ein moralisches Urteil uns „demüthigt“[37], ja demütigen muß, weil Moralisch-Sein von vornherein bedeutet, die Sinnlichkeit ‚in Schranken zu weisen‘.

Konsequent konnte Schiller aus diesem Gegensatz von moralischem und ästhetischem Urteil den so paradox erscheinenden Schluß ziehen: „Daher wird ein Objekt zu einem ästhetischen Gebrauch gerade um soviel weniger taugen, als es sich zu einem moralischen qualifiziert.“[38] Solch dialektisches ‚Quod erat demonstrandum‘ paßte dem Praktiker. Der Dramen- und Prosaschreiber Schiller brauchte nicht erst auf die Theorie zur kompensatorischen und identifikatorischen Funktion von Kunst zu warten, um zu dem Schluß zu kommen, daß ein aus den Niederungen des Lasters zusammengebauter Stoff weitaus faszinierender war als alle Darstellungen tugendhafter Helden. Noch bei der „kraftvollen Darstellung des Affekts“ war so „die höhere Menschheit“ garantiert[39], solange wir noch irgendwie die Unabhängigkeit des Willens vorgeführt bekommen; denn nur die „Darstellung der bloßen Passion (sowohl der wollüstigen als der peinlichen) ohne Darstellung der übersinnlichen Widerstehungskraft heißt *gemein*“[40]. Wohlkalkuliert mit der Empörung des Lesers spielend, behauptete er, daß ein bloß stehlen-

---

35 Vgl. Friedrich Schiller: Ueber das Pathetische. NA 20, S. 212: „Zum Erhabenen der Handlung wird erfodert, daß das Leiden eines Menschen auf seine moralische Beschaffenheit nicht nur keinen Einfluß habe, sondern umgekehrt das Werk seines moralischen Charakters sey“.

36 Ebd. S. 216.

37 Ebd.

38 Ebd. S. 217.

39 Ebd. S. 201.

40 Ebd.

der Held kaum einen tragischen Gegenstand abgebe, wohl aber ein mordender. Warum? Weil einer, „der sich [...] durch eine *Infamie* erniedrigt, [...] durch ein *Verbrechen* wieder erhöht und in unsre *ästhetische* Achtung restituirt werden“[41] kann. Uns gefällt eben, so Schiller, „eine teuflische That, sobald sie nur Kraft verräth“[42] – „*ästhetisch*“, versteht sich. Das moralische Urteil, um dessentwillen überhaupt Kunst als Gegenwelt zur Wirklichkeit ihre Legitimation findet, indem sie Sinnlichkeit und Vernunft im freien Spiel versöhnt, wurde im idealistischen Konzept außer Kraft gesetzt. Der schöne Schein erhielt Priorität vor der Lebenswelt, um derentwillen doch eigentlich Bedarf an Kunst bestand.

III.

Wohl selten hat Schiller so illusionslos über den Zustand der Welt, über die äußere und innere Natur geurteilt, wie in seiner Abhandlung über das Erhabene. „Eben der Umstand“, schreibt Schiller resigniert, „daß die Natur, im Großen angesehen, aller Regeln, die wir durch unseren Verstand ihr vorschreiben, spottet, daß sie auf ihrem eigenwilligen freien Gang die Schöpfungen der Weisheit und des Zufalls mit gleicher Achtlosigkeit in den Staub tritt, daß sie das Wichtigste und das Geringe, das Edle wie das Gemeine in *einem* Untergang mit sich fortreißt, daß sie hier eine Ameisenwelt erhält, dort ihr herrlichstes Geschöpf, den Menschen, in ihre Riesenarme faßt und zerschmettert“[43], das, so Schiller, sei der beste Beweis für den „Abfall der Natur im großen von den Erkenntnisregeln“[44]. Aber anders als zu erwarten, trat der Autor nun den Beweis an, daß dieser aussichtslose Zustand mitnichten dazu angetan war, das Individuum zu zerstören, vielmehr erkläre sich aus dieser Situation gerade unser Trieb, zumindest in der Ideenwelt dieser Gewalt-

[41] Friedrich Schiller: Gedanken über den Gebrauch des Gemeinen und Niederen in der Kunst. NA 20, S. 244.
[42] Ebd. S. 245.
[43] Friedrich Schiller: Ueber das Erhabene. NA 21, S. 50.
[44] Ebd.

tätigkeit zuvorzukommen und zu negieren, und zwar durch freiwillige Unterwerfung.[45]

Natürlich macht uns, was nur als Chaos, Formlosigkeit und Gewalt erfahren werden kann, Angst – also auch unsere Einbildungskraft, unsere Phantasie. Doch gilt es ihr beizukommen, indem man der Unterwerfung der Natur einen freiwilligen Akt entgegensetzt. Die Unterdrückung der Natur in sich selbst ging dem voraus, was im Sprachgebrauch der aufklärerischen Denker hieß, sich seines Verstandes zu bedienen. „Übereinstimmung mit dem Vernunftgesetz ist also im Affekte nicht anders möglich als durch einen Widerspruch zu den Foderungen der Natur", heißt es in „Ueber Anmuth und Würde"[46]. Anders gesagt, die Anerkennung des Vernunftgesetzes war *per definitionem „naturwidrig"*[47]. Freiheit bedeutete die willentliche Anerkennung dessen, unter das man sich unterwerfen *mußte*. Wohl erwähnte Schiller einmal in „Ueber das Pathetische", daß „beyde, die Foderungen der Vernunft und die Bedürfnisse des Sinnes [...] unter dem Begriff von Necessität enthalten" sind, beharrte aber gleichwohl darauf, „daß die Necessität der Vernunft ohne Bedingung, die Necessität der Sinne bloß unter Bedingungen statt hat".[48] Dennoch unterschied sich nach Auffassung des Autors die selbstgewählte Knechtschaft unter dem Diktat des Sittengesetzes diametral von der unmittelbaren Herrschaft der Natur, die wir in Gestalt unserer Bedürfnisse ständig empfinden. „Beherrschung der Triebe durch die moralische Kraft ist *Geistesfreiheit*, und *Würde* heißt ihr Ausdruck in der Erscheinung"[49], so steht es in jener Abhandlung zu lesen, die Goethe wegen ihres Rigorismus so lang von einer freundschaftlichen Annäherung an Schiller abgehalten hat. Allerdings war das Glücksversprechen, mit dem die verunsicherte Vernunft die selbstgewählte Vergewaltigung attraktiv zu machen suchte, brüchig, so brüchig, daß sie in der Metaphorik des Textes umso ungestümer zutage tritt. Ist der Mensch einerseits in seinen na-

---

45 Vgl. ebd. S. 49f.

46 Ebd. S. 179.

47 Friedrich Schiller: Ueber Anmuth und Würde. NA 20, S. 251–308; hier S. 293.

48 Friedrich Schiller: Ueber das Pathetische. NA 20, S. 213.

49 Friedrich Schiller: Ueber Anmuth und Würde. NA 20, S. 294.

türlichen Bedürfnissen „Sklave“[50], so soll das „Subjekt als eine selbständige Kraft“[51] (das heißt, der Mensch in seiner Tätigkeit, in diesem der Natur entgegengesetzten Bereich der Praxis) von vornherein durch Würde legitimiert sein. Der Verstand wird – und hierin ist er ganz bürgerlich-zweckrational ausgerichtet – eine Arbeitsleistung gegen die Triebnatur und als solche *a priori* gerechtfertigt.

Jede Handlung, heißt es ganz ähnlich im „Philosophischen Gespräch aus dem Geisterseher“, ist schon deshalb gut, weil sie „eine Handlung ist“[52]. Indem sie den ruhenden Zustand der Natur in Bewegung setzt, bekunde sie bereits Freiheit. Hinter solchem Lob der Fleißigkeit steckt nicht nur das pietistische Trägheitsverdikt, sondern es verweist auch auf Kants Auffassung einer vollkommenen Trennung der Handlungsmotive von der Tat. Denn als Handlung wird nicht Praxis, sondern der Entschluß zur Sittlichkeit definiert: „Motive sind [...] Tätigkeiten“[53], heißt es apodiktisch im „Geisterseher“. Doch der selbstgewisse Ton macht die Nobilitierung des Willens zu einer bloßen Verstandestätigkeit noch nicht glaubwürdig; zumal Schiller wie Kant in seinem berühmten Lügenverdikt zu einer doch verstörenden Beurteilung des Richtigen und Falschen kam. Laster sind zerstörerisch, heißt es da, nur als „Unthätigkeit“[54] der Kräfte, eben weil es, ganz entsprechend der pietistischen Seelenlehre, für den arbeitseifrigen Bürger nur ein grundlegendes Übel gibt: nichts zu tun. Max Weber legte in seiner „Protestantischen Ethik“ die Genese dieses von ihm als ‚Wirtschaftsgesinnung‘ bezeichneten Verhaltens aus den protestantischen Tugenden der Pflichterfüllung, der Zeitausnutzung, der Verantwortung und der Bewährung dar. Wenn Schiller noch in seinem späten Drama „Die Braut von Messina“ den Chor den Bruderzwist auf das müßige Leben des Fürsten zurückführen läßt: „auszufüllen die Leere der Stunden/ Und die lange unendliche Zeit“[55], dann kann man hier nicht

50 Augustenburger Briefe. In: Jürgen Bolten (Hrsg.), a.a.O., S. 64.
51 Friedrich Schiller: Ueber Anmuth und Würde. NA 20, S. 300.
52 Friedrich Schiller: Das philosophische Gespräch aus dem Geisterseher. NA 16, S. 225.
53 Ebd. S. 226
54 Ebd.
55 Friedrich Schiller: Die Braut von Messina. NA 20, V. 862ff.

nur die bekannte Kritik gegen einen funktionslos gewordenen Adel heraushören, der Langeweile und politische Ohnmacht durch Spiele, Lustbarkeiten und ein ausgeklügeltes Hofzeremoniell zu kompensieren suchte, sondern hier artikuliert sich zugleich positiv das bürgerliche Ethos, das mit der nötigen *industria* tätig in die Welt einzugreifen und sich dort erfolgreich zu bewähren hatte – die bekannte Grundlage für Produktion und Kapital. Ebenso ließ sich schon im „Geisterseher“ das Ressentiment eines Erzählers heraushören, der unter den Prämissen des handelnden Menschen (als *actio* und *commercium*) die im 18. Jahrhundert so auffällige Ausschaltung der positiven Aspekte der Melancholie wie Sensibilität, Gelehrsamkeit, elitäre Gesinnung und Muße in Angriff nahm.[56] Unter dem Aspekt der Handlungshemmung glichen die ‚Krankheiten‘ des Prinzen nämlich in frappanter Weise den Malaisen des Bürgertums.

Wolf Lepenies hat gezeigt, wie die einstmals mittelalterliche Todsünde des trägen Blutes zu einem neuen Melancholie-Verbot unter dem Zeichen einer zweckrationalen Vernunft führte.[57] Eingeschworen auf die Herrschaft der Vernunft, gelangten Gelehrte und Intellektuelle gegenüber der zum politischen Nichtstun verdammten Adelsschicht wie gegenüber dem politisch ohnmächtigen Bürgertum zum selben Urteil. Ein „Taugenichts“, als welchen sich – weit entfernt aller positiven Bedeutungsaspekte der Eichendorffschen Figur – auch der aus verlorener Ehre zum Verbrecher gewordene Christian Wolf bezeichnet[58], ist der, der nichts arbeitet. Schlimmer noch, wer nichts arbeitet, ist verrückt. ‚Verstand‘ wird so in Schillers Konzept der ästhetischen Versöhnung zum „Inbegriff der Arbeit, und zwar sowohl der geistigen wie der körperlichen“[59]. Selbst im Freiraum des Ästhetischen, das ja im Gegensatz zur „Begierde“, die ihren Gegenstand „zerstört“ und ergreift, ganz auf das Gebiet der Be-

---

56 Zu den positiven Aspekten der Melancholie vgl. Robert Burton: Anatomie der Melancholie. Über die Allgegenwart der Schwermut, ihre Ursachen und Symptome sowie die Kunst, es mit ihr auszuhalten. Aus dem Englischen von Ulrich Horstmann. München 1991.

57 Wolf Lepenies: Melancholie und Gesellschaft. Frankfurt a.M. 1969.

58 Friedrich Schiller: Der Verbrecher aus verlorener Ehre. NA 16, S. 11.

59 Rolf Grimminger: Die ästhetische Versöhnung. In: Jürgen Bolten (Hrsg.), a.a.O., S. 165.

trachtung beschränkt ist, beharrte Schiller darauf, daß das, was uns „in den Zustand der Lust versetzt“, Tätigkeit, oder zeitgemäßer gesagt, Arbeit sei: „Ich ergötze mich an dem Angenehmen, weil es mir Gelegenheit gibt, etwas zu *erleiden*, ich ergötze mich an dem Schönen, weil es mir Gelegenheit gibt, etwas zu *tun* [...] Ich verhalte mich zwar leidend, insofern ich empfinde, aber ich empfinde nur, weil ich tätig war“[60]. Allerdings verdunkelten Schillers Überlegungen, daß dieses Tun, auf dem er insistierte, nicht Praxis, sondern Reflexion war.

Gewonnen hatte er durch diese Denkbewegung die günstige Voraussetzung, daß er das gesamte System von Unterdrückung, die Würde erst provozieren soll, als Metaphern tarnen konnte. Die politisch-praktische Intention der Augustenburger Briefe wurde in die Vorstellung eines ‚ästhetischen Staates‘ übergeführt, dessen ‚Grundgesetz‘ wohl lautete: Freiheit zu geben durch Freiheit; doch enthüllte die Metaphorik der Rede und die Buchstäblichkeit der Signifikanten, daß auch im ‚Reich des Spiels‘ mit Repressionen gerechnet werden mußte.[61] War Freiheit nur als Zwang denkbar, so hieß das: „Bei der Würde führt sich der Geist in dem Körper als Herrscher auf“[62]. Bedenklich also, daß Schiller in seinen ästhetisch-poetischen Diskursen, die doch auf Versöhnung ausgerichtet waren, stets mit dem gesamten politischen Wortspektrum exekutiver Gewaltmechanismen von Liberalität, Monarchie, Herrscher, Grenze, Richtstuhl bis hin zu Joch, Fessel, Feind oder Sklave operieren mußte. Andererseits suggerierte die Metaphorik der Vernunftherrschaft doch einen zivilisierten, kultivierten Zustand, den Schiller argumentativ nutzte. Geradezu pathetisch appellierte er bereits im „Verbrecher aus verlorener Ehre“ an die „republikanische Freiheit“, mit der der Leser über den Sonnenwirt urteilen soll. Denn der zivilisierte Mensch darf sich auch abseits aller wirklichen po-

---

60 Augustenburger Briefe. In: Jürgen Bolten (Hrsg.), a.a.O., S. 63.

61 Vgl. Dieter Borchmeyer in Helmut Brackert/Fritz Wefelmeyer (Hrsg.), a.a.O., S. 137. Vgl. auch Borchmeyers erhellende Ausführungen zur Umwidmung der aristokratischen Geselligkeitsideale wie ‚Höflichkeit‘, ‚schöne Mitteilung‘ (Konversation), ‚Muße‘ in einen von jeder Assoziation an überholte Herrschafts- und Standesverhältnisse freien Bereich des ‚Schönen Scheins‘ (ebd. S. 138).

62 Friedrich Schiller: Ueber Anmuth und Würde. NA 20, S. 296.

litischen Freiheiten als Herrscher fühlen, wenn er sich selbst beherrscht, während er als „abhängigster Sinnessklave" nichts als „Räuber" ist, für dessen „Begehrlichkeit" alles zur „Beute"[63] wird. Anscheinend sollen wir glauben, daß Natur mit der Archaik des Begehrens, Vernunft aber mit der kultivierten Form zivilisierter Herrschaft einhergeht. Mißlich nur, daß in diesem Reich der Ratio auf der Ebene der Signifikanten und des sprachlichen Stils die Gewaltmetaphorik so unüberhörbar ist, daß es schwerfällt, den Segnungen der Zivilisation uneingeschränkt Glauben zu schenken.

Schiller hatte in seinen Überlegungen zu Anmut und Würde die Frage, wieso man sich beherrscht und diszipliniert, mit der Lust am Aufschub selbst, am Tätigwerden des Subjekts gegen seine niederen Triebbedürfnisse beantwortet. In der Kunst müssen deshalb die Anteile der Empfindungen, der Phantasie und des Affekts mehr und mehr zurückgedrängt werden. Heißt es zunächst: „Zwar ist schon das Schöne ein Ausdruck der Freyheit; aber nicht derjenigen, welche uns über die Macht der Natur erhebt und von allem körperlichen Einfluß entbindet"[64], so wird das körperliche Gefühl des Schönen, das noch bei Edmund Burke zentral war[65], nach und nach verdrängt. Das interesselose Wohlgefallen an der Kunst gilt nun als erster Schritt zur Kultur. Schließlich aber scheint dem richtenden Verstand auch noch das Angenehme des Wohlgefallens verdächtig. Wir würden durch das Gefühl der Schönheit allein „ewig nie erfahren, daß wir bestimmt und fähig sind, uns als reine Intelligenzen zu beweisen"[66]. Darum ist der Reiz des Schönen gar nichts wert im Vergleich zu dem „Zauber", der unser Gemüt ergreift, wenn

---

63 Friedrich Schiller: Der Verbrecher aus verlorener Ehre. NA 16, S. 8.

64 Friedrich Schiller: Ueber das Erhabene. NA 21, S. 41f.

65 Burke beschreibt den körperlichen Zustand desjenigen, der dem „schönen Objekt" zugeneigt ist, wie folgt: „der Kopf ist etwas nach einer Seite geneigt, die Augenlider sind mehr als gewöhnlich geschlossen, die Augen bewegen sich mit einer leichten Neigung nach dem Objekt hin, der Mund ist ein wenig geöffnet, der Atem geht langsam, ab und zu ertönt ein tiefer Seufzer, der ganze Körper ist in Ruhe, und die Hände hängen nachlässig zur Seite herab" (Philosophische Untersuchungen über den Ursprung unserer Ideen vom Erhabenen und Schönen, übersetzt und neu eingeleitet v. Friedrich Bassenge. Hamburg 1989 [E: 1756]; hier S. 192).

66 Friedrich Schiller: Ueber das Erhabene. NA 21, S. 43.

wir gezwungen sind zu tun, was unseren Bedürfnissen und unserer Sinnlichkeit widerspricht.[67] Das macht die hundertprozentigen Idealisten so gefährlich: sie sind – so sehen wir es heute – allesamt kleine Büchnersche Robbespierres, die die bloß erschlaffenden, „schmelzenden Affekte", das Angenehme zu „bloß zärtlichen Rührungen"[68] degradieren, die Liebe als Gemütskrankheit und das Schöne als staatsgefährdende Kraftlosigkeit verachten. Auch Schillers Genugtuung, „seinem Helden oder seinem Leser die ganze volle Ladung des Leidens zu geben"[69], verhüllte kaum die uneingestandene Aggressionslust, die hinter dieser Äußerung steckt. Doch, gleichgültig ob gegen andere oder sich selbst, die ästhetische Erziehung des Menschen schien nur dann ihren Zweck erfüllen zu können, wenn sie die quälenden Zuchtruten der Selbstanklagen spüren ließ.

Kämpfen also Vernunft gegen Sinnlichkeit, die Welt, wie sie sein soll, gegen die Realität, unsere hedonistischen Ansprüche auf Annehmlichkeit, Schönheit, Befriedigung gegen die ständige Verhinderung der Bedürfniserfüllung, so soll uns das alles doch dadurch entschädigen, daß es ein Mittel gibt, „uns zu lehren, daß wir mehr als bloß sinnlich sind"[70]. Frei, autonom und selbstbestimmt sollen wir werden durch das Erhabene, jenem Gefühl zwischen Lust und Unlust, Frohsein und Wehsein, das die Kontingenz und Brüchigkeit der Welt zur Herausforderung macht, sich ihr entgegenzustellen. So werden Unglück und Schicksalsschläge zur Probe aufs Exempel für eine widerständige, von Idealen getragene Tat. „Nicht allein der Gehorsam gegen das Sittengesetz gibt uns die Vorstellung moralischer Zweckmäßigkeit", heißt es in „Über das Vergnügen an tragischen Gegenständen", „auch der Schmerz über Verletzung

[67] Noch zweihundert Jahre später wird Jakob von Gunten in Robert Walsers gleichnamigem Roman bekennen, wie unsagbar schön es sei, „zu sterben im furchtbaren Bewußtsein, das Liebste, was ich auf der Welt habe, gekränkt und mit schlechten Meinungen über mich erfüllt zu haben. Das wird niemand verstehen oder nur der, der im Trotz Schönheitsschauer empfinden kann" (in: Das Gesamtwerk, hrsg. v. Jochen Greven. Frankfurt a.M. 1978; hier Bd. VI, S. 26).

[68] Friedrich Schiller: Ueber das Pathetische. NA 20, S. 199.

[69] Ebd. S. 196f.

[70] Friedrich Schiller: Ueber das Erhabene. NA 21, S. 43.

desselben tut es"[71]. Den Schmerz bekommen Leser und Zuschauer zunächst durch „Reue und Verzweiflung" des Helden vorgeführt, dessen Verbrechen zum „Gemälde der erhabensten Sittlichkeit"[72] wird. Man sieht, Skepsis gegenüber der Falschmünzerei des ‚Rechtgefühls', wie es etwa Kleist entwickelt hatte, war Schillers Sache nicht. Bei ihm wurden die kriminellen Helden Beispiele des siegreichen Kampfes mit dem Sittengesetz, damit aber zugleich Beispiele für das Paradox, daß dem Zuschauer gefällt, was schreckt, umgekehrt aber auch, daß das, was im Lichte des Verstandes in Harmonie aufgelöst wird, ästhetisch so wenig Attraktivität besitzt. „Die reine Unschuld", weiß Lothar im Rahmengespräch von Tiecks „Phantasus" zu berichten, „verträgt keine Darstellung, denn sie liegt außer der Natur, oder falls sie natürlich ist, ist sie höchst unpoetisch; ich meine nämlich jene hohe, sentimentale, die uns die Dichter so oft haben malen wollen"[73]. Schiller beherzigte diese Einsicht kaum in seiner Theorie – Gott sei Dank jedoch in seiner schriftstellerischen Praxis, und unterschied sich dadurch wohltuend von den bürgerlichen Rührstücken seiner Zeit.[74] Wo immer Literatur das Risiko scheut, wo sie Normen nicht in Frage stellt, sondern bestätigt, liegt das Repertoire für Kitsch und Klischees zur gefälligen Bedienung – ungesicherte Lektüren provoziert dies nicht. Umsomehr fasziniert Schiller gerade in seinen essayistischen Entwürfen auch heute noch durch die Art und Weise, wie er seine Behauptungen ‚ohne Gewähr' durchsetzte.

Schillers Ausführungen folgten Kant – nicht generell, aber doch in diesem Punkt –, der das Erhabene in der „Kritik der Urteilskraft" ebenfalls als ein Gefühl der Lust bestimmt hatte, „welche nur indirecte entspringt", mehr noch, es sei „negative Lust"[75]. Das Paradoxon, daß wir von etwas angenehm affiziert

---

[71] Friedrich Schiller: Über den Grund des Vergnügens an tragischen Gegenständen. NA 20, S. 68.

[72] Ebd. S. 69.

[73] Ludwig Tieck: Phantasus, hrsg. v. Manfred Frank. Frankfurt a.M. 1985, S. 347.

[74] Horst Albert Glaser: Das bürgerliche Rührstück. Stuttgart 1969.

[75] Immanuel Kant: Kritik der Urteilskraft. In: Werke in sechs Bänden, hrsg. v. Wilhelm Weischedel. Darmstadt 1983, Bd. V, S. 329 [= Akademie-Ausgabe A 74].

sein sollen, was doch Furcht und Angst einflößt, löste schon der Philosoph, indem er das Erhabene ausschließlich im Kopf entstehen ließ.[76] Bei Burke, übrigens wie bei (Pseudo-)Longinus, taten die Mächte, die uns überwältigen – die äußere Natur, die Leidenschaften und die Macht der Worte –, dies noch direkt, während sie bei Kant bloßer Anlaß wurden, die erhabene Reaktion in Gang zu setzen. Eliminiert wurde mit diesem Kraftakt gleichzeitig ein Großteil der doch so lästigen Freiheitsberauber. Was nämlich Kant den Leidenschaften durchaus zugestand, daß sie uns durch Gewalt bestimmen und nur durch Gegengewalt bezwungen werden können, sprach er der äußeren Natur oder den göttlichen Mächten ab. So betrifft das Erhabene, da es „in keiner sinnlichen Form enthalten sein [kann...,] nur Ideen der Vernunft"[77]. Das war schlichtweg die Umkehrung desjenigen Vorgangs, den einst die Konzeption von Longinus bis Burke beschrieb. Daß damit ein gewaltiger Rechtfertigungsdruck entstand, versteht sich von selbst.[78] Die vergewaltigte Realität, die Kants Umdeutung nach sich zog, kam jedoch, wie im Falle Schillers, in der Metaphorik der Sprache wieder zum Vorschein.

Das bekannte Bild vom furchterregenden Ozean, das schon in Burkes Essay über das Sublime für den Eindruck des Erhabenen stand und dem wir nicht zufällig in Hoffmanns „Bergwerken zu Falun" wieder begegneten, war nach Kant nicht erhaben, sondern bloß gräßlich. Erhaben wurde es erst dadurch, daß wir seinen Anblick mit der Idee einer höheren Zweckmäßigkeit konfrontieren, nämlich dem Glauben an ein System von

---

[76] Vgl. Daniel Müller Nielaba zu Schillers widersetzlicher Kant-Lektüre (op.cit.). Die Differenzen zwischen dem Königsberger Philosophen und unserem Autor verringern sich allerdings wieder, bedenkt man – wie es ja auch Müller Nielaba überzeugend ausführt –, daß das Erhabene bei Schiller ebenfalls nicht mehr die Natur, den erschreckenden Ozean etc. meinte, sondern ein sprachlich, in der Phantasie hervorgerufenes Gebilde war: „Wo er [Schiller] vom ‚Erhabenen' spricht, befaßt er sich mit einem ‚Gegenstand', der seinem Wesen nicht anderes ist als der Modus einer Darstellung, als dasjenige, was sich vollzieht bei der sprachlichen Generierung einer Welt von ‚Gegenständen'" (ebd. S. 233).

[77] Ebd. S. 166.

[78] Vgl. Winfried Menninghaus: Zwischen Überwältigung und Widerstand. Macht und Gewalt in Longins und Kants Theorien des Erhabenen. In: Poetica 23(1991), S. 1–19; hier S. 8.

Gesetzen, das die Natur als solche nicht bietet. Das gelingt nicht ohne Vorstellung von einem Wesen, das die Natur lenkt und leitet, da es Zweckmäßigkeit nur gibt, wo ein Subjekt mit einem Willen zur Gesetzmäßigkeit existiert. Der Horror vor dem Chaos, das uns psychisch und physisch vernichten könnte, wird umgepolt zu einer Verehrung der gewünschten, jedoch nicht sichtbaren Naturbeherrschung (im Sinne einer Selbstdisziplinierung der Welt unter Gesetze; von Gott wollte Kant nicht reden), dessen „Größe und Macht" dann auch „die Ideen des Erhabenen am meisten erregt"[79]. Weit davon entfernt, das Individuum zu vernichten, regt sich im Überwältigtwerden als Erhabenes derjenige Widerstand des Gefühls, der von Furcht und Angst unabhängig macht, ja, mehr noch, die ‚bewältigte' Größe wird nun als eigene Größe umgemünzt, bis man bares Selbstbewußtsein und Vergnügen, eben jene negative Lust verspürt. Wie weit man damit eine Entsinnlichung des Gefühls und der Sinne vorangetrieben und, wie August Wilhelm Schlegel es in seiner Kritik der Aufklärung ausdrückte, die Vernunft den Sinnen dienstbar gemacht hatte, die Sinne hinwiederum vernünftig geworden waren, zeigt sich noch in der Wortwahl Kants. Das „Gefühl einer augenblicklichen Hemmung", welches das Erhabene zunächst auslöse und das dann von einer „desto stärkern Ergießung"[80] der Lebenskräfte gefolgt werde (womit Kant schon in die ungewollte Nähe orgiastischer Vorstellungen rückte), wurde im folgenden umgehend als gänzlich gegen das „Interesse der Sinne"[81] wieder verdrängt. Wie das Schöne ohne alles Interesse unmittelbar zu gefallen hat, so ist das Erhabene ein Widerstand gegen die Bedürfnisse der Sinne. Lustlosigkeit und Unlust waren anscheinend die beiden allein zulässigen Gefühle, die uns beim Anblick der Natur überkommen dürfen. Da droht, läßt man sich nicht durch die Konstruktion selbst verunsichern, Langeweile. Tauglich wurde Natur erst wieder im Freiraum der ästhetischen Gegenstände, die ja gerade von diesem Mitgerissenwerden in furchteinflößende Situationen profitierten,

---

79 Immanuel Kant: Kritik der Urteilskraft. In: Werke V, a.a.O., S. 331 [= A 77].
80 Ebd. S. 306 [= A 42].
81 Ebd. S. 357 [= A 113].

die Emotionen erweckten, ohne daß man selbst schon litt. So ist das Pathetische, um wieder auf Schiller zu rekurrieren, „ein künstliches Unglück", das uns allerdings nicht wehrlos überrascht, sondern „in voller Rüstung"[82] findet. Angetan mit diesem Rüstzeug der herrschenden Vernunft, redete sich der Ritter für vergnügliche Selbstbestrafung geradezu in Rage: „Also hinweg mit der falsch verstandenen Schonung", die „eine Harmonie zwischen dem Wohlseyn und Wohlverhalten *lügt*"[83].

In der wirklichen Welt, so sah es Schiller illusionslos, gab es keine Belohnung für die gute Tat und kein gerechtes Schicksal; die Belohnung mußte man sich schon selber schaffen – durch die Anerkennung dessen, was einen niederwirft. (Ein-)Übung ins Leiden – im Theater und in der Kunst vielfältig simuliert – macht auch hier den Meister. Erst der Theaterpraktiker und Materialist Brecht konnte mit Blick auf den Idealisten, sarkastisch wie stets, durch seinen Ganoven Mac die pragmatische Lösung dieses Herrschaftsgestus der Vernunft dem Publikum vortragen: „Da preist man uns das Leben großer Geister/ Das lebt mit einem Buch und nichts im Magen/ [...] Was hilft da Freiheit? Es ist nicht bequem/ Nur wer im Wohlstand lebt, lebt angenehm!// Ich selber könnte mich durchaus begreifen/ Wenn ich mich lieber groß und einsam sähe/ Doch sah ich solche Leute aus der Nähe/ Da sagt ich mir: Das mußt du dir verkneifen [...]. Jetzt machst du mit der Größe aber Schluß/ Dann löst sich ganz von selbst das Glücksproblem:/ Nur wer im Wohlstand lebt, lebt angenehm!"[84]

IV.

Natur, zunächst als äußere begriffen, blieb bei Schiller entgegen seinen durchaus politisch-praktisch gemeinten Ansätzen in den Einleitungspassagen der Augustenburger Briefe auf das In-

---

82 Friedrich Schiller: Ueber das Erhabene. NA 21, S. 51.

83 Ebd. S. 52.

84 Bertolt Brecht: Die Dreigroschenoper. In: Große kommentierte Berliner und Frankfurter Ausgabe, Bd. 2. Frankfurt a.M. 1988, S. 229–331; hier S. 275.

nere des Menschen ausgerichtet. Die Stimulation der Unterwerfung unter die Natur, an der man selbst erstarkte, sollte Kopfarbeit sein, nichts anderem als dem Verstand unterworfen. Doch Kunst gehört nun einmal in den Bereich von Fiktion und Phantasie, und der darf nicht erst heute, wo wir uns zur Nichtdisziplinierbarkeit des Imaginären, aber auch zu einer umfassenden Kritik an der Ausbeutung der Natur durchgerungen haben, befremdlich bleiben. Auch bei Kant lohnt es sich, wie schon bei Schiller, auf die Wortwahl zu achten. Die im erhabenen Anblick errungene Freiheit ist zugleich ein „Gefühl der Beraubung"[85]. Die Macht der Natur, die unsere Kräfte herausfordert, wird zur Macht über die Natur, die unsere Kräfte bindet. Das Ergebnis ist ein stoisches (Kant spricht von einem „apathischen") Individuum, das, aufgeklärt, ob der Gegenwart unendlicher Ozeane oder der Gottheit nicht mehr in Krämpfe und Verzückungen gerät, sondern das seine Selbstdisziplinierung im Namen der Zivilisation so weit getrieben hat, daß es diese Disziplinierung nicht mehr bemerkt. Nun lebt es mit den internalisierten Normen in Übereinstimmung und kann das „Gefühl für das Erhabene der Natur nicht wohl denken, ohne eine Stimmung des Gemüts, die der zum Moralischen ähnlich ist"[86]. So gelingt Kant die Suggestion, daß das Gefühl des Erhabenen nicht „etwa bloß konventionsmäßig in der Gesellschaft eingeführt" sei, sondern seine Grundlage „in der menschlichen Natur"[87] haben soll.

Wie sehr auch Schillers Konzept einer ästhetischen Versöhnung sich allein schon durch die Sprache selbst widerlegt, hat in eindrucksvoller Weise Rose Riecke-Niklewski mit ihrer Arbeit zur „Metaphorik des Schönen"[88] dargelegt. Die Widersprüche zwischen dem Inhalt der „Briefe über die ästhetische Erziehung" und ihrer sprachlichen Gestaltung sind eklatant. Nicht nur entfaltet sich ein dualistisches Denken in der ausgeprägten Topographie von Niederem und Höherem, Sinnlichem und Geisti-

---

[85] Immanuel Kant: Kritik der Urteilskraft. In: Werke V, a.a.O., S. 359 [= A 115].

[86] Ebd. S. 358 [= A 114].

[87] Ebd. S. 354 [= A 110].

[88] Rose Riecke-Niklewski: Die Metaphorik des Schönen. Eine kritische Lektüre der Versöhnung in Schillers „Über die Erziehung des Menschen in einer Reihe von Briefen". Tübingen 1986.

gem, begleitet von einer ausgedehnten Lichtmetaphorik; das Konzept der ästhetischen Erziehung selbst wird negiert. Denn im Reich des Schönen Scheins, das doch ein Reich der freien Bürger sein sollte, die, wie im „Verbrecher aus verlorener Ehre" angemahnt, autonom über den Stoff zu urteilen sich anschickten, herrscht überall Zwang, Joch und Unterdrückung. Der Mensch ist nicht nur seiner Sklavennatur (der Triebe) unterworfen, auch die Vernunft verlangt Fronarbeit. So bleibt das Geschäft der Veredelung ein „harter Kampf mit den Sinnen"[89]. Das Höhere, die Aufhebung des Sinnlichen im Geistigen, war keine Versöhnung, sondern Unterdrückung und Entmächtigung[90]. Am Ende mußte die Verfasserin deshalb feststellen: „So ist Schillers Entwurf einer universalen Versöhnung also entlarvt. Trotz der Anstrengung, die Integrität des Menschen zu retten, ist gerade im Entwurf eines ästhetischen Staates Herrschaft angelegt. Die metaphorische Lektüre zeigt die Intention der Versöhnung als Unterwerfung, als Vertilgung des Stoffes durch die Form. Veredelung, die ‚die Willkür der Natur zeigend doch ihre Freiheit ehren sollte', zeigt sich als endgültige Entmächtigung eben dieser Natur"[91]. Der verbale Manichäismus Schillers, der geradezu zwangsweise in eine Kampfesmetaphorik mündete, enthüllte das Konzept der Aufklärung sogar noch im Bereich der Ästhetik als ein Geschäft, das gegen den Widerstand des Individuums, gegen seine Bedürfnisse und seine Natur durchgesetzt werden mußte.

Der Preis der Mündigkeit war ein Selbstbewußtsein *ex negativo*; eine Größe, die sich im Ohnmachts- und Kleinheitsgefühl auslebte, eine ästhetische Nobilitierung der (klein-)bürgerlichen Existenz.[92] Gleichwohl ist Schiller nicht entgangen, daß dieser Mechanismus von Triebunterdrückung und Freiheitsen-

---

[89] Friedrich Schiller: Ueber die ästhetische Erziehung des Menschen. NA 20, S. 309–412; hier S. 331.

[90] Vgl. Rose Riecke-Niklewski, a.a.O., S. 101.

[91] Ebd. S. 130.

[92] Vgl. die auf einen ähnlichen, sprachmetaphorischen Ansatz wie Riecke-Niklewskis basierende Untersuchung von Ulrich Tschierske: Vernunftkritik und ästhetische Subjektivität. Studien zur Anthropologie Friedrich Schillers. Tübingen 1988 (= Studien zur deutschen Literatur 97), insbesondere das Kapitel über Ästhetizismus und Moralität.

thusiasmus mitnichten so vollständig berechenbar war wie gewünscht; vielleicht sogar, daß er in Hinblick auf die eigene, schriftstellerische Tätigkeit gar nicht gewünscht werden konnte.[93] Weil es „die Wirkung des Erhabenen ist", so Schiller, „das Gemüt zu spannen und seine Schnellkraft zu vermehren, so geschieht es nur allzu leicht, daß mit dem Charakter auch die Affekte erstarken, und die sinnliche Natur an einem Kraftgewinne Teil nimmt, der nur der geistigen gelten sollte; daher findet man in den heroischen Weltaltern die erhabensten Tugenden oft mit den rohesten Lastern gepaart"[94]. Solches Durcheinander war dem Systematiker lästig, zumal Schiller den von Platon bis Rousseau erhobenen Vorwurf abzuwehren hatte, die schönen Künste dienten der Verzärtelung und wären fürs Staatswohl abträglich. Deshalb wurde das Schöne von vornherein in den Bereich der Unterdrückung miteinbezogen. Als geformtes Kunstwerk habe es den Kampf im „Felde der Sinnlichkeit" längst eröffnet, weil die „Macht"[95] der Empfindungen im Gefühl des Schönen gebrochen sei. Gerade die Schönheit, die ja anders als das Erhabene das Gemüt nicht stärken, sondern angenehm reizen soll (weshalb sie bei Burke mit der Liebe verglichen wurde), muß vor erschlaffender Wirkung geschützt werden. „Diese Erschlaffung der Sinnlichkeit, welche das Schöne bewirken soll, und die Würde des Menschen erheischt", darf bei Schiller „nicht von sinnlichem Kraftmangel und Erschöpfung herrühren, sondern die Selbsttätigkeit des Geistes muß ihre

---

93 Vgl. Annette Storr: „Zweckmäßige Darstellung" und der Spielbegriff – Schillers Auseinandersetzung mit Fichte und Kant anhand der „Briefe über die ästhetische Erziehung des Menschen" (in: Philosophisches Jb. 102(1995), S. 129–144). Storr legt dar, wie und warum sich Schiller gerade deshalb mit Fichte überwerfen mußte, weil dieser den ‚Styl' und das ‚Eigenthümliche' einer Darstellung – gerade für das wissenschaftliche, essayistische Schreiben – nicht akzeptieren wollte und Schillers angestrebte Wechselwirkung zwischen Bild und Begriff ablehnte (vgl. auch Helmut Koopmann: Denken in Bildern. Zu Schillers philosophischem Stil. In Jb.d.dt.Schiller-Gesellschaft 30(1986), S. 218–250, sowie Gert Ueding: Schillers Rhetorik. Idealistische Wirkungsästhetik und rhetorische Tradition. Tübingen 1971).

94 Augustenburger Briefe. In: Jürgen Bolten (Hrsg.), a.a.O., S. 56f.

95 Friedrich Schiller: Ueber die ästhetische Erziehung des Menschen. NA 20, S. 384.

Quelle sein, und die Freiheit der Vernunft muß der Macht der Naturtriebe Grenzen setzen"[96]. So war die Wirkung der Kunst von den Empfindungen endgültig abgetrennt. Aus Burkes „Interesse an der Existenz des schönen Gegenstandes"[97], der sich, wie auch das Schrecklich-Erhabene, körperlich, materiell manifestierte – in den weichen Linien der Körper, im schmelzenden Zauber von Formen (rudimentär noch in Schillers Anmut des weiblichen Geschlechts herauszuhören), dem Kleinen und Zarten im Gegensatz zum Schroffen und Harten – war schließlich Kants interesseloses, ‚trockenes' Wohlgefallen geworden.

Dabei hatte Schiller in seinen frühen Werken durchaus gegen die Dominanz des Kopfes über das Herz opponiert: „Wer es einmal so weit gebracht hat (ein Ruhm, den wir ihm nicht beneiden), seinen Verstand auf Unkosten seines Herzens zu verfeinern, dem ist das Heiligste nicht heilig mehr – dem ist die Menschheit, die Gottheit nichts – Beide Welten sind nichts mehr in seinen Augen" hieß es im „Räuber"-Vorwort[98]. Schillers Kritik der alle Grenzen sprengenden Vernunft ahnte bereits die Dialektik der Aufklärung, wie sie in unserem Jahrhundert Adorno und Horkheimer entwickelten. „Die Vernunft allein kann kein Wesen beglücken, das nicht lauter Vernunft ist", schrieb Moses Mendelssohn in seinen Briefen „Über die Empfindungen", „wir sollen fühlen, genießen und glücklich seyn". Wer wie ein „tiefsinniger Mathematiker" die „verborgensten Wahrheiten ergrübelt", der wisse doch: „Lauter Arbeit! lauter mühsame Arbeit!"[99]. Mendelssohn erkannte, daß gerade das Theoretisieren entfremdet und damit alles andere als frei war. Freiheit aber war nach dem Verständnis der Aufklärer notwendig, wenn sich Sittlichkeit entfalten soll. So geraten der grübelnde Theoretiker wie der unmittelbar seinen Bedürfnissen Gehorchende ins gleiche Dilemma: ihren Tätigkeiten mangelt es an Wahlmöglichkeit und damit an Sittlichkeit. Die Gefahren der so vernünftigen Frei-

---

96 Augustenburger Briefe. In: Jürgen Bolten (Hrsg.), a.a.O., S. 56.

97 Edmund Burke: Philosophische Untersuchungen über den Ursprung unserer Ideen vom Erhabenen und Schönen, a.a.O., S. 77.

98 Friedrich Schiller: Vorrede zu „Die Räuber". NA 3, S. 6.

99 Moses Mendelssohn. In: Ges. Schriften, Bd. 1. Stuttgart-Bad Cannstatt 1971, S. 233–334; hier S. 286 (= 12. Brief).

heitsgefühle waren Schiller und seinen Zeitgenossen unterschwellig bewußt – gleichwohl oder gerade deshalb versuchten viele, ein idealistisches System als Gegenentwurf zu etablieren. Und zwar rigoroser als je zuvor.

V.

Aus einem Gespräch mit Eckermann wissen wir von Goethes Einfluß auf seinen jüngeren Kollegen Schiller in den Anfängen ihrer Bekanntschaft. Goethe schrieb sich darin die neuerdings versöhnlichere Haltung Schillers zu: „Er predigte das Evangelium der Freiheit, ich wollte die Rechte der Natur nicht verkürzt wissen. Aus freundschaftlicher Neigung gegen mich, vielleicht mehr als aus eigner Überzeugung, behandelte er in den ästhetischen Briefen die gute Mutter nicht mit jenen harten Ausdrükken, die mir den Aufsatz über *Anmuth und Würde* so verhaßt gemacht hatten“[100]. Da irrte Goethe. Der Zwang zur idealistischen Aufhebung historischer Widersprüche hatte sich nur in die Metaphorik verlagert. „Idealisieren“ bedeute, „störende Züge der Harmonie des Ganzen zu unterwerfen, das Individuelle und Lokale zum Allgemeinen zu erheben“[101]. Das „Hinaufläutern“ der Individualität zur „reinsten, herrlichsten Menschheit“ und die Überwindung des „gemeinsinnlichen Charakters“[102] verwarf jedoch auch jeden Anspruch einer humanen, toleranten, pluralen Gesellschaft, für die Aufklärung und Erziehung doch angetreten war. „*Menschlich* heißt uns eine Schilderung eines Affekts, nicht weil sie darstellt, was ein einzelner Mensch wirklich so empfunden, sondern was *alle Menschen* ohne Unterschied *mitempfinden* müssen“[103]. Der Harmoniebegriff enthüllt seinen totalitären Charakter in einer Lesart, die durch eine metaphorische Dekonstruktion die implizite Bedeutung bloßlegt. Schon der apodiktische Ton, mit dem Schiller

---

100 In: Schillers Persönlichkeit, Bd. 3. Weimar 1909, S. 20.

101 Friedrich Schiller: Über Bürgers Gedichte. NA 22, S. 245–264; hier S. 246.

102 Ebd. S. 253.

103 Ebd. S. 260 (Hervorh. I.D.).

seine Augustenburger Briefe endete, mußte Zweifel am Versöhnungskonzept aufkommen lassen: „Der Geschmack allein bringt eine harmonische Einheit in die Gesellschaft, weil er eine harmonische Einheit in dem Individuum stiftet“[104]. ‚Schaden‘, ‚Kosten‘, ‚Kampf‘ und ‚Entbehrungen‘ schwirren als irritierende Signifikanten durch diese Utopie, die zur bloßen Beschwörungsformel geworden war: „Eine Seele nämlich, welche angefangen hat, das edlere Vergnügen an Formen zu kosten, und aus dem reinen Quell der Vernunft ihre Genüsse zu schöpfen, scheidet ohne Kampf von den gemeinen Freuden des Stoffes und hält sich für die Entbehrungen des äußeren Sinns durch die Vergnügungen des inneren unendlich entschädigt“[105].

Es müssen schon ‚unendliche‘ Vergnügungen sein, damit wir vergessen, daß Sinnlichkeit unmittelbar befriedigt werden will, gegenüber der das Vergnügen an tugendhaften Handlungen oder distanzierten Wahrnehmungen zum Trugbild wird. Ein Trugbild allerdings, das uns, dank jahrhundertelanger Übung in innerweltlicher Askese, noch im Abglanz des Aufschubs ein Versprechen von Lust gewährt, das zur Befolgung des Sittengesetzes anreizen soll. Unendliche Vergnügungen, oder Vergnügen (erst) im Unendlichen – sie erinnern eher an eine religiöse Heilsversprechung als an erfülltes Erdenglück. Die entlarvende Paradoxie, aus der Vernunft Genüsse schöpfen zu wollen (die ja gerade im Widerstand zum Genuß definiert wurde), mündet deshalb zwangsläufig in jenen zerstörerischen ‚Kampf‘, ohne den das Schillersche Denken nicht funktioniert. „Der Geschmack ist also als der erste Kämpfer anzusehen“, er trägt den „Sieg“ über den rohen Affekt davon, befreit vom „Joch des Instinkts“, um das Gemüt „in seinen *Fesseln* zu führen“[106]; er zerrt vor jenen „Richtstuhl“[107], der sonst das Gewissen hätte ausmachen müssen. Deutlicher kann die Gewalt, die dieses Harmonisierungsstreben auslöst, nicht in Szene gesetzt werden. Aus dem Vergnügen an der Lust ist das Vergnügen an der Erkenntnis der Empfindungen geworden, die das Vergnügen gerade

104 Augustenburger Briefe. In: Jürgen Bolten (Hrsg.), a.a.O., S. 84.
105 Ebd. S. 82.
106 Ebd. S. 76.
107 Ebd. S. 79.

nicht bis zur Befriedigung gelangen läßt. „So unterwirft sich der Schönheit stille Macht nach und nach die rohe Natur"[108], lautet ein zentraler Satz aus den Augustenburger Briefen. Doch wie so oft in Schillers Prosa gibt es auch hier, in der Theorie, einen Überhang, der trotz der Radikalität seines kritischen Verstandes die Zwiespältigkeit der Vernunft offenlegt.

Ungelöst bleibt, wie der Mensch den Akt des Denkens, der ja erst zur distanzierten Betrachtung des Schönen führt, überhaupt in Gang bringen soll. Denken nämlich ist ein mühseliges Geschäft und die Lust daran stellt sich nur widerwillig ein, schlimmer noch: „zum Denken wird der Mensch [...] bekanntlich nur durch den Reiz eines Genusses eingeladen"[109]. Genuß aber ist *per definitionem* bare Empfindung, ist tierisch und unmittelbar. Bleibt also nichts anderes übrig, als gerade den Aufschub der Befriedigung selbst als Lust zu definieren, wie es Lacan in seinen Ausführungen zu *besoin* und *désir*, dem psychologischen Modell von Bedürfnis und Begehren, eineinhalb Jahrhunderte später konstruierte. Bei Schiller wurde Lust proportional zu jenem „Grad von Herrschaft"[110], den das Individuum seinen Affekten zufügt. Damit war das Individuelle zu einem allgemeinen geworden, das sich gegenüber dem Objekt im Verzicht gleichgültig verhielt. In der Zivilisation der bürgerlichen Gesellschaft verfallen gerade jene Affekte, die die Aufklärung für den Entwurf einer idealeren Gesellschaft entwickeln wollte – Mitleid, Liebe, Sympathetik – dem Verdikt der totalen Unterdrückung aller Triebbedürfnisse. „An die Stelle persönlicher Solidarität und der Öffnung des psychisch Privaten ins Kollektive", beschrieb Rolf Grimminger diese Ideologie[111], „tritt die ausgeklügelte Disziplin gesellschaftlicher Rituale, treten die ‚bizarren Gebräuche' der ‚affektierten Dezenz unserer Sitten'". Die Sprache, in der in Schillers ästhetischer Theorie von Harmonie und Versöhnung gesprochen wird, zeugt gegen ihren Autor von diesem Disziplinierungsprozeß. Die Herrschaft der Vernunft, nur in der Meta-

---

108 Ebd. S. 69.

109 Ebd. S. 70.

110 Ebd. S. 76.

111 Rolf Grimminger: Die ästhetische Versöhnung. In: Jürgen Bolten (Hrsg.), a.a.O., S. 168.

phorik aufgehoben, wurzelt noch in der gesellschaftlichen Realität, wo Ausbeutung und Selbstbestrafung, Gewalt und Triebunterdrückung zum ‚normalen', unbewußten Alltag gehören.

Schiller ist die fatale Konsequenz seines Denkens nicht verborgen geblieben. Zumindest als Gedankenexperiment findet sich in seinem Aufsatz über die Gesetzgebung des Lykurgus und des Solon eine entsprechend selbstkritische Reflexion. In jenem Staat, in dem nach Schiller Ungleichheit, Unterdrückung, Geld und Besitz abgeschafft sind – alles Dinge, die die englischen Staatsphilosophen, aber auch Rousseau für das Übel der Zivilisation verantwortlich machten – in jenem Staat als einem bewundernswürdigen ‚Kunstwerk' ist dennoch etwas faul. Warum? Dieser Staat, in dem nichts als „bürgerliche Tugend"[112] regierte, worin der Mensch im Funktionszusammenhang von Arbeit, Leistung und Staatsmacht aufging, gerade dieser Staat wurde im Laufe der Geschichte zum Selbstzweck. Unter Lykurgus gab es keine Liebe und keine Bürger, nur bürgerliche Tugenden. Lykurgus' Staat war ein Staat unter falschen Prämissen, insbesondere, weil Emotionalität und ästhetische Empfindungen ausgeschaltet waren. Aber genau um diese Vermittlung von freiem Spiel und *zoon politicon* war es Schiller zu tun, aber sie gelang in seinem Reich der Kunst nicht. Traten an die Stelle der Dynamik in Lykurgus' Staat Stillstand und Tyrannei, so herrscht in Schillers Reich des Schönen Scheins schließlich die Vernunft. Sie ließ ein Individuum zurück, das moralisch vollkommen zerstückelt war, sozusagen der „consequente Bösewicht"[113].

Die Indifferenz der Vernunft gegenüber ihrem Gegenstand, eine Vernunft, die nur klassifizierte, verlor ihre kritische Funktion zwangsläufig auch für die Ästhetik. Weil nur bezogen auf die reine Verstandestätigkeit, liefen die Gegensätze des Schönen und Häßlichen auf das Gleiche hinaus. „Auch das Häßliche, als schön beurteilt, beweist schon die Tätigkeit eines freieren Vermögens, eines Wohlgefallens ohne Sinneninteresse, einen anfangenden, wenn gleich noch so grotesken Geschmack"[114].

---

[112] Friedrich Schiller: Die Gesetzgebung des Lykurgus und Solon. NA 17, S. 414–444; hier S. 424.
[113] Friedrich Schiller: Ueber das Pathetische. NA 20, S. 221.
[114] Augustenburger Briefe. In: Jürgen Bolten (Hrsg.), a.a.O., S. 66.

Gleichgültig war es schließlich auch, ob die Leidenschaft zum Bösen oder Guten sich versteigt, wichtig war nur, daß es dabei nicht an Größe fehlte – wir lesen es erstaunt und die Philosophie de Sades läßt grüßen. ‚Größe' bekam der Zuschauer notfalls durch den Widerstand, den er dem Überwältigtwerden durch das Schöne oder Erhabene entgegensetzt. Auch der Schriftsteller spürte etwas von diesem ‚Kolossalischen' seines negativen Helden, wenn er sich in Empfindungen „hineinzwingen" mußte, „unter deren Widerstand sich seine Seele sträubt"[115]. Von der Erhabenheit blieb am Ende nur die bloße Selbstaffektation der Vernunft, die sich von ihrem Anstoß – dem gräßlichen Ozean, dem erschreckenden Gebirge, der lasterhaften Handlung – befreit hatte. „Was kann an der Ursache edel sein, als daß sie ihre Wirkung erfüllet? Edel und gemein bezeichnen nur das Verhältnis, in welchem ein Gegenstand gegen ein *gewisses Prinzipium in unserer Seele* stehet – es ist also ein Begriff, der nur innerhalb unsrer Seele, nicht außerhalb derselben anzuwenden ist", heißt es im „Geisterseher"[116]. Angekommen war Schiller dabei, ohne es zu wollen, bei dem (sehr humanen) Pessimismus Diderots und der pervertierbaren Freiheit eines de Sade: was gut und böse ist, entschied das ‚gewisse Prinzipium in unserer Seele' selbst. Die Überlegenheit des Verstandes über die Natur, in der moralischen Entscheidung wie im Kunsturteil, blieb nur ein Versprechen. Die Grandiositätserfahrung des neuzeitlichen Bewußtseins waren wertneutral – eine Geschichte von Entsagung und Verlusten.

Schiller war ein großartiger Apologet der Vernunft und ihr größter Skeptiker – und gerade deshalb fasziniert die Lektüre seiner essayistischen Schriften noch heute.[117] Die doppelten, doppelbödigen Wahrheiten sind am deutlichsten in Sprache und Form dieser Überlegungen aufzuspüren. „Der Bildbereich des Reiches bedroht die Vorstellung von Veredelung als Besänftigung und Beruhigung", so beschrieb es Riecke-Niklew-

---

115 Friedrich Schiller: Vorrede zu „Die Räuber". NA 3, S. 6.

116 Friedrich Schiller: Das philosophische Gespräch aus dem Geisterseher. NA 16, S. 163.

117 Vgl. Ulfried Schäfer: Philosophie und Essayistik bei Schiller. Würzburg 1996.

ski[118]; genauso richtig aber ihre gegenteilige Feststellung: „In Schillers Metaphern ist der strikte Dualismus von Vernunft und Natur negiert. In den Bildern findet ‚Natur' selbst Zugang zum Reich der Vernunft. Schiller spricht vom ‚Boden der Freiheit', von den ‚Früchten des Geisterreichs', vom ‚festen Grund der Erkenntnis'[...]. Die Metaphern behaupten eine Identität, die die Einheit von Vernunft und Natur letztlich voraussetzt"[119]. Ähnliche Gegenbewegungen zum ungelösten Problem (realer) Herrschaft und zum Unterwerfungsgestus der Vernunft gegenüber der Natur finden sich in der deutschen Literatur noch andernorts. „Mag die Nachahmung der Natur im 18. Jahrhundert auch oft sehr harmlos sein", so Rolf Grimminger, „in ihr erscheint die Aufklärung trotzdem bereits früh als ihre eigene Kritik, die etwas Natürliches retten will und in der Kunst ihren idealen Ort findet. *Felix aesteticus*, glücklich im Schönen, war für Baumgarten ein Mensch, der sich seiner Natur vergewissern kann. Deren Sinnlichkeit gerade hat ‚keine Gewaltherrschaft', sondern nur ‚eine sichere Führung' nötig [...]. In Herders Wettbewerbsschrift ‚Vom Erkennen und Empfinden der menschlichen Seele' verwandelt sich diese Naturästhetik zum ‚organischen' eben – jenseits der ‚mechanischen' Regeln von Zweck und Ordnung, jenseits der aufgeklärten Rationalität"[120]. Die Dialektik der Aufklärung bestand nicht nur in dem von Adorno und Horkheimer so kritisch bloßgelegten Umschlag von Natur zur Unnatur, in der Verkehrung der Vernunft zum Mythos, sondern auch im Heilsversprechen eines nur hypothetisch versöhnenden Bereichs des Ästhetischen, der gerade deshalb, weil er nur Schein und niemals gelebte Sinnlichkeit sein wollte, *utopia*, nirgendwo und überall war.

---

118 Rose Riecke-Niklewski, a.a.O., S. 90.
119 Ebd. S. 136.
120 Rolf Grimminger: Die Ordnung, das Chaos und die Kunst. Frankfurt a.M. 1986, S. 125.

VI.

Also alles Theater? Nicht ganz. Das Erhabene, das bewirkt, daß wir „inmitten der sozialen Übel eine finale Rettung der Welt [...] bewahren“[121], hat seine Attraktivität noch immer nicht verloren. Weil sie aber bereits im autonomen Bereich der Kunst so schlecht funktionierte, verschaffte sich das in Pflicht- und Arbeitsethik eingespannte bürgerliche, pietistische Subjekt samt seiner repressiven Rationalität – alles bloß deswegen, damit die Marktmechanismen funktionierten – mit dem Lesen und Schreiben auch ganz andere, eigensinnigere und ambulante Bühnen. Dichtung, selbst Schillers eigene, bot ein Gegengewicht zum falschen Ernst und ungebrochener Selbstsicherheit, mit denen das Subjekt seine Überlegenheit herauszuphilosophieren unternahm. Deshalb gab es auch bei diesem Autor das Plädoyer für die ‚andere‘ Kultur der Scharlatane und Phantasten, für die verrückten Praktiker der Wissenschaften und für anarchische Räuber gegen idealistische Freiheitsberauber. Schiller der Dichter durfte ein anderer sein als der seiner ästhetischen Schriften (die gleichwohl von seiner Kunstproduktion nicht abzukoppeln sind). Und schließlich: auch wenn die Priorität einer praktischen Kultur (vor einer theoretischen), der langsam aber stetige subversive Umbau des Staates allmählich aus dem Blick verloren wurden, der Leib und die Natur blieben die Bedingungen, unter denen Freiheit erst möglich wurde. Die materielle Existenz (‚warm wohnen und satt zu essen haben‘) ist es, die zunächst befriedigt werden muß, sonst sind alle gutgemeinten Erziehungsbestrebungen verloren.[122]

---

[121] Hartmut Böhme: Das Steinerne. Anmerkungen zur Theorie des Erhabenen aus dem Blick des ‚Menschenfremdesten‘. In: Christine Pries (Hrsg.): Das Erhabene. Weinheim 1989, S. 91–142; hier S. 126.

[122] Bei Brecht hieß das, erst kommt das Fressen und dann die Moral, bei Schiller im Distichon „Würde des Menschen“: „Nichts mehr davon, ich bitt‘ euch. Zu essen gebt ihm, zu wohnen;/ Habt ihr die Blöße bedeckt, gibt sich die Würde von selbst“. Thomas Mann soll bei der Lektüre dieser Schiller-Zeilen – und das zeigt die Richtigkeit des Vergleichs – ausgerufen haben, das sei ja sozialistischer Materialismus. Vgl. Dieter Borchmeyer in: Helmut Brackert/Fritz Wefelmeyer (Hrsg.), a.a.O., S. 124.

Dennoch, von den ‚Taschenspielerkünsten der Vernunft', Schillers Festhalten an der idealistischen Ästhetik blieben am Ende der Aufklärung nur die Bannmechanismen gegen die Angst des mit der Herrschaft des Verstandes alleingelassenen Menschen. Die Deduktion des Sittengesetzes war fehlgeschlagen; es konnte nur behauptet und seine Gültigkeit der Justiz und dem schlechten Gewissen anheimgegeben werden. Gleichwohl deuteten es Kant und Schiller gerade noch einmal zur Bedingung der Möglichkeit von Freiheit um. Nicht alle waren so beharrlich. Goethe schrieb in den Annalen auf das Jahr 1805 deutlich resigniert: „Was hilft es die Sinnlichkeit zu zähmen, den Verstand zu bilden, der Vernunft ihre Herrschaft zu sichern? Die Einbildungskraft lauert als der mächtigste Feind: sie hat von Natur einen unwiderstehlichen Trieb zum Absurden, der selbst in gebildeten Menschen mächtig wirkt und gegen alle Kultur die angestammte Roheit fratzenliebender Wilden mitten in der anständigsten Welt zum Vorschein bringt"[123].

Glücklicherweise hat die Kehrseite der Vernunft, deren verunsichernde Spur wir verfolgten und die als verdrängter, gleichwohl wirkungsmächtiger Text an der Oberfläche der Essays aufscheint, auch ihre offensiven, vor allem von uns Lesern geschätzten Varianten: als Substanz unseres Träumens und Phantasierens, unserer ‚unwiderstehlichen' Einbildungskraft und als im Lesen längst erprobte Widersetzlichkeit, die auch noch das Versöhnungspotential der Kunst einer ungesicherten Lektüre aussetzt. Symbolfunktion und Doppeldeutigkeiten binden Literatur, Traum und entgrenzendes, freies, ‚wahnsinniges' Denken zusammen. Der Traum und der Traum der Poesie wird, ganz im Verständnis romantischer Theorien, Teil einer „universalen Poetik"[124], einer grandiosen Erzählung, die sich nur und ausschließlich in und als Sprache präsentieren kann.[125] Gelingt die Versöhnung von ‚wilder' Natur und sublimiertem Geist bestenfalls in der Kunst, so gelingt sie eben auch *nur* in der Kunst.

---

[123] Johann Wolfgang v. Goethe: Tag- und Jahreshefte. In: Sämtl. Werke nach Epochen seines Schaffens, Bd. 14, hrsg. v. Reiner Wild. München 1986, S. 7–324; hier S. 163.

[124] Ebd. S. 171.

[125] Vgl. Jens Heise: Traumdiskurse. Die Träume der Philosophie und die Psychologie des Traums. Frankfurt a.M. 1989.

Das ist der Weg der Aufklärung, ihre Täuschung und ihre Enttäuschung. Nur im kurzen Moment des Spiels ist der Mensch autonom, nur im Reich der Phantasie frei.[126] Insgeheim hatte Schiller in einem Brief vom 12.2.1789 gegenüber Caroline von Beulwitz und Charlotte von Lengefeld schon im Hinblick auf seinen „Geisterseher" zugegeben, daß der Leser „gleichsam einen still schweigenden Vertrag mit dem Verfaßer machen [muß], wodurch der letzere sich anheischig macht, seine Imagination wunderbar in Bewegung zu setzen, der Leser aber wechselseitig verspricht, es mit der Delikateße und Wahrheit nicht so genau zu nehmen"[127]. Im Romanfragment selbst heißt es am Ende der rationalistischen Auflösung der ‚irrationalen' Geistererscheinungen bezeichnend: „Wahrlich, gnädigster Herr, selbst nicht einmal ein dramatischer Schriftsteller, der um die unerbittlichen drei Einheiten des Aristoteles verlegen war, würde [...] seinem Parterre einen so starken Glauben zugemutet haben"[128].

Der Optimismus der Aufklärung war der mächtigste Glaube der Epoche, doch seine Gemeindemitglieder kamen von selbst. Der Grund lag in der Selbstgefälligkeit des aufgeklärten Verstandes, der den Entzug von Sinnlichkeit narzißtisch umzudeuten erlaubte – der erste Schritt zur Täuschung. Man muß, wenn man die Menschen betrügen will, gar nicht darauf ausgehen, sie „recht fein zu betrügen", lesen wir in Tiecks „William Lovell". „Das Unwahrscheinliche und Grobe glauben die Menschen eben darum am ersten, weil es unwahrscheinlich ist"[129]. Ganz besonders diejenige Spezies, die die ‚philosophischen Narren' verkörpern. Sie, die ‚Nüchternsten' waren es, bei denen „das bißchen defekte Phantasie am häufigsten überschnappt"[130]. Kein Wunder, denn Aufklärung war nicht nur, wie der „Geister-

[126] Daß auch diese Freiheit wiederum ihre Grenzen hat, zeigen Psychologie, Kultur (als kulturelle, kollektive Muster) oder die Kontingenz von Freiheitsentwürfen selbst nur allzu deutlich.

[127] Friedrich Schiller: Briefe. NA 25, S. 203.

[128] Friedrich Schiller: Der Geisterseher. NA 16, S. 94.

[129] Ludwig Tieck: William Lovell, hrsg. v. Walter Münz. Stuttgart 1986, S. 634.

[130] So Joseph von Eichendorff in: Erlebtes. In: Werke in sechs Bänden, hrsg. v. Hartwig Schultz. Frankfurt a.M. 1993, Bd. 5, S. 418.

seher“ behauptete, „ein Beitrag zur Geschichte des Betrugs und der Verwirrung des menschlichen Geistes“[131], sondern selbst ein großes Betrugsmanöver. Allerdings eines mit wichtiger Funktion: „Jeder Mensch braucht eine Erschütterung“, gesteht William Lovell, „der eine sucht sie im Theater, der andere in irgend einem Steckenpferde, dem er sich in innigster Liebe hingibt; ein anderer macht Pläne, ein vierter ist verliebt“[132].

Ein bißchen befremdlich bleibt es schon: Nicht nur für den Skeptiker Lovell gab es die Gleichgültigkeit der Zwecke, auch Schiller war in seinen ästhetischen Schriften gefährlich nahe dem Wertrelativismus des Tieckschen Briefeschreibers gerückt. Am Ende auch hier nur Ungesichertes, Nicht-Einklagbares: Spiel und Fiktion als kompensatorische Auswege aus den Bedrängnissen der Zeit, der Ökonomisierung des Lebens und der politischen Ohnmacht. Schillers perfekt erträumtes Geistes-Schiff war, wie es Rolf Michaelis jüngst in Bezug auf die „Horen“ ausdrückte, eine *Titanic*, dem Untergang geweiht.[133] Dennoch, was uns nicht umbringt, macht uns stark – wenigstens das blieb von den Gedankenspielereien einer ästhetischen Erziehung übrig. Diagnostizieren wir auch allenthalben die „Fieberparoxysmen des menschlichen Geistes“, so dürfen wir doch die kathartischen Wirkungen dieser ‚Krankheiten‘ erhoffen, die „durch eben die unnatürliche Erschütterung die sie in gut organisirten Seelen verursachen, zulezt die Gesundheit bevestigen helfen“[134].

---

[131] Friedrich Schiller: Der Geisterseher. NA 16, S. 45.

[132] Zitierte nach Mariane Thalmann: Die Romantik des Trivialen. München 1970, S. 105.

[133] s. Schillers Titanic. „Die Horen“, Schatztruhe und literarische Monatsschrift. In: Süddeutsche Zeitung vom 14.12.2000, Literaturbeilage S. 14.

[134] Friedrich Schiller: Philosophische Briefe. NA 20, S. 108.

Die Vermittlerin vermitteln wollen? Überlegungen zu Fährnissen und Chancen einer ungesicherten Lektüre für die Schule

I.

Nach Jahren, in denen die Schöne Literatur wegen ihres sogenannten ästhetischen Überhangs in der Schulpraxis marginalisiert wurde und sich die Unterrichtsschwerpunkte auf Gebrauchs- und Sachtexte, auf Kommunikationsfähigkeit und Medienmündigkeit konzentrierten, neigt man in der letzten Zeit wieder dazu, die spezifischen Qualitäten einer ästhetischen Erziehung zu erkennen. Gerade heute, wo immer aufwendigere technische Medien unsere Kultur bestimmen (eine Kultur, die nicht mehr vom bürgerlichen Bildungskanon, sondern von den Anforderungen einer Wissensgesellschaft geprägt wird), ist die Formerkenntnis zum vielleicht wichtigsten Aspekt des Verstehens geworden. Sie macht das Ungesicherte der Literatur zu einer paradigmatischen Erfahrung, die die Schreibart *vor* dem Inhalt, den Stil *vor* der ‚Botschaft' in den Blick rückt. Darüberhinaus ermöglicht Literatur dank ihrer poetischen Potenz auf spielerische Weise, Sprachkompetenz und Sprachfähigkeit zu entwickeln, Phantasie und Intellekt, Formanalyse und Inhalt, Sprache, Ich und Weltverständnis in Beziehung zu setzen.

Leider schlägt sich der Glücksfall Literatur weder methodisch-theoretisch noch didaktisch sonderlich auf die schulische Praxis nieder. Das gilt nicht nur für das traditionelle Medium Buch, sondern erst recht für den Umgang mit E-Mails, Film, Videos und TV. Dabei sind sprachliche Sensibilisierung und Lernen durch und mit der Literatur nicht getrennte Angelegenheiten (und die ‚Binnengrenzen'[1] zwischen Sprach- und Literatur-

[1] Der Aufsatz geht zurück auf einen Vortrag, der im Rahmen des 13. Symposiums Deutschdidaktik (24.–28.9.2000) in Freiburg gehalten wurde. Thema der Sektion II: Über Binnengrenzen. Der Zusammenhang von sprachlichem und literarischem Lernen.

unterricht – sofern überhaupt Grenzen – äußerst durchlässig), sondern aufeinander angewiesen, gerade dann, wenn man Literatur, wie es heute durch die kulturwissenschaftliche Ausrichtung des Faches geschieht, interdisziplinär verankert und sie nicht in ihrer Qualität eines ‚Kommmunikationsmittels' aufgehen lassen mag. Im Gegenteil: es braucht die ungesicherte Lektüre, endlich das dringend notwendige „ABC des Lesens" für den Lehrenden, der, so forderte es einmal Ezra Pound, jedem Meisterwerk gerade so entgegentreten müßte, „als ob er es noch nie gesehen hätte"[2].

Weshalb also Dichtung in dürftiger Zeit? Bedeutet ästhetische Erziehung vielleicht mehr als das Anliegen eines einzelnen Faches? Welchen Sinn macht es, nach den Funktionen von sprachlichem Handeln in unserer Gesellschaft zu fragen, und wie steht es um den Kulturwert einer literarischen Erziehung, die im Zeitalter der Neuen Medien marginal zu werden droht? Die folgenden Überlegungen dürfen als Plädoyer, nicht nur fürs Lesen, sondern auch für eine ungesicherte, essayistische Lektüre verstanden werden, die gleichzeitig mehr (was die handwerklichen Fähigkeiten) und gleichzeitig weniger (was den Nutzen, die Einklagbarkeit von Ergebnissen angeht) fordert, als es in der derzeitigen Unterrichtspraxis gängig ist.[3]

---

[2] Zitiert nach: Bodo Lecke (Hrsg.): Literaturstudium und Deutschunterricht auf neuen Wegen. Frankfurt a.M. 1996, S. 107. Schon 1987 plädierte Karlheinz Fingerhut dafür, die schulische Lektüre von einer Fixierung an ergebnisorientierten Interpretationsritualen zu befreien und dem Ungesicherten der Lektüre Raum zu geben (Die folgenlose Literatur und der pädagogische Wahn. In: Norbert Oellers (Hrsg.): Germanistik und Deutschunterricht im Zeitalter der Technologie. Selbstbestimmung und Anpassung. Vorträge des Germanistentages Berlin 1987. Bd. 3: Literatur und Literaturunterricht in der Moderne. Tübingen 1988, S. 3–22). Vgl. auch Hans Magnus Enzensberger: Bescheidener Vorschlag zum Schutze der Jugend vor den Erzeugnissen der Poesie. In: ders.: Mittelmaß und Wahn. Frankfurt a.M. 1988, S. 23–41.

[3] Berufen können sich die Pädagogen bei dieser eher essayistischen Lektüre auf solche Schriftsteller und passionierte Leser wie Walter Benjamin oder Wolfgang Koeppen, für die, nach eigenen Aussagen, das Lesenlernen zum wichtigsten Ereignis ihres Lebens wurde. Walter Benjamin hat die frühe Erfahrung des Lesens später an verschiedenen Stellen zu einer Theorie der nicht-linearen, mosaikhaften, einsamen, sich-hingebenden Lektüre ausgebaut. Nicht nur für diese beiden Autoren wurde Erfahrung zu einer

Als Schiller 1795 jene gegenüber den „Augustenburger Briefen" 1793 erheblich erweiterte Fassung der „Briefe über die ästhetische Erziehung" fertigstellte, konnte er nicht ahnen, daß darin einmal kritische Interpreten die Kehrseite der Vernunft herauslesen und die von ihm erhoffte Bildung, die doch so aufklärungsoptimistisch die Menschen zu einer humaneren Gesellschaft führen sollte, als Zwang und Repression, als affirmativ und kompensatorisch beurteilen würden.[4] Heute sehen wir: sein Konzept krankte an einem klassischen, dem idealistischen Fehler. Trotzdem – was an allzuviel Optimismus scheiterte, enthebt nicht der Frage, ob nicht zweihundert Jahre später das Projekt vielleicht doch noch nachdenkenswerte Ziele enthält; denn das Hauptanliegen, um das es Schiller ging, lautete Vermittlung. Es war die Frage nach der Funktion von Kunst, oder anders gesagt, das Problem, wie man Nicht-Leser zum Lesen und wenig ‚philosophische Köpfe' zum Nachdenken bringen könnte.

Schöne Literatur hat ihre ganz spezifischen Vorteile, aber in Schule und Studium auch Probleme, auf die wir reagieren müssen. Literaturwissenschaft und das Fach Deutsch (und von ihnen soll hier vor allem die Rede sein, aber auch von angrenzenden geisteswissenschaftlichen Disziplinen wie Philosophie, Kulturwissenschaft, Soziologie, Geschichte) haben nämlich nicht nur Wissensvermittlung, analytische Kompetenz und begriffliches Denken zu befördern, sondern müssen auf die nichtvermittelbare, individuelle Komponente der Literatur antworten. Gerade aber dieses Verhältnis von Vermittelbarem (also Allgemeinem) und Individuellem bedarf einer meta-theoretischen Reflexion, die gleichzeitig Gegenstand des Literaturunterrichts

---

sprachlich, das heißt zeichenhaft vermittelten, die Suche nach Wirklichkeit eine Suche nach Erfahrung in der Welt der Literatur (vgl. Karlheinz Stierle: Walter Benjamin und die Erfahrung des Lesens. In: Poetica 12(1980), S. 227–248).

[4] Vgl. u.a. Hartmut Böhme: Das Andere der Vernunft. Zur Entwicklung von Rationalitätsstrukturen am Beispiel Kants. Frankfurt a. M. 1985; Rolf Grimminger: Die ästhetische Versöhnung. Ideologiekritische Aspekte zum Autonomiebegriff am Beispiel Schillers. In: Walter Müller-Seidel u.a. (Hrsg.): Historizität in Sprach- und Literaturwissenschaft. München 1974, S. 579–597; Iris Denneler: Die Kehrseite der Vernunft. Zur Widersetzlichkeit der Literatur in Spätaufklärung und Romantik. München 1996.

resp. des Literaturstudiums sein muß. Das gilt heute mehr denn je, da Lesen im umfassenden Sinn einer logisch-ästhetischen Zeicheninterpretation zu *dem* unverzichtbaren Bestandteil unseres Weltzugangs geworden ist, es keine Paradigmen und gesellschaftlichen Konsense über die Einschätzung und Bewertung der auf uns einstürzenden Informationen mehr gibt.

In der wissenschaftstheoretischen Konzeption einer solchen interpretationslogischen Ästhetik wäre Erfahrung, so jedenfalls Günter Abel, generell als „logisch-ästhetische Zeichenschrift" zu begreifen, die – und deshalb ist sie für die hier vorgestellten Überlegungen relevant – *en passant* auch zu einem „genaueren Verständnis des lebensweltlichen Sinns der Kunst"[5] führt. Dies schließt die Annahme ein, „daß die Verhältnisse der Welt-, Fremd- und Selbstbezüglichkeit, in denen wir uns immer schon befinden, als Interpretationsverhältnisse charakterisiert werden können"[6]. Unter anderem deshalb gewinnt die Reflexion auf die alten Tugenden der Philologie für die Gegenwart an Brisanz, unabhängig davon, daß das Buch als Leitmedium seine dominante Stellung zunehmend verliert und wir mit anderen Mitteln und Medien kommunizieren als noch vor vierzig Jahren. Heute, wo wir uns unseres ‚Sinnes' und unserer Sinne ständig und immer wieder neu versichern müssen – gerade in dieser Situation scheint es dringend notwendig, auf das hinzuweisen, was ästhetische Erziehung meinte und meinen kann, eben nicht nur im Hinblick auf das Selbstverständnis unseres Faches (Was heißt und zu welchem Ende studiere ich Literaturwissenschaft?), sondern auch im Hinblick auf die Praxisrelevanz einer Didaktik, die in kritischer Absicht weiter gefaßt werden muß denn als eine bloße Methode (im Doppelsinn von ‚Theorie über...' als auch praktische Umsetzung), nämlich als *das* Feld einer Handlungswissenschaft, auf dem vielleicht wie nirgends sonst die gesellschaftliche Legitimation *und* das Selbstverständnis unserer literarischen wie nicht-literarischen Erfahrung mitverhandelt wird.

Was will und was kann ästhetische Erziehung also leisten?

[5] Günter Abel: Sprache, Zeichen, Interpretation. Frankfurt a.M. 1999; hier S. 19f.

[6] Ebd. S. 11.

Schiller schrieb seine Aufsätze zur Universalgeschichte, zur Leistung der Schaubühne, die Briefe über die ästhetische Erziehung und seine Überlegungen zu den unterschiedlichen Funktionen literarischer Gattungen sämtlich aus ähnlichen Gründen: vertraut mit der Kantschen Philosophie, insbesondere der „Kritik der reinen Vernunft“, mochte es ihm nicht behagen, daß zwischen Einsicht und Wollen keine Verbindung (man könnte auch sagen: Vermittlung) bestehen sollte. So lesen wir in „Anmut und Würde“ die Forderung, der Mensch solle nicht nur seiner Vernunft pflichtgemäß Folge leisten, sondern „seiner Vernunft mit Freude gehorchen“[7]. Genau in dieser zwischen Sittengesetz und freiem Willen ausgesparten Lücke, die die Vermittlung von Erkenntnis und Praxis so unsicher macht, sah er die Aufgabe von Kunst. Sie nämlich sollte den Menschen auf sanfte Weise überzeugen, gern und freiwillig das Gute (das ja nicht selten mit Unlust, Triebverzicht und Unbehagen gepaart ist) zu tun. Kunst, darauf war seine ganze Überzeugungsarbeit gerichtet, zeichne sich durch eine spielerische Bewältigung von lebensweltlichen Forderungen und Fragen aus. Ihr Gegensatz ist nicht der Ernst (kein Spiel könnte je unernst funktionieren), sondern die Wirklichkeit. Abgekoppelt von der Praxis als instrumentalisierte, zweckrationale, erlaubt das Theater, das Lesen oder das nutzlos-spielerische Erproben der Dinge Erfahrungen zu machen, ohne dafür sein Handeln der Kosten-Nutzen-Rechnung unterwerfen zu müssen.

Noch in Wolfgang Isers Konzept einer Rezeptionsästhetik schwingt diese Schillersche Einsicht mit. Der Leser, so Iser, könne aus seiner Welt heraustreten, unter sie fallen, katastrophale Veränderungen erleben, ohne in Konsequenzen verstrickt zu sein.[8] Durch diesen Status des ‚Als-Ob‘ schafft es die

[7] Friedrich Schiller: Philosophische Schriften. Erster Teil. In: Werke, hrsg. v. Julius Petersen u. Hermann Schneider. Weimar 1953ff (= Nationalausgabe, NA), NA 20, S. 250–308; hier S. 283.

[8] Eine ausgezeichnete, kritische Studie zu den rezeptionsästhetischen und hermeneutischen Grundannahmen der Interpretation liegt vor in: Gerhard Kaiser: Nachruf auf die Interpretation? In: Gottfried Boehm/Hans-Georg Gadamer (Hrsg.): Seminar: Die Hermeneutik und die Wissenschaften. Frankfurt a.M. 1978, S. 426–443; zu Kaisers Auseinandersetzung mit Isers Rezeptionsästhetik s. ebd. S. 439.

Kunst, ‚Gelehrsamkeit und Geschmack', ‚Wahrheit und Schönheit', ‚Pflicht und Neigung' in Einklang zu bringen; sie „versöhnt", so Schillers Hoffnung, Verstand und Herz gleichermaßen.[9] Das alles unterschreiben wir gern: Kunst ist für ihre Liebhaber auf- und anregend, sie sensibilisiert die Empfindungen und die Sinne, sie schärft das Differenzierungs- und Urteilsvermögen, entwickelt unsere Bewußtheit und Distanzfähigkeit und sie schafft die Möglichkeit, sich selbst und andere als Fremde, das heißt kritisch, wahrzunehmen. Kunst, oder sagen wir generell, das Spiel[10], ist *das* Medium der Vermittlung *sui generis* – und diesen Vermittlungsgedanken müssen wir festhalten, gerade wenn wir von unseren hermeneutischen Überlegungen auf die schulische Praxis kommen wollen, wo all die professionellen Vermittler und Vermittlerinnen noch mit dem zusätzlichen Problem zu kämpfen haben, daß man (auch das war Schiller schon vor zweihundert Jahren nicht entgangen), um weise sein zu wollen, eben schon ein Weiser sein müßte.

Trotz dieser Versprechungen des Imaginären ist nicht wegzudiskutieren, daß die ästhetische Erziehung von Anfang an zugleich ein Kompensationsunternehmen für verhinderte Praxis war, für das Sich-nicht-gesellschaftlich-entfalten-Können des bürgerlichen Individuums und für die unter dem Sittengesetz (was oft nichts anderes war als die kontingenten, gesellschaftlichen Normen und Riten) gemaßregelten, restringierten Subjekte; schönverpacktes Placebo und Sublimationsinstrument für die Unterdrückung politischer wie sinnlicher Freiheiten (Freuds bekanntes ‚Unbehagen in der Kultur')[11]. Doch anstatt dieses Dilemma, das bis heute weder Schiller noch Lehrer Lämpel, weder die Schwarze Pädagogik noch die antiautoritäre Erziehung lösen konnten, zu beklagen, sollte man besser fragen,

---

[9] Zur Problematik dieses Konzepts vgl. Rose Riecke-Niklewski: Die Metaphorik des Schönen. Eine kritische Lektüre der Versöhnung in Schillers „Über die ästhetische Erziehung des Menschen in einer Reihe von Briefen". Tübingen 1986.

[10] s. Jan Huizinga: Homo Ludens. Versuch einer Bestimmung des Spielelements der Kultur. Basel ³1949.

[11] s. Sigmund Freud: Das Unbehagen in der Kultur. In: Studienausgabe in 10 Bdn., Bd. IX: Fragen der Gesellschaft, Ursprünge der Religion. Frankfurt a.M. 1974, S. 191–270.

ob es überhaupt Erziehung ohne Zwang geben kann, ob die Ansicht einer freien Entfaltung des Ur- und Naturkindes, das sich irgendwann human benehmen wird, nicht eine Rousseausche Träumerei war, die nicht einmal in Neills Summerhill praktiziert wurde. Dünn ist die Decke der Zivilisation, und man tut gut daran, den Erziehungsauftrag ernst zu nehmen.

Doch wie kann dabei die Kunst, deren Abstinenz von der Praxis gefordert wurde, schließlich wieder auf diese zurückwirken? Es ist die Frage nach Sinn und Motivierung einer Klientel (nicht nur der Schüler), die, wie Kants berühmter Aufklärungsaufsatz sagte, es schon immer „so bequem [fand], unmündig zu sein“[12]. Genauso dringlich aber wie dieses Vermittlungsproblem stellt sich die Frage nach der Vermittelbarkeit der Vermittlerin Kunst selbst.[13] Anders gesagt, wie kann man dem Wesen des literarischen Verstehens gerecht werden, wenn es immer zugleich aus Wissen *und* Kreativität, Analyse *und* Emotionen, Regeln (Grammatik) *und* entautomatisiertem Sprechen, Handwerk *und* Genie besteht?

II.

Ästhetik befaßt sich mit der Wahrnehmung, dem Schein, der Oberfläche, mit dem, wie etwas gemacht ist oder präsentiert wird. Deshalb gehört es zum festen epistemologischen Selbstverständnis der Literaturwissenschaft, daß man die Sinnpotentiale nur aufgrund ihrer sinnlichen, materialen Manifestation er-

---

[12] Immanuel Kant: Beantwortung der Frage: Was ist Aufklärung? In: Werke in sechs Bänden, Bd. VI: Schriften zur Anthropologie, Geschichtsphilosophie, Politik und Pädagogik, hrsg. v. Wilhelm Weischedel. Darmstadt 1983, S. 53–61; hier S. 53 [= Akademie-Ausgabe A 482].

[13] Vgl. Wolfgang Koeppen: „Ich wußte […], daß ich ein Schriftsteller werden würde. Ich habe aber niemals durch Schreiben irgend jemandem irgend etwas vermitteln wollen“ (Gespräch mit Heinz Ludwig Arnold. In: Wolfgang Koeppen: Einer der schreibt. Frankfurt a.M. 1995, S. 84–116; hier S. 90); vgl. zum Titel des vorliegenden Aufsatzes („Die Vermittlerin vermitteln wollen“) Johann Wolfgang Goethes Bemerkungen in „Maximen und Reflexionen“ (in: Sämtl. Werke in 40 Bdn., Bd. 13, hrsg. von Harald Fricke. Frankfurt a.M. 1993, Nr. 1.82).

schließen kann. „In einem wahrhaft schönen Kunstwerk soll der Inhalt nichts, die Form aber alles thun“[14], wußte Schiller schon vor über zwei Jahrhunderten. Man könnte es deshalb als eine Grunderkenntnis der Hermeneutik bezeichnen, daß linguistisches *know how* und Interpretation zusammengehören. Im Unterricht wird dies allerdings fast immer vernachlässigt.[15] Viel zu schnell wird über Inhalte, ‚Botschaften‘ und ‚Tatsachen‘ geredet (nicht nur im Literaturunterricht, auch in Geographie, Politik, Geschichte), genau so, als wären Zeitungsnachrichten Fakten, E-Mails und Telefonate mit der Rubrik ‚Kommunikation‘ erschöpft und Filme oder Fotos Abbilder einer Welt, wie sie ist.[16] Zu betonen, daß dies nicht stimmt, heißt für ästhetisch geschulte Menschen Eulen nach Athen tragen, scheint aber – vor allem unter dem Druck des Lernstoffes, der Wissensvermittlung – im Schulalltag immer wieder als Chimäre und Wiedergängerei aufzuerstehen. Es macht jedoch bereits einen Unterschied, ob ich einen Film auf Leinwand oder als Video auf dem Fernsehbildschirm präsentiere, ob ich eine Nachricht per Brief oder E-Mail verschicke[17], ob ich mir Literatur gedruckt oder in Form einer Hörkassette zuführe, ob ich den Text „Effi Briest“ interpretiere oder Fassbinders Verfilmung ansehe und ob ich einen ursprünglich in Fraktur gesetzten Gedichtband nun in Antiqua (und vielleicht noch auf die allerneueste Orthographie gebracht) in den Händen halte.

Was dagegen von Anfang an betont werden müßte, ist, daß wir immer wieder auf die (vor allem strukturalen) Erkenntnisse der Sprachwissenschaft zurückgreifen müssen, wenn wir Texte analysieren wollen; daß es Verstehen ohne akribisches Erken-

---

[14] Friedrich Schiller: Über die ästhetische Erziehung des Menschen in einer Reihe von Briefen. 22. Brief. In: NA 20, a.a.O., S. 379–383; hier S. 382.

[15] Meine Erfahrungen mit Erstsemesterstudierenden und ihrer oft völligen Hilflosigkeit, die einfachsten grammatikalischen Analysen zu leisten, bestätigen dies paradigmatisch.

[16] Vgl. Jürgen Kolbe (Hrsg.): Ansichten einer künftigen Germanistik. Berlin 1969, und ders.: Neue Ansichten einer künftigen Germanistik. München 1973.

[17] Wobei ein Vergleich E-Mail/Telefonat – da das E-Mailen der mündlichen Rede näher steht als der schriftlichen Form – wohl fruchtbarer wäre als ein Vergleich E-Mail/schriftliche Korrespondenz.

nen von phonologischen, morphologischen, syntaktischen und semantischen Strukturen nicht geben kann,[18] daß wir vor allem aber ohne die Kenntnis von Sprachspielen und Diskursen überhaupt keine Aussage über ‚Aussagen' treffen können. Wenn die Linguistik vielleicht etwas zu lange mit ihren kontextlosen Beispielsätzen diese Erkenntnis vernachlässigt hat,[19] so galt dies nicht für die Literaturwissenschaft, die bei ihrer Analyse literarischer Texte zugleich viel mehr und viel weniger in den Händen hat als ihre oft (zu unrecht) zur Assistentin degradierte Schwester: literarischem Sinnverstehen fehlen *qua* Fiktion von vornherein die Verifizierungsmöglichkeiten durch Rückfrage oder pragmatischen Kontext; gleichzeitig aber ist der Literatur ihr Kontext immer schon schwarz auf weiß und vollständig mitgegeben. Literarische Gegenstände sind, was ihre Interpretierbarkeit angeht, unendlich offen – was den Korpus angeht, aber absolut bestimmt. Manfred Frank hinterfragte in „Das Sagbare und das Unsagbare"[20] diesen ersten, nicht-konventionellen und damit auch nicht auf Regeln oder Normen zurückführbaren Teil von Texten: ‚Stil' ist das Individuelle der Rede, der, wie das Individuum, *ineffabile* ist und weder mit Epochenstil noch mit Gattungsstil vollständig abgedeckt werden kann.

Und die Unterrichtspraxis? Sie behandelt diese Einsicht immer noch als Marginalie. Wissens*stoff* ist angesagt, Vermittel-

---

[18] Dieses Erkennen muß nicht identisch sein mit der Kenntnis der Fachtermini: auch Kinder haben aufgrund der oralen Tradition des Gedichteaufsagens (Abzählverse, Sprachspiele, Fingergedichte u.ä.) sehr wohl ein Wissen über Reimstrukturen, Rhythmus, Metrik, ohne von Paar-, Kreuz- oder Schüttelreimen, Jamben und Trochäen je etwas gehört zu haben.

[19] Aus diesem Grund bereitet mir auch der in der Linguistik so beliebte Begriff ‚Code/Codierung' Unbehagen, da er die Polysemie literarischer (aber wohl auch alltagssprachlicher) Rede nicht zu fassen vermag.

[20] Frankfurt a.M. 1990. Darüber, daß Verstehen weiter gehen muß als der Aufweis der Regelhaftigkeit eines Textes, läßt Manfred Frank keine Zweifel: „Jede Auslegung bleibt *in letzter Instanz* hypothetisch […]. Entweder sucht der Interpret auch von den Unwägbarkeiten des individuellen Stils Rechenschaft zu geben – und dann mag seine Hypothese in die Irre gehen – oder er verzichtet darauf und beschränkt sich auf die Rekonstruktion des reinen Wortsinns" (ebd. S. 181); und er schreibt weiter: „Um diese (mögliche) Sinn-Innovation nicht zu verfehlen, muß der Interpret über das deduktive System eines sprachlich-pragmatischen Code [sic!] vermutend und hypothesenbildend hinausgehen" (ebd. S. 182).

bares (Abfrag- und Benotbares) wird geübt und eingefordert. Meilenweit sind wir davon entfernt, bestimmte Unterrichtsfächer als Probeläufe, Wege, Aufgaben, geschweige denn als ‚innere' Erfahrungen zu konzipieren, wo doch gerade das Lesen zeigen könnte, wie wichtig dabei Kontemplation und selbständiges Sich-Beschäftigen sind.[21] Die Marginalität der Lektüre ist ein Potential, das nicht nur Lesen als Erfahrung erst ermöglicht, sondern auch zum Wesen der Literatur selbst gehört. Es spricht einiges dafür, mit Blick auf die Wissenschaftsgeschichte die Ausbildung der Hermeneutik als diesen doppelten Versuch zu sehen, „die Gefahren der Marginalität der einsamen Lektüre zu sichern, zugleich aber die Formen marginaler Lektüre der institutionellen Lektüre verfügbar zu machen"[22]. Würde die Rezeptionstheorie nicht so oberflächlich verstanden wie in vielen Unterrichtswerken zum handlungsorientierten Unterricht, wo ‚Leerstellen' als Informationsdefizite trivialisiert werden, die man mehr oder minder beliebig auffüllen darf, sondern wäre die Rezeptionstheorie auf eine Weise in die Schulpraxis eingeflossen, wie es ihre Vertreter explizierten, nämlich in ihrer Erkenntnis, daß es nicht darum gehe, „verweigerte Sinngehalte zu substituieren, sondern den Punkt zu bestimmen, in dem der Sinnhorizont offenbleibt und in dem sich alle Sinngebungsversuche aufheben müssen"[23], dann wäre man dem Unterrichtsziel literarischer Vermittlung schon einen guten Schritt näher.

Werner Ingendahl und Hartmut Eggert fragten vor dem Hintergrund dieser versäumten Selbstreflexion der Didaktik vor einiger Zeit provokant, ob es nicht eher „literarische Bildung ohne Schule?"[24] gebe und geben sollte. Beide Autoren sind davon

[21] s. Matthias Bickenbach: Von den Möglichkeiten einer ‚inneren' Geschichte des Lesens. Tübingen 1999. Unterstützt durch seine Thesen möchte ich im Literaturunterricht auch nicht von ‚Lernen' reden: durch Literatur ‚lernt' man nichts – höchstens, Fragen zu stellen, die sich aber niemals vollständig beantworten lassen. Wie man dafür die Voraussetzungen schafft, hat Klaus Maiwald (Literatur lesen lernen. Begründung und Dokumentation eines literaturdidaktischen Experiments. Hohengehren 2001) jüngst überzeugend entworfen.

[22] Karlheinz Stierle, a.a.O., S. 228.

[23] Gerhard Kaiser, a.a.O., S. 438.

[24] In: Der Deutschunterricht 6(1998), S. 38–45.

überzeugt, daß (nur!) Leser Leser anstecken, und didaktische Professionalität damit beginnt, daß einem die ästhetisch-hermeneutische Erfahrung selbstverständlich geworden ist. Deshalb ihr Appell: Stoppt den Trend zum Lebensbezug, zur didaktischen Popularisierung, zum zweckrationalen Aktivismus in der Schule und an den Universitäten, sonst verlieren wir beides: die Motivation zur Erarbeitung der handwerklichen Fähigkeiten (und da helfen keine gutgemeinten Verbrämungen der Anstrengungen: an der Erarbeitung der Begrifflichkeit, der Einübung in Diskurse, der Auseinandersetzung mit kulturellen und literarischen Mustern und der Aneignung des historischen Wissens führt kein Weg vorbei[25]) *und* die Entwicklung einer eigenständigen, was heißen müßte, urteilsfähigen Persönlichkeit.[26]

Wir aber machen zunächst kreative, neugierige Menschen zu passiven und gläubigen Schülern, die – um nur ein Beispiel zu nennen – solch schwierige Autoren wie Kafka gerade deshalb als Prüfungsthema wählen, weil sie gelernt haben, ihn als ‚Denker sozialpsychologischer Abhängigkeitssituationen' zu präsentieren, was ihnen gute Noten garantiert, jedoch um die Erfahrung bringt, den Verstehensprozeß als eigenste Aufgabe zu begreifen und dieses Verständnis dann auch noch in einem zweiten Schritt reflexiv einzuholen (eine Erfahrung, die nicht nur für das Fach Deutsch wichtig wäre). Gehen diese Schüler später als Lehrer zurück an die Schule, beginnt der allseits beklagte *circulus vitiosus* von vorn.[27]

---

[25] So auch das provokative Konzept von Ivan Illich (Die Entschulung der Gesellschaft. Eine Streitschrift. München 1995) oder die in den siebziger Jahren erfolgreiche Lern- und Schülerschule Barbiana in Italien.

[26] Vgl. Kants 1. Vorlesung „Über Pädagogik": „Die unteren Kräfte haben für sich allein keinen Wert, z.B. ein Mensch, der viel Gedächtnis, aber keine Beurteilungskraft hat. Ein solcher ist dann ein lebendiges Lexikon" und ein „Lastesel des Parnasses" (in: Werke VI, a.a.O., S. 691–762; hier S. 731 [= A 79]).

[27] Man macht aus Kindern Schüler und aus zukünftigen Lesern Literaturverwerter, um danach gegen den Verlust an Eigenständigkeit wieder die Notenkeule anzusetzen. Die Universität behilft sich gegen den Interessenschwund der Studierenden am Fach Deutsch (schon die derzeit grassierende Aufgabe der Fachbezeichnung ‚Philologie' spricht Bände!) mit der praxisorientierten, sprich marktgerecht-kulturwissenschaftlichen Ausrichtung und dem Versprechen auf eine ‚berufsprofilierende' Ausbildung. Ge-

III.

„Wiederholungen schaden keinem Gebet“, sagt ein kaukasisches Sprichwort, und so darf man wohl auch heute noch auf passionierte Leser verweisen wie Leo Spitzer, der Syntax und Grammatik die ‚gefrorene Stilistik‘ nannte (und damit die Klammer zwischen Literaturwissenschaft und Linguistik benannte), oder auf Buffons bekanntes Bonmot *„Les choses sont hors de l'homme; le style, est l'homme‘ même“*, das ein virtuoser Sprachartist wie Hugo von Hofmannsthal für Anlage und Konzeption seiner Figuren fruchtbar zu machen suchte: man müsse die Tiefe verstecken, schrieb er, „wo? – an der Oberfläche“. Eigentlich sollte es sich also herumgesprochen haben – die Form der Sprache, ihr Ausdruckswert, ist nicht nur ein ‚ästhetischer Überschuß‘, als welchen man ihn in den 60er und 70er Jahren deklarierte, er ist die *conditio sine qua non* für Sinnhaftigkeit schlechthin. Verhängnisvoll ist es, egal in welchem Fach, so zu tun, als sei das, was durch Zeichen übermittelt wird, anders gestaltet, immer noch dasselbe. Erst recht in der Kunst, wo die Rückversicherung auf die Wirklichkeit wenig nützt, hat sich der Leser mit dem, *wie* etwas dasteht, auseinanderzusetzen (was einer produktiven Rezeption, wie es das Theater oder der Film fordern, nicht widerspricht; doch auch hier ist das widerborstigere Sprechtheater gegenüber dem bequemen Regietheater auf dem Rückzug).

Was uns die Schöne Literatur darüber hinaus lehrt, ist, daß dieses ‚Lesen‘, die interpretative Anstrengung, etwas betrifft, was das Subjekt selbst zu leisten hat, seine *eigenen* Erfahrungen und Handlungen gefordert werden, die wie es selbst ‚unfaßbar‘ sind (was nicht heißt, daß die Rede darüber nicht wieder

genargumente ließen sich finden bei Hans Magnus Enzensberger (op.cit.) und Theodor W. Adorno: Tabus über dem Lehrberuf. In: Ges. Schriften 10/2, hrsg. v. Rolf Tiedemann. Frankfurt a.M. 1977, S. 656–673), aber auch bei Gerhard Kaiser (a.a.O., S. 441), der sich ausdrücklich auf folgende Kritik Adornos beruft: „Indem vom heute typischen Verhalten das Kunstwerk zum bloßen Faktum gemacht wird, wird auch das mimetische, allem dinghaften Wesen unvereinbare Moment als Ware verschachert. Der Konsument darf nach Belieben seine Regungen, mimetische Restbestände, auf das projizieren, was ihm vorgesetzt wird“.

intersubjektiv einholbar sein müßte).[28] Unter diesen hermeneutischen Voraussetzungen beschränkte sich die Philologie schon immer auf die Einschätzung von Lesarten als adäquate/inadäquate, während sich die Sprachwissenschaft bisweilen mit der Erkenntnis, wie unzureichend sich in Bezug auf sprachliche Äußerungen mit richtig/falsch operieren läßt, schwertat.[29] Es ist schon über ein halbes Jahrhundert her, daß Roman Jakobson klarmachte, wie sehr die Rezeption von Poesie vom Sprachbewußtsein abhängig ist und es schult.[30] Hier, in fiktiven Texten, ist offensichtlich alles Wahl. Gerade durch das dominant poetische Prinzip, das Entscheidungs*paradigmen* durch die Verlagerung auf die syntaktische Achse (Äquivalenzen, Parallelismen) dem Zeichenbenutzer bewußt macht, vermittelt Literatur die Bauprinzipien der Sprache. Mit ihnen sind übrigens, dank poetisch so potenter Texte wie „ene mene muh und raus bist du“, auch die Jüngsten längst vertraut, wenn sie ihren Weg durch die institutionalisierten Bildungsanstalten antreten. Ästhetische Erziehung ist Teil der Lebenspraxis, und sie ruft intensiver und umfassender als aller andere Unterricht die Notwendigkeit und das Funktionieren unserer sprachlich verfaßten Welt ins Bewußtsein. Daß Wirklichkeit aber nur ist, was sie ist, aufgrund der erschlossenen Zeichenhaftigkeit, ist eine Erkenntnis, die sich als oberstes Lernziel erst noch im schulischen Unterricht durchsetzen muß.

---

[28] Dabei muß die Gefahr der Aporie in Kauf genommen werden. Adorno schreibt in seiner „Ästhetischen Theorie“: „Eine Theorie jedoch, die am individuum effabile sich entzündet, am Unwiederholbaren, Nichtbegrifflichen wiedergutmachen möchte, was identifizierendes Denken ihm zufügte, gerät notwendig in Konflikt mit der Abstraktheit, zu der sie als Theorie doch genötigt ist“ (Frankfurt a.M. 1970, S. 541f). Dennoch: aporetische Ratlosigkeit, Fremdheit gegenüber dem Gegenstand, ist eine Grundbedingung hermeneutischer Reflexion, ja der Erfahrung überhaupt.

[29] Eine rein szientistische Orientierung der Linguistik führte von den Möglichkeiten der Sprache weg, solange sie Kontexte, welche die Literatur subversiv außer Kraft setzt, standardisieren zu können glaubte. Die jüngere linguistische Pragmatik versucht, dieses Defizit zu beheben, zumindest bewußt damit umzugehen.

[30] Roman Jakobson: Poesie der Grammatik und Grammatik der Poesie. In: Helmut Kreuzer u.a. (Hrsg.): Mathematik und Dichtung. München ^{4}1971, S. 21–33.

Vielleicht hilft das neue Schlagwort ‚Kultur als Text', dieses Bewußtsein zu schärfen. Günter Abels Modell jedenfalls sieht diese interpretative Voraussetzung als erste, basisbildende Interpretationsebene vor (sie sagt, was überhaupt gewußt wird). Auf sie aufbauend und interferierend schließen sich die Ebenen der habituell gewordenen Deutungsmuster und dann erst die der Theoriebildung, des Begründens und Erklärens an. Gerade heute, wo Medien Wirklichkeiten schaffen, zu denen wir uns stets neu und selbständig verhalten müssen, ist seine Ansicht von der Interpretation als einem Grundvorgang des Handelns und der Erfahrung in die Unterrichtspraxis zu tragen. An Kunst und Schöner Literatur läßt sich eben mehr erfahren als an sogenannten Sachtexten. Poesie zeigt, was mit Sprache möglich ist und welche Funktionen sie übernehmen kann; sie zeigt, daß Regelbewußtsein und Regeldurchbrechung zusammengehören, daß bereits das Medium – um McLuhan zu zitieren – die ‚*message*' ist. Daß Grammatik nützlich ist, daß sie nicht totes Wissen, sondern Teil des Verständnisses bedeutet, könnte gerade die Beschäftigung mit Literatur belegen. Gleichzeitig sollte jedoch im Unterricht Raum geschaffen werden für ‚wilde' Lektüren, für Individuelles, Abgelegenes, Marginalisiertes. Es ist nicht nur ein Gebot der Würde und des Respekts gegenüber dem Leser, sondern ein Gebot der elementarsten wissenschaftstheoretischen Reflexion.

IV.

Und die Konsequenzen? Was haben die epistemologischen und hermeneutischen Grundlagen unseres Faches, die immer wieder ins Bewußtsein zu rufenden Grenzen der Vermittelbarkeit von Literatur (von Zeichenbenutzung überhaupt) für eine Relevanz beim Studium und für die Praxis des Unterrichts?

Die heutige Generation wird mehr denn je mit dem Umstand konfrontiert, daß Informationen immer weniger codiert und selektiert auftreten als noch vor einigen Jahren; keiner sagt, wie all die *bites* zu verwerten sind, keiner lehrt, wie Wissen gesichtet, behalten und unnötige Information sinnvoll vergessen werden kann. Dazuhin werden virtuelle Welten immer unmarkierter.[31] Es gibt mittlerweile Realitäten, die nur als Medien existieren, jedoch vorgeben, Wirklichkeit zu sein, seien es Videofilme über den Golfkrieg, die vor einigen Jahren in unsere Fernsehzimmer strahlten, seien es die Bandenwerbung bei Sportübertragungen, Cyberspace oder die abendliche Begegnung mit Zeitgenossen à la Robert-T-Online. Fazit daraus kann nur sein, daß unsere neuen, gigantischen Wissensarchive uns zwingen zu lernen, was ‚Lesen' heißt, wie Strukturieren und Legitimieren von Wissen vor sich geht, wie ich Informationen in *mein* Wissen ummodellieren kann, wie ‚Wissensmanagement' als Eigenarrangement möglich ist.

Die Lernziele im Unterricht sind entsprechend komplex, ja mehrgleisig: neben den analytischen Fähigkeiten (linguistische Kenntnisse, Genauigkeit und Sensibilität) wäre zu wünschen, daß Schule und Studium die Entautomatisierung von Deutung, die Verzögerung des Verständnisprozesses ermöglicht[32], daß Literaturunterricht die Chance gibt, mit Sprache spielerisch umzugehen, was zugleich heißt, den eigenen Sinnangeboten kritisch, distanziert gegenüberzutreten. Nur so scheint ein bewußter, aufklärerischer Umgang mit Zeichen gewährleistet und Medienmündigkeit, wie es in den Curricula gern propagiert wird, mehr als ein *know how*, nämlich die kritische und selbstreflektierende Distanz zum konsumtiven Medienangebot (samt einem nicht-affirmativen Verhalten zu den normativen Forderungen der Gesellschaft). Erst dann gehört ‚Information', wie Literatur übrigens auch, *nicht* zu den Dingen, die abzufragen/abzuspeichern sind (und damit Gedächtnis vernichten), sondern zu den Archiven des Wissens.[33] Die hochgradig individualisierten literarischen Texte (und vielleicht nur sie) könnten in dieses Spiel mit dem Spiel einüben. Sie könnten zeigen, wie die Formebene als Meta-Ebene des Wissens und der Erfahrung zu

[31] Vgl. Jan Reetze: Medienwelten. Berlin 1993.

[32] Vorgeführt etwa in dem schönen Buch „Versteh mich nicht so schnell" von Ute Andresen (Weinheim 1992).

[33] Vgl. Jan Assmann: Das kulturelle Gedächtnis. München 1997.

nutzen ist,[34] daß die Appellfunktion eines Textes, das, was mich an ihm fasziniert, immer wieder punktuell durch eine Analyse des WIE hinterfragt werden muß.[35] Literaturunterricht könnte so die Basis für eines der grundsätzlichsten Erziehungsziele bilden, weil Denkenlernen, das steht schon in Kants pädagogischen Schriften, *Prinzipien* der Handlung lernen heißt[36]. Nur so kann Aufklärung als *sapere aude* funktionieren.[37]

---

[34] Eine didaktische Umsetzung dieser Erkenntnis findet sich in: Harald Fricke/Rüdiger Zymner: Einübung in die Literaturwissenschaft (Paderborn ³1996), die über das Parodieren das Handwerkszeug einer philologischen Lektüre vermittelt.

[35] Sicher geht das Faszinosum von Texten zunächst von ihren Inhalten aus, vom Affiziertwerden unbewußter Bedeutungsschichten und Korrespondenzen. In dem Moment aber, wo ich über die Wirkung des Gelesenen auf mich reflektiere, bin ich gezwungen, mein Vor-Urteil in Frage zu stellen und – zumindest punktuell – zu begründen. Bedeutung muß an der Art und Weise des Aussagens festgemacht werden können. Leser zu schulen, auf die Form der Aussage zu achten, verhindert und verzögert also vorschnelle Adaptionen und es befreit zugleich vom Zwang des Sich-mit-der-Aussage-in-Einverständnis-fühlen-Müssens (der sogenannten Betroffenheit), damit auch vom Zwang der Offenbarung meiner Selbst. Die Interessenverlagerung auf die Raffinessen der Sprache, der Form, das Spielerische des Stils birgt somit gleich zwei Vorteile: es erzeugt diejenige Form-Lust, die mit unserer Freude an der Poesie als ‚Muttersprache des Menschengeschlechts' zusammenhängt, und sie gewährt Distanz zum eigenen Ich, zeigt Sinn als ‚Wiederherstellung von Fremdheit' (Dieter Wellershoff) und erlaubt, Abstand zu gewinnen vom Lebensbezug – eine Distanz, die der handlungsorientierte Unterricht eher aufzuheben trachtet und dadurch nicht selten Schamgrenzen ignoriert. Gerade in multikulturellen Klassen, wo es um die Integration von Mitschülern mit deutlich verschiedenen Werten und Normen geht, bringt der spielerische, auf die Form der Sprache konzentrierte Unterricht eine Entlastung und gleichzeitig größeren Respekt in den um Tabus und fremde Konventionen wissenden Umgang (s. Gerlind Belke: Mehrsprachigkeit im Deutschunterricht. Sprachspiele, Spracherwerb und Sprachvermittlung. Hohengehren 1999).

[36] s. Immanuel Kant: Über Pädagogik. In: Werke IV, a.a.O., S. 707 [= A 25].

[37] s. Karl-Heinz Flechsig und Hans-Dieter Haller: Entscheidungsprozesse in der Curriculumsentwicklung. Stuttgart 1973. Nach Ansicht der Autoren kommt der Theorie für die Praxis oft nur „Alibifunktion" zu (S. 147). Dagegen hätte die Universität die Aufgabe, Wissen nicht zu instrumentalisieren (und damit an der Unmündigkeit festzuhalten), sondern das Denken selbst zu befördern (s. auch die Diskussion zur „Selbstverpflichtung des Denkens" von Jörg Wolf in: Forschung und Lehre 9(1998), S. 478–480, sowie Felix Grigat: Mögliche Wahrheit. In: Forschung und Lehre 2(1999), S. 74–76).

Selbstreflexion und Selbstkritik sind die Grundlage allen Wissens und Handelns, was über die Faktenhuberei und Nutzanwendung, zu der sich auch die neue, marktgerechte Universität offensiv bekennt, gern vernachlässigt wird. Weil es aber Sinn nur als ‚gelesenen' gibt, muß man nicht nur vieles wissen, sondern auch wissen, wo die Grenzen der zeichenhaften Vermittelbarkeit liegen. Vom Selberlesen und Selberdenken befreit die beste didaktische Aufarbeitung nicht, und nicht selten sind es gerade die motiviertesten unter den Schülern und Studierenden, die angesichts der einfachen, aufs Didaktische reduzierten Wahrheiten resignieren. Bei der Planung von Curricula drückt man sich jedoch an diesem philologisch-hermeneutischen Kern der (geisteswissenschaftlichen *und* naturwissenschaftlichen) Fächer gern vorbei, weil in der Praxis des Unterrichts Fragegestus und Eigensinn nicht vorgesehen sind, und die Didaktik eine wissenschaftstheoretische Reflexion bislang scheute.[38] Eine ernstzunehmende Didaktik der Literatur aber darf sich nicht damit begnügen, Unterrichtspraktiken (‚Brauchtum' wie Bodo Lecke einmal maliziös schrieb) durch populärwissenschaftliche Stichworte (‚Leerstellen', ‚Dekonstruktion') zu unterfüttern, sondern muß die Bedingungen ihrer Möglichkeiten definieren. Man verharmlost diese Relevanz- und Legitimationsfragen, solange man die Funktion von Texten in ihren abfragbaren Baugesetzen, in den transportierten Informationen sieht, um damit ihre unanzweifelbare Abprüfbarkeit zu begründen. Literatur geht in Schule und Kulturbetrieb unter, wenn Bildung nicht etwas bleibt,

[38] Didaktik, verstanden als methodisch systematisierte Ideen für die Unterrichtspraxis, erfüllt diese Forderungen nicht. Sie müßte sich wissenschaftstheoretisch, anthropologisch, ideologisch und sozial legitimieren, entsprechend der schon von Kant in seinen pädagogischen Schriften geforderten Einsicht: „Der Mechanismus in der Erziehungskunst muß in Wissenschaft verwandelt werden, sonst wird sie nie ein zusammenhängendes Bestreben werden" (Über Pädagogik, a.a.O., S. 704 [= A 17]). Deshalb schlug Kant eine Ausbildung analog dreier Paradigmen vor: 1. mechanische Bildung = Schulung der Geschicklichkeit, 2. didaktische Bildung = Informationsvermittlung und 3. praktische/pragmatische Bildung, worunter er die Fähigkeit des Lernenden verstand, seine moralische Freiheit zu gebrauchen, sprich, mit der erworbenen Geschicklichkeit und Information etwas anzufangen. Für alle anderen pädagogischen Vorgehensweisen hatte der Königsberger nur *eine* Bezeichnung: ‚Dressur'.

wofür es, nach Adorno, „keine richtigen Bräuche gibt; sie ist zu erwerben nur durch spontane Anstrengung und Interesse, nicht garantiert allein durch Kurse“[39].

Unterschätzen wir die Schüler nicht! Auch sie haben ein Anrecht zu erfahren, wie man zum Wissensstoff kommt, der gelernt werden soll (doch leider selten *par coeur*), auch für sie dürfte die sinnkonstituierende Warum-Frage interessanter sein als die ‚objektive‘ (dafür so subjektferne wie büffeleiverdächtige) Was-Frage. Jammern wir nicht über den angeblichen Funktionsverlust von Literatur (wenn es ihn überhaupt jemals gegeben haben sollte). Im Gegenteil, erkennen wir, daß ihre Disfunktionalität nicht nur ihr Wesen begründet, sondern Kunst und Technik des Lesens die Basis für einen ehrlicheren Unterricht *aller* Fächer bietet. Die klassische Hermeneutik, der Prager Funktionalismus, die Rezeptionstheorie, sie alle haben herausgestellt, daß, wie die eigene Identität, auch das Verstehen eine Vermittlungstätigkeit ist, die sich erst in einem Spannungsfeld von Ich und Welt, Text und Leser entfaltet.[40] Im Umgang mit fremdsprachlichen Texten oder der kulturwissenschaftlich ausgerichteten Xenologie, die sich derzeit wachsender Beliebtheit erfreut, wird dies zu einer unumgänglichen Notwendigkeit.

Um Texte verstehen zu können, braucht es eben nicht nur historisches, soziokulturelles und sprachliches Wissen, sondern auch historische, soziokulturelle und sprachliche Distanz. „Der Anspruch der Studierenden, daß es im Studium auch um ihre eigene Bildung, um die persönlich verantwortete Auseinandersetzung mit literarischen Erfahrungen gehen soll, ist nicht nur ein begreiflicher subjektiver Wunsch, sondern zielt auf die Voraussetzung, die überhaupt erst ermöglicht, der gesellschaftlichen Vermittlungsaufgabe gerecht zu werden“[41], mahnte einmal Kaspar H. Spinner. Staatlich institutionalisierte Bildung samt ihrem ökonomischen Hintergrund (der spätestens mit der Umstrukturierung der Universitäten auch den dort Lehrenden

---

39 Th.W. Adorno: Philosophie und Lehrer. In: Schriften 10/2, a.a.O., S. 474–494; hier S. 485.
40 s. Uwe Japp: Hermeneutik. München 1977; s. Gottfried Gabriel: Zwischen Logik und Literatur. Stuttgart 1991, sowie Aleida Assmann: Fiktion als Differenz. In: Poetica 21(1989), S. 239–260.
41 Zitiert nach Bodo Lecke, a.a.O., S. 31.

ins Bewußtsein rückt) verdrängt dies allzugern. Die Gefahr aber droht, daß gerade da, wo wir nur Wissen vermitteln, diese Aufgabe an dem rasanten Wandel des Wissens scheitert. Rettung bietet nur zu lernen, was Wissen heißt, Lernen von Problemlösungsstrategien, Eigenständigkeit, Selbstreflexivität – alles alte philologische Tugenden, die die Beschäftigung mit Literatur schon immer provozierte und einübte.

Vielleicht klingt es vor diesem Hintergrund weniger ketzerisch, wenn man die Frage wagt, ob nicht gerade die Schule als U-Topos zu begreifen ist, daß es ein Ort zum Ausprobieren sein sollte, wo der Bezug zum sogenannten Leben vielleicht auch seine (Scham-)Grenzen hat, wo das Erzählen über etwas anderes als mich selbst vielleicht besser als die im produktionsorientierten Unterricht so geschätzten Aktivitäten und Betroffenheitsreaktionen (‚Handlungen'[42]) irgendwann einmal zu mir selbst führen können.[43] Adorno ärgerte sich schon in den 50er Jahren über die „immanente Unwahrheit der Pädagogik", daß nämlich „die Sache, die man betreibt, auf die Rezipierenden zugeschnitten wird, keine rein sachliche Arbeit um der Sache willen ist. Diese wird vielmehr pädagogisiert. Dadurch allein schon dürften die Kinder unbewußt sich betrogen fühlen"[44]. Dichtung bietet uns aber, so Gerhard Kaiser unter Hinzuziehung der Rezeptionsästhetik, „gerade nicht einen Leerstellenbetrag an, damit durch individuell verschiedene Auffüllungen dieser Leerstellen verschiedenartige Adaptionen möglich werden, sondern sie fordert unsere eigenen Lebenserfahrungen heraus, damit wir mit

[42] Dagegen Gerhard Kaiser mit Verweis auf Wolfgang Iser: „Die Konsequenzlosigkeit der fiktionalen Texte ermöglicht es, jene Weisen der Selbsterfahrung zu gewärtigen, die von den Handlungszwängen des Alltags immer wieder verstellt werden. Sie geben uns jene Freiheitsgrade des Verstehens zurück, die durch das Handeln immer wieder verbraucht, vertan, ja oftmals auch verschenkt werden" (a.a.O., S. 439).

[43] Versäumt wird bei der Vernachlässigung dieser Differenz der Unterschied zwischen deklarativem und operationalem Wissen. Wen wundert es da, daß „vom Unterschied zwischen der Sprache als Mittel der Kommunikation und der als einen präzisen Ausdrucks der Sache [...] nur die wenigsten etwas [ahnen]; sie meinen, es genüge, daß man sprechen kann, damit man schreiben könne" (s. Th.W. Adorno: Philosophie und Lehrer, a.a.O., S. 486).

[44] Th.W. Adorno: Tabus über dem Lehrberuf, a.a.O., S. 661.

ihrer Hilfe *seinen* Sinn erfassen, der unsere Lebenserfahrungen als unsere [...] in Frage stellt"[45].

Wenn wir also, um noch einmal auf die Anfangsüberlegungen zurückzukommen, Schillers Einsicht folgen, daß in einem wahrhaft schönen Kunstwerk der Inhalt nichts, die Form aber alles sein sollte, dann brauchen wir auch Gott sei Dank nicht mehr darüber zu debattieren, was uns „Maria Stuart" sagen will, sondern wir können die Lektüre als Wahrnehmungsschulung verstehen, uns auf den Text und seine Widersetzlichkeiten einlassen (und da gäbe es wahrhaft geeignetere Dramen von Schiller), historische Distanz und Befremdlichkeiten akzeptieren und uns im übrigen mit den Fährnissen und Chancen einer ungesicherten Lektüre, die eine Lektüre ‚ohne Gewähr' bleiben muß, auch in der Schule anfreunden.[46] Wagen wir ein trotziges Ja zur Kunst als Ort von Utopien, auch und gerade für die Didaktik. Das Versprechen der Musen muß jedenfalls noch irgendwo lebendig sein, sonst wäre es ein wahres Wunder, daß Schüler trotz Schule immer noch lesen, und die als E-Mail-User geborene Generation bisweilen eine Kreativität an den Tag legt, die alte Bücherwürmer mit anerkennendem Neid erfüllt.[47]

---

[45] Gerhard Kaiser, a.a.O., S. 439.

[46] Wie sehr der Blick auf vermeintliche Anforderungen der Schule von der Sache abbringen kann, belegt manches Einführungsbuch, das zum Beispiel ein Gedicht wie Eichendorffs „Mondnacht" („Es war, als hätt der Himmel"...) völlig zur Illustration für ein bestimmtes Metrum funktionalisiert, anstatt in der Analyse des Metrums die Voraussetzung einer Interpretation zu sehen, die sich der Form als eines Sinnhorizontes (nicht als Selbstzweck handwerklichen Könnens) nähern will.

[47] So zitiert Jörg Drews (Auf dem Weg zum Denglitsch. In: Deutsche Akademie für Sprache und Dichtung. Jahrbuch 1998. Göttingen 1999, S. 61–75; hier S. 62) aus dem Brief einer Achtzehnjährigen: „BIG THANX für die Einladung nach Weimar. So einen Kulturflash erlebt man nicht alle Tage". Ein ähnliches Residuum des kreativen Umgangs mit der Sprache wäre sicher, beim ‚Emailieren' die Kunst des Stichwortes („Betreff") zu entwickeln. Vielleicht würden dann die Kassandra-Rufe von Wilfried Barner (Kommt der Literaturwissenschaft ihr Gegenstand abhanden? In: Jb.d.dt.Schillergesellschaft 41(1997), S. 1–8) und Barry Sanders (Der Verlust der Sprachkultur. Frankfurt a.M. 1995) etwas weniger bedrohlich klingen.

Der Maßstab

Ein Mädchen verlor den Maßstab, ich hob ihn ihr nicht auf, mag sie ihn selber wiederfinden. Sie hat einen Galan, der ihr gewandt nachgeht, sie besucht, sie aber findet seine Besuche aufdringlich. Sein etwas abgetragener Bart flößt ihr Besorgnis ein; er trägt ihn auch eigentlich schon zu lang und ist Wittlig, und das Wittwertum trägt auch noch zu der Abneigung bei. Wär' ich Fräulein Helgeli, so erhörte ich ihn, da das aber nicht der Fall ist, so beschränke ich mich auf Ermahnungen, und die lauten. „Nimm ihn." Doch was nutzen alle Ratschläge? Sie will mich und weiß nicht, daß ich anderwärts engagiert bin. Mich wollen zehn. Was für Aussicht besteht da für die eine? Wär' ich Fräulein Helgeli, die einen Sprachfehler aufweist, den sie mit in Berechnung ziehen sollte, so zög' ich den Musiklehrer zu mir, der jeden Augenblick käme, blickte nicht auf mich, der ich meinerseits auch den Maßstab verlor, den mir auch niemand aufhebt, den ich selber wiederfinden muß. Der Bartträger verlor wahrscheinlich sein Augenmaß auch, daß er auf Fräulein Helgeli zu blicken wagt, die ihn nicht zu sich einläßt, weil sie lieber mich einließe, obschon sie wissen sollte, wie sehr ich aufs Einkehren verzichte, da ich engagiert bin, wie es einem Gentleman ziemt. „Nimm den Bart. Glaubst du, es ließe sich mit Bärten nicht auch niedlich leben?" möchte ich Fräulein Weigeli zurufen. Sie hat kein Ohr und muß büßen. Sie verbringt ihre Nächte lieber einzig als in geziemender Gesellschaft und denkt nicht an den Maßstab.

Ich bin noch jung, mein Mund ist verwöhnt, mein Herz besetzt, und der Sprachfehler schreckt mich so gut von der Absichthabenden ab, wie sie sich von ihres Liebhabers Bart abspenstig machen läßt. Sie verstößt ihn, weil er Wittlig ist, ich verstoße sie, weil sich das für mich schickt, der noch anderswo ankommt. Ich küsse gern etwas Junges, er auch, sie auch und alle andern auch. Bin ich es, der die Naturgesetze schuf? Ich wäre stolz auf eine solche Leistung, deren ich mich nicht rühme. Fräulein Bäldeli sollte in Bälde den Alten barmherzig aufnehmen, er schmachtet nach ihr, ich nicht, folglich bin ich nicht der, auf den es ankommt. Statt ihr Glück darin zu sehen, den Harfenisten zu befriedigen, erblickt sie's in vergeblichem Wähnen. Daß doch viele von uns einem Wahne nachjagen. Diese Erkenntnis liegt schwer auf mir, hindert mich aber nicht, Fräulein Zeltli zu bedauern, wie sie wieder ihrerseits den Flötisten bemitleidet, wofür ich jede Verantwortung ablehne. Hoffen hat etwas Beleidigendes. Hoffnungslose Liebe ist die stolzeste. Fräulein Geldli hofft umsonst, mich mit ihrem Geld zu locken, ihr Verehrer macht ihr nutzlos den Hof, und ich klimpere, wenn es Abend ist, der Palast märchenhaft erleuchtet, worin diejenige wohnt, deren Lächeln mich betört, erfolglos auf meiner Mandoline. Bescheidenheit ist eine Zierde, die das Glück schmückt, dazu gehört der Maßstab. Glücklich, wem er nicht aus dem Kopf schlüpft.

Robert Walser

Etüde auf R. W.

Als die Robert Walser-Gesellschaft vor einiger Zeit dazu einlud, sich in knappster Form mit Walsers Text auseinanderzusetzen, ermunterte sie die Kombattanten mit dem Motto: „Bekanntlich legt man ja in das, was man liest, eigenes Gedankliches…"

In der Tat ist „Der Maßstab" ein Virtuosenstückchen, auf das der Leser – zugleich befremdet und animiert – am liebsten jenseits philologischer Verbindlichkeiten reagiert. Das hier vorgestellte Aperçu will deshalb nicht mehr beanspruchen als den Versuch, am Ende unserer ungesicherten Lektüren hier einem (fast) vergessenen Text – zumindest was die Druckerschwärze angeht – sicheren Status zu verschaffen. Das Prosastück Robert Walsers erschien erstmals am 23.3.1926 im Berliner Börsen-Courier und wurde seither nicht wieder veröffentlicht. Dem Suhrkamp-Verlag sei an dieser Stelle für den Abdruck gedankt.

Glücklich selbdritt

Daß es etwas Schöneres gibt als geliebt zu werden, wußte schon Platon, nämlich, unglücklich zu lieben. Gut, wer da den Maßstab verliert, für sich und für Frau Helgeli, Bäldeli, Weigeli, Zeltli, Geldli und wie die kleinen, etwas abgenutzten Heiligenbildchen der einen, einzigen Göttin alle so verräterisch heißen. Denn, daß wir bis zum Schluß ganz familiär *à trois* und unter uns bleiben, versteht sich von selbst. Auch das Orchester der Galane besteht im Grunde ja nur aus einem Solisten, worin er, der Erzähler, sich erlaubt, den Part des Himmlischen zu spielen (gerade dann, wenn er sich dieser Leistung nur *per negationem* rühmt). Schließlich bekommt in diesem Trio, damit die Heilige Familie voll ist, noch Wittlig – unverkennbar patriarchalisch-bärtig ausgestattet – seine Rolle zugewiesen. Ein feines Rechenexempel, nicht nur für den Musikus, der seine Vergangenheit als kalkulierender Commis nicht ganz verleugnen kann (man bedenke: zehn zu eins!). Glauben wir ihm, so waltet Berechnung (und ach, wie schnell man sich verschätzt) auf beiden Seiten: ‚Engagement', ‚barmherzige Aufnahme', ‚Einlaß' und was der Zweideutigkeiten mehr sind, kennen nämlich weder Er noch Sie. Allein mit dem kleinen Unterschied, daß unser anmaßender Angebeteter anstelle des frustrierenden Zeugungsgeschäfts (die unerbittlichen Naturgesetze!) die Poesie zu seiner Aufgabe erkoren hat. Freilich, auch diese Schöpfung tritt, wie jede, als höchst zwiespältiges Werk in Erscheinung, in der kleine Unzulänglichkeiten ihre wohlbedachten Irritationen verbreiten: Freudsche Versprecher, Sprachfehler gar bei der armen Helgeli, Rückverwandlungen des Metaphorischen ins Konkrete, Homonyme, Doppeldeutigkeiten und traurige Tropen drohen der Sprachspiellust mit Sinnverlust. Was also hilft gegen rhetorische Finten und Finessen? Nichts als eine kräftige Portion Welt mit ihren Plattitüden. Weit kommt man allerdings mit diesen im Brustton der Überzeugung vorgetragenen Ratschlägen und Ermahnungen nicht. Unserem musengeküßten Musiklehrer gelingt die Umwandlung der irdischen Komödie ins Erhabene allenfalls negativ, ironisch. So verbirgt er denn seine hoffnungslose Liebe hinter Überheblichkeit, schmerzliche Erkenntnis hinter Stolz und aufgesetztem Pathos. Nur im Märchen (und vielleicht für ein paar begnadete Mund-o-listen) wird aus der profanen Tingeltangelbude ein Palast, aus erfolglosem Wortgeklimpere *Der Maßstab*. Doch wie jedes Glück hat auch dieses seinen Preis: allein bleibt der Schöpfer mit seinen Geschöpfen und auch der Olymp ist öde ohne Liebe. Kaum tröstet's, daß nur er, der den Verlust besingt, Unerhörtes weiterplappern darf und kurzum andere fürs Ohrverweigern büßen läßt.

Am Ende – das *Rondo perpetuo*. Es ist eine alte Geschichte, doch bleibt sie immer neu, und wem sie just passieret, dem bricht das Herz entzwei.